本书为国家社会科学基金教育学项目"中国对西方大学理论的引进与接受研究（1912—1949）"（COA140121）的研究成果

王少芳 ◎ 著

中国对西方高等教育知识的引进与接受

1912–1949

中国社会科学出版社

图书在版编目（CIP）数据

中国对西方高等教育知识的引进与接受：1912—1949 / 王少芳著 . —北京：中国社会科学出版社，2021.9

ISBN 978 - 7 - 5203 - 8506 - 0

Ⅰ.①中… Ⅱ.①王… Ⅲ.①高等教育—国际化—研究—中国—1912-1949　Ⅳ.①G649.29

中国版本图书馆 CIP 数据核字（2021）第 098113 号

出 版 人	赵剑英
责任编辑	孙　萍
责任校对	闫　萃
责任印制	王　超
出　　版	中国社会科学出版社
社　　址	北京鼓楼西大街甲 158 号
邮　　编	100720
网　　址	http://www.csspw.cn
发 行 部	010 - 84083685
门 市 部	010 - 84029450
经　　销	新华书店及其他书店
印　　刷	北京君升印刷有限公司
装　　订	廊坊市广阳区广增装订厂
版　　次	2021 年 9 月第 1 版
印　　次	2021 年 9 月第 1 次印刷
开　　本	710×1000　1/16
印　　张	15.75
插　　页	2
字　　数	242 千字
定　　价	86.00 元

凡购买中国社会科学出版社图书，如有质量问题请与本社营销中心联系调换
电话：010 - 84083683
版权所有　侵权必究

序

欣闻王少芳博士、副教授的著作《中国对西方高等教育知识的引进与接受（1912—1949）》即将由中国社会科学出版社出版，首先祝贺她。该书是以她在北京师范大学中国教育史专业中西文化教育交流史方向的博士学位论文为基础，随后经过了几年的继续研究，特别是得到了全国教育科学规划国家青年项目的资助，并且完成了结项，因此，目前的书稿可以视为她呈现给学术界的一个十来年研究的成果。

中国古代尽管出现过辟雍、稷下学宫、太学、国子监、白鹿洞书院、岳麓书院、象山书院、东林书院、诂经精舍等官办、私立大学机构，但是，现代意义的高等教育，作为一种建立在完全中等教育之上、以培养各类专门人才为目标的专业教育活动，则是西方现代高等制度和理念传入中国并影响下的产物。根据目前掌握的资料和学界研究，早在明清之际，来华耶稣会士艾儒略（Julio Aleni）所撰《西学凡》《职外方纪》《西方答问》等著作介绍了意大利波洛尼亚大学、法国巴黎大学、葡萄牙科英布拉大学、西班牙萨拉曼卡大学等欧洲中世纪大学的学科设置、教学制度等情况，利玛窦（Mattro Ricci）、傅汎际（F. Furtado）、毕方济（Francesco Sambiasi）、高一志（Alfonso Vagnoni）等耶稣会士翻译《几何原本》《浑盖通宪图说》《名理探》《寰有诠》《灵言蠡勺》《修身西学》等著作也是选自欧洲中世纪大学的教材。晚清时期，德国新教传教士花之安（Ernst Faber）编写《德国学校论略》（又叫《泰西学校论略》《西国学校》）介绍了德国近代普通大学、专门学校、职业技术学校等高等教育制度；美国新教传教士丁韪良（W. A. P. Martin）撰写的《西学考略》择要介绍了哈佛大学、耶鲁大学、哥伦比亚大学、牛津大学、剑桥大学、巴黎大学、东京大学等美、英、法、日等国著名大学的办学情况和学校教育制度。20世纪初，美国新教传教士林乐知在上海所办《万国公报》连载《美国太学考》（又名《美国学校志》）通过与欧洲英国、德国的高等教育比较的形式，介绍了美国高等教育发展史和现状，涉及哈佛大学、耶鲁大学、普林斯顿大学、威廉玛丽学院、哥伦比亚大学等大学类型、学校管理、经费来源及管理、课程设置、教学方法、教师聘用及待遇、教师和学生人数比例、学籍管理、考试制度、助学金制度等多方面内容。清末中国赴日本留学和教育考察官员撰写的报告、报刊文章涉及了不少介绍日本大学、专门学校的内容，包括学校章程、学科设置、教学制度等。特别是上海南洋公学的译书院翻译出版的《新译日本法规大全》，比较系统地把日本大学、专门学校、高等师范学校、各类实业学校等法令、规程介绍到了中国。《学部官报》《教育世界》《译书汇报》《教育杂志》等期刊登载《美国高等教育》《美国大学制度》《欧洲大学制度述略》《德国新工科大学》等文章简要介绍欧洲、美国的高等教育制度。《教育杂志》于1910年第11期登载蔡元培的翻译文章《德意志大学之特色》，选译自德国著名教育学者包尔生（Friedrich Paulsen）的高等教育学名著《德国大学与大学学习》一书的"引言"，这是包尔生的高等教育理论第一次介绍到中国。不过，晚清时期无论是来华西人还是赴日本、欧美学习和考察的国人，对西方现代高等教育知识和理论的介绍还处于零星、初浅的程度，不成体系。民国以降，随着青年学子远赴欧美留学数量的增多，且大多比较完整地接受大学教育（本科乃至研究生教育），对西方高等教育制度和理论有了较为深入的感性了解和理性认识，加上国内公立和私立高等教育在全国各地陆续建立甚至取得较快发展。在此背景下，西方现代高等教育知识和理论的引进不断推向深入，并且形成了较为完整的体系。

　　关于民国时期西方高等教育理论引进中国的学术研究，已有田正平的《中外教育交流史》、周谷平的《近代西方教育理论在中国的传播》和《马克思主义教育思想的中国化历程》、张雁的《西方大学理念在近代中国的传入与影响》、陈洪捷的《德国古典大学观及其对中国大学的影响》等著作进行了不同程度的探讨，相关研究的期刊论文也不少，但是，该主题还有不少学术空白有待研究。王少芳以"民国时期西方高等教育学说的引入"为博士学位论文研究选题，确定选题后，她非常认真、专心地投入研究，写出了一部相当有份量的学术成果。我以为该书有以下三个优点：

第一，征引史料包括民国时期出版的图书和报刊两大类，期刊文献十分丰富。她很好地利用了当时北京师范大学图书馆刚刚购买的上海图书馆所开发的"民国时期期刊全文数据库"，检索到大量民国期刊相关主题论文。经过筛选、分析，征引的期刊和报纸，既有民国时期影响很大的教育类杂志《教育杂志》《中华教育界》《新教育》等，有著名的政论性杂志《独立评论》《政治评论》《苏俄评论》等，有当时大学所办的综合性学报和报纸《师大月刊》《国立劳动大学周刊》《国立浙江大学日刊》《国立浙江大学校刊》《安徽大学周刊》《清华周刊》《光华大学半月刊》《国立大学联合会月刊》《同济旬刊》，有中山大学教育研究所办的著名教育学术期刊《教育研究》，以及当时北京著名的《晨报副刊》等。建立在翔实的文献基础之上的研究，持之有据，论从史出，扎实可信。

第二，重点突出。学界已往对德国高等教育理论有比较好的研究，因此，该书重点关注被学界长期忽略的英美著名高等教育家纽曼、弗莱克斯纳、劳威尔、迈克尔约翰、赫钦斯、霍尔等人的大学理论，尤其是在大学理念史上占据重要地位的纽曼、弗莱克斯纳的思想为分析重点。包括某一理论导入的基本情况（导入者、导入内容、导入动机与缘起、导入者的态度与选择等）与该理论被接受和被排斥的内部成分及原因。

第三，不仅详细论述了西方高等教育知识的引进，而且尝试分析了引进者、接受者的心态。王少芳认为民国时期中国教育学者对西方高等教育的引进心态，经历了崇拜西方——批判西方——参照西方三个阶段，其对应的中西关系分别是以西方为标准，中国跟随西方——中西之间摇摆——以中国为主，西方作为参考。从学者个体层面看，因其不同的教育背景和理想，形成了对西方各国大学的不同态度及取舍，并且具体分析了某些著名学者对欧美大学模式的不同态度，譬如，她认为郭秉文（曾任东南大学校长）与胡适（北京大学教授，曾兼任校长）虽然都是留美回国人士，但两人理想中的大学模型存有差别，前者导入的是威斯康星式样的美国大学模式，后者更赞赏和倾心于以霍普金斯大学为代表的美国研究型大学；另一位留美归来的教育者常道直（曾担任中央大学教育学教授、北平师范大学教育学教授兼教务长）批评美国大学，而推崇以"研究高深学问"为目的的英德大学模式。由此说明在译介西方大学理论的过程中，每个学者形成了中国大学未来发展道路的不同设计，存在"此美国"与"彼美国"，"此西方"与"彼西方"之差异。这些分析与新观点都是此前学界未曾关注到的。

已有的研究成果可喜可贺，但只能代表过去。学无止境，希望王少芳在学术的道路上继续不懈探索，不断推出新的学术成果。

权为序。

孙邦华
2021年5月10日

目 录

第一章 导论 ……………………………………………………… (1)
  第一节 问题提出与研究意义 ……………………………………… (1)
    一 问题提出 ……………………………………………………… (1)
    二 研究意义 ……………………………………………………… (2)
  第二节 研究现状及述评 …………………………………………… (3)
    一 西方大学理论内涵的研究 …………………………………… (3)
    二 西方影响与中国现代高等教育 ……………………………… (4)
    三 西方高等教育学说在中国的传播 …………………………… (8)
    四 已有研究存在的不足 ……………………………………… (11)
  第三节 概念界定与理论基础 …………………………………… (12)
    一 概念界定 …………………………………………………… (12)
    二 理论基础 …………………………………………………… (13)
  第四节 研究思路与研究方法 …………………………………… (21)
    一 研究思路 …………………………………………………… (21)
    二 研究方法 …………………………………………………… (22)
  第五节 研究的创新与不足 ……………………………………… (23)
    一 研究的创新点 ……………………………………………… (23)
    二 研究存在的不足 …………………………………………… (24)

第二章 引进西方高等教育知识的国别转移与程度演变 ……… (25)
  第一节 早期高等教育知识国别转移的量化分析 ……………… (25)
    一 高等教育作为独立言说领域的形成 ……………………… (26)
    二 从西方教育综合类文献看高等教育知识输入的
       国别转移 …………………………………………………… (28)

三　从西方高等教育类论文看高等教育知识输入的
　　　　国别转移 …………………………………………………（35）
　　四　影响高等教育知识转移国别的因素分析 ……………（37）
第二节　引进程度的深化：从零星介绍到学理探讨 …………（41）
　　一　引进程度的划分标准及说明 …………………………（42）
　　二　零星介绍 ………………………………………………（44）
　　三　系统描述 ………………………………………………（45）
　　四　学理探讨 ………………………………………………（47）

第三章　民国学者引进西方高等教育知识的心态变迁 …………（52）
第一节　中西之间——以谁为主的博弈 ………………………（52）
　　一　崇拜"西方"：一种狂热时代的盲目情绪 ……………（53）
　　二　批判"西方"：一种渐趋理性的认知心态 ……………（55）
　　三　参照"西方"：一种回归本土的反思和行动 …………（59）
　　四　挥之不去的"西方"：心态变迁背后的外来资源………（63）
第二节　西方之间——民国学者个体的理想范本 ……………（65）
　　一　取西方各国大学之长 …………………………………（65）
　　二　推崇英德大学模式 ……………………………………（72）
　　三　取法美国大学模式 ……………………………………（80）

第四章　西方传统与现代大学理论的引进与接受 ……………（91）
第一节　近代中国引进西方大学理论的发展历程 ……………（91）
　　一　萌芽期（清末至民国初年） …………………………（92）
　　二　发端期（民初至20世纪20年代中期） ………………（93）
　　三　高峰期（20世纪20年代中期至30年代中期） ………（94）
　　四　转折期（20世纪30年代中期至40年代末） …………（94）
第二节　实用主义影响下的艾略特的大学管理理论的
　　　　引进 ……………………………………………………（96）
　　一　艾略特来华：中国早期学界对艾略特的介绍 ………（96）
　　二　何炳松、谢冰对艾略特《大学管理学》的译介 ……（99）
第三节　纽曼传统大学理念的引进与接受 ……………………（112）
　　一　文学之导入：纽曼大学教育目的的引进 ……………（113）

二　教育学之导入：纽曼大学教育思想的介绍 …………… (116)
　　三　取舍之间：民国学人对纽曼大学理论的吸收与
　　　　忽略 …………………………………………………… (117)
　　四　特定时空的文化过滤网：纽曼大学理论被选择
　　　　吸收的原因探析 ……………………………………… (120)
　第四节　弗莱克斯纳现代大学理念的引进与接受 …………… (122)
　　一　热情之关注：民国学者对弗莱克斯纳《现代
　　　　大学论》的导入 ……………………………………… (123)
　　二　差异化选择：弗莱克斯纳《现代大学论》的
　　　　多样评价 ……………………………………………… (126)
　　三　忽视"理念"：陈孝禅对弗莱克斯纳《现代
　　　　大学论》的选择与吸收 ……………………………… (130)
　　四　文化过滤：弗氏大学理论被接受与排拒的
　　　　内容及原因 …………………………………………… (145)

第五章　美国自由教育思想的引进与接受 ……………………… (149)
　第一节　劳威尔自由教育思想的引进 ………………………… (150)
　　一　精英教育观 …………………………………………… (150)
　　二　"对于各科具有常识而又专精于一科的人" ……… (151)
　　三　批评激发学生智识的错误导向：放任、利诱和
　　　　兴趣 …………………………………………………… (153)
　　四　集中与分配制、辅导制与住宿制 …………………… (155)
　　五　自由教育与专门教育的调和 ………………………… (157)
　第二节　迈克尔约翰自由教育思想的引进 …………………… (159)
　　一　平民主义：使所有的青年同受自由教育 …………… (162)
　　二　以"文明之研究"为核心的"共同的课程" ……… (163)
　　三　"一个自动学习的社会" …………………………… (165)
　　四　团体生活：住宿制与导师制 ………………………… (168)
　　五　联合教学 ……………………………………………… (169)
　第三节　赫钦斯自由教育思想的引进 ………………………… (172)
　　一　赫钦斯及其自由教育思想 …………………………… (172)
　　二　中国学界对赫钦斯大学教育思想的早期译介 ……… (174)

三　汪家正对赫钦斯大学教育思想的批评性接受 …………（177）
　第四节　民国大学界对美国自由教育思想的接受 …………（184）

第六章　西方其他学者大学教育思想的引进与接受 …………（187）
　第一节　中国学者译介拉斯基的英美大学教育论 …………（187）
　第二节　郑若谷对霍尔大学教育思想的引进与接受 ………（190）
　　一　郑若谷对霍尔大学教育思想的译介 ……………………（190）
　　二　郑若谷对霍尔大学教育思想的接受 ……………………（197）
　第三节　中国学者对加塞特大学理论的译介 ………………（199）
　　一　加塞特文化观的导入 ……………………………………（199）
　　二　王承绪对加塞特大学理论的导入 ………………………（200）

第七章　引进与接受西方高等教育知识的影响及反思 ………（203）
　第一节　跨国教育知识转移对中国高等教育的影响 ………（203）
　　一　形成了中国学者构建大学理论的思想资源 ……………（203）
　　二　提供了救治当时中国大学问题的外来药方 ……………（204）
　　三　推动了中国大学理念和制度的转型和现代化 …………（205）
　第二节　引进西方高等教育知识的内在动力和
　　　　　外化潜力 ……………………………………………（208）
　第三节　西方高等教育知识被接受与排斥的成分及
　　　　　原因 …………………………………………………（211）
　第四节　民国选择性接受西方高等教育知识的
　　　　　反思 …………………………………………………（216）

**附录　民国学者导入的西方高等教育文献（零星
　　　介绍型）** ………………………………………………（220）

参考文献 ……………………………………………………（229）

后　记 ………………………………………………………（240）

第一章 导论

第一节 问题提出与研究意义

一 问题提出

中国教育早期现代化是在外因的刺激下,在西学东渐的进程中发生的,是在中西两个世界和两种文化撞击、冲突与交流的背景下逐步展开的。与欧美等西方国家的教育现代化相比而言,西方国家属于早发内生型现代化,中国属于后发外生型现代化。作为中国教育重要组成部分的高等教育,它的现代化即为"后发外生型"现代化[1],因而不可避免地存在制度和理论等方面学习以致模仿西方(包括日本)教育模式的现象,这恐怕是一切后发国家现代化起步时的必然现象。历史上,民国时期是引进、借鉴西方高等教育理论、制度的高峰期,而阅读民国教育史可以注意到这样一种颇有矛盾的问题,即当时对中国高等教育学习西方为何失败有两种归因:一是徒袭皮毛,而遗其精髓,二是没有与中国国情相结合。民国学者立足于什么样的基础得出这样的结论,事实是这样的吗?对相关问题的追问引起了笔者的兴趣,本书选取西方高等教育知识作为切入口,以西方大学史上若干有代表性的大学理论为核心,探讨中国学者对其的引进、学习与选择,以期发现这一活动是不是只学到皮毛,有没有兼顾国情?因此,本书的研究问题聚焦于民国时期西方高等教育知识的引进与接受。这一问题需要关注中国学者作为引进主体是如何将西方高等教育知识纳入中国高等教育场域的动态的过程,要着眼于从源头上梳理中国学者对西

---

[1] 罗荣渠:《现代化新论》,北京大学出版社1993年版,第124页。

方高等教育知识,尤其是对知识高级形态的西方大学理论的认知、筛选与过滤;着眼于这一过程与中国当时国情之间的关联。基于上述考虑,本书从民国时期的期刊与教育著述入手,以文本分析为方法,研究民国时期西方高等教育知识的引进接受,旨在分析到底什么样的因素深刻地影响了这一历程。为了深入地研究这一问题,具体从以下方面展开:首先,在引进高等教育知识的国别和程度上,经历了什么变化,为什么会有这些变化?其次,引进心态上如何变动,具体分为在中国与西方之间如何博弈与权衡;在众多的西方国家之间,不同的中国学者做出了什么选择?再次,具体深入到引进的内容上,整体上看导入了西方各国哪些大学理论(思想);就每一理论本身而言,导入或接受了哪些成分,忽视或排拒了哪些部分,发生接受与排拒的原因是什么?本书认为,民国学者作为引进西方高等教育知识的主体,在很大程度上形塑着民国学界对西方高等教育知识、理论的接受,他们在从事跨国知识转移的过程中既深受时代环境的影响,同时又反过来影响了对西方高等教育知识和理论的进一步导入。

二 研究意义

(一)学术意义

首先,本书通过探寻民国学界如何通过自身的文化过滤对西方大学理论的筛选、扬弃与转化等新领域和新命题,弥补学界对此研究的缺失,揭示当一个理论从一个文化场域转移至另一文化场域时必然遭遇的过滤问题及其背后复杂的制约因素,深化了中国近代高等教育思想史的研究。

其次,本书以报刊与书籍等大众媒体作为分析文本,因其具有的广泛性与代表性,体现了研究视角的下移,有利于清晰地展现众多个体在引进西方高等教育知识中的努力,他们的认识、理解、选择与倾向,突破了从制度与实践层面以及从国家、精英知识分子视角看西方高等教育对中国之影响的局限。

再次,本书借用跨国教育转移和文化涵化理论,分析民国时期西方大学理论的引进,可充实"中国的西方理论"的研究,对于摆脱外教史和比较教育学中的就理论谈理论的孤立化研究,重建它们对中国人及中国学界的意义具有重大的理论价值。

（二）现实意义

首先，当前中国高等教育现代化仍在进行之中，全方位、大规模地引进与学习西方教育经验的活动仍在如火如荼展开，大批留学生与教师的全球流动，各种西方高等教育著作的出版与翻译，不计其数的西方教育报刊的涌入，已成为高等教育国际化的重要组成内容与指标。尤其在建设世界一流大学的背景下，当今西方大学理论以前所未有的规模在批量引入，民国对西方高等教育知识（理论）的引进作为历史上的引入实践，对当今如何吸收他人的理论乃至文化有很强的现实指导意义。

其次，可促成对当今教育研究实践的反思。民国时期，西方高等教育知识的跨国转移、民国学者对西方大学理论的引进与接受实则是教育学史的组成部分，是教育研究尤其是比较教育研究的起步阶段。借此可以反思当代对西方教育理论的研究中，是否也有文化过滤的发生，对此研究者是否有所认识，并采取哪些对策？

第二节 研究现状及述评

学界与本书直接相关的成果较少，间接相关的研究成果大体如下：

一 西方大学理论内涵的研究

这类研究集中在外国教育史与比较教育领域，前者侧重在历史的视野下研究西方大学理论本身，既有对西方大学理想（理念）的整体研究，也有对某一人物的大学理论、思想的研究。代表性成果有刘宝存的《大学理念的传统与变革》[1]、肖海涛的《大学理想演变的历史轨迹》[2]、王晨的《热闹之后的冷观察——纽曼大学理想核心概念之意义重置》[3]、《赫钦斯自由教育思想研究》[4]等；后者侧重在当今视

---

[1] 刘宝存：《大学理念的传统与变革》，教育科学出版社2004年版。
[2] 肖海涛：《大学理想演变的历史轨迹》，《高等教育研究》2000年第1期。
[3] 王晨：《热闹之后的冷观察——纽曼大学思想核心概念之意义重置》，《教育学报》2007年第2期。
[4] 王晨：《赫钦斯自由教育思想研究》，《比较教育研究》2005年第4期。

角下评介西方大学经典理论及其对当代教育的启示。如王晓华的《纽曼的大学目的观与功能论》[①]、施晓光的《为"理性人和民主社会"的高等教育——赫钦斯〈美国高等教育〉思想辨析》[②]、沈文钦的《赫钦斯与芝加哥大学的通识教育改革》[③] 等。这些研究都为本书提供了外围和背景知识，为分析这些大学理论在中国的引进与接受史提供了可供比较及参照的成果。

二 西方影响与中国现代高等教育

学界关于该主题的研究视角大致有三：一是宏观考察外来模式的转换；二是个案剖析某一外来影响与某一大学的发展；三是以比较的视角阐释中外近代高等教育的不同模式。其中，前两类研究都会涉及西方影响中国高等教育的具体体现。

（一）大陆与海外学者对"模式转换"的不同看法

中国大陆学者一般认为日、欧、美是影响20世纪上半叶中国高等教育的三大力量。如田正平指出，对西方高等教育的借鉴、模仿、融合所导致的发展模式的不断转换，是中国高等教育现代化过程中一个突出的特点，并将近代中国高等教育发展模式的转换大致分为："泰西"时期（1862年—1894年）、"以日为师"时期（1895年—1911年）、"多元化"时期（1912年—1927年）、"以美国模式为基本走向"时期（1927年—1949年）；田正平认为1912—1927年，中国高等教育的发展模式经历了由日本向德国，再到美国的转换过程，1927—1949年，中国高等教育模式发展的主旋律是在融合欧美各国的进程中，以美国模式为基本走向。[④] 谷贤林认为，中国高等教育的发展过程也就是不断受到外来影响的过程，20世纪初是日本的影响，20世纪20年代后主要为美国的影响，从"对学制改革的影响""为中国高等教育发展准备了师资""提高了中国高等教育的学术水准""促

[①] 王晓华：《纽曼的大学目的观与功能论》，《清华大学教育研究》2000年第1期。
[②] 施晓光：《为"理性人和民主社会"的高等教育——赫钦斯〈美国高等教育〉思想辨析》，《北京大学教育评论》2007年第3期。
[③] 沈文钦：《赫钦斯与芝加哥大学的通识教育改革》，《比较教育研究》2006年第4期。
[④] 田正平：《模式的转换与传统的调适》，《高等教育研究》2001年第3期。

进了校内管理体制的完善"四个方面分析了美国对中国现代高等教育的影响。谷贤林还认为外来影响对中国高等教育的发展起到了导引与促进作用。①

霍益萍以蔡元培和北京大学、郭秉文和东南大学、竺可桢和浙江大学为代表，指出了中国现代高等教育发展的三个阶段："'五四运动'前后，学习欧洲模式，使大学从封建官僚养成所变成真正意义上的近代大学；20世纪20年代，引进美国模式，使大学开始有了走出经院式的研究、注重和社会发生联系的迹象；抗日战争的特殊背景下，弘扬古代书院的'育人'精神，……融中西教育之所长，探索有中国自己特色的高等教育模式。"②

周远清指出，1911年到1927年我国高等教育先学日本、后学美国。1927—1949年新中国成立，中国高等教育主要按照美国的办学模式，形成半封建半殖民地的资产阶级教育。③刘志鹏则从教学管理、学科专业设置、教学计划和课程体系、教学内容和教材等方面，分析了西方对中国高等教育教学的影响，其中如"预科"的高等教育纵向结构；"七科制"的大学模式，单科大学的设置；"选科制"的采用，开始实行学位制；高等学校内部组织设有董事会、评议会、教授会等。④

与大陆学者的划分不同，保罗·贝利（P. J. Bailey）在《改造老百姓》中指出，大多数研究中国清末民初教育思想的学者，均误认为中国仅采纳某几个西方国家较为先进之教育思潮。他发现这段时期的中国教育学者，虽然致力于从国际上找寻灵感，却也鲜少只单单学习吸收某一国家之想法。这些中国知识分子对于外来思想大都采取折中吸收的策略，分别采纳德国、法国、丹麦以及其他西方国家之教育观点。一般观念均认为中国于清末时期大体模仿日本教育的方式，而到

---

① 谷贤林：《百年回眸：外来影响与中国高等教育发展》，《北京科技大学学报》（社会科学版）2001年第1期。
② 霍益萍：《中国近代的高等教育》，华东师范大学出版社1999年版。
③ 刘志鹏：《20世纪中国的高等教育·教学卷》（上册），高等教育出版社2006年版，序言。
④ 刘志鹏：《20世纪中国的高等教育·教学卷》（上册），高等教育出版社2006年版。

1912年民国之后则转为采纳西方欧美的教育思想。然而,事实上,哪一个时期受到哪一种教育模式的影响其实很难找到一个明确的分野。①

显然,保罗·贝利这里似乎提出了一个与大陆学者不同的观点,但仔细分析发现,贝利似更多地立足于中国学者个人对西方的学习与借鉴,大陆学者则更多地从国家政府层面立论。前者偏重于思想,后者重视制度和实施层面。

中国台湾学者黄昶立认为,1912年到1927年民国成立后的最初十六年,现代大学教育的发展仍很缓慢,而且主要的设计是移植欧洲模式,尤其是法国与德国,少数仿效美国(例如1926年创立的清华大学)。② 这也是与大陆学者相异的观点,黄昶立可能是基于大学区制的实行和德国对北大改革的影响立论,但是据此说"少数仿效美国",值得商榷。

(二)以小见大之个案剖析

相比从宏观着眼分析外来模式与中国大学的改革,有学者则从个案入手探讨美国、德国等某一国对中国现代高等教育的影响。周谷平等将美国大学模式导入近代中国的历史阶段分为萌芽期、开端期、转折期、高潮期;导入主体经历由以传教士为主到以留学生为主的转变;导入的内容,从纯粹介绍美国大学做法到在实践中移植、借鉴,从单纯学习美国大学模式到思考分析美国大学理念③。傅琼等将美国介入中国高等教育的历程分为三个阶段:一是边际—平行期(19世纪中叶—1915年),主要是依靠来华传教士在中国传统教育体系之外的"边际",提供一种"平行"的参照式的西方教育模式;同时通过接受中国留美幼童,退还庚款与建立清华学堂,美国政府参与了中国高等教育的创建发展。二是中心—嫁接期(1915—1937年),这一时期,杜威实用主义教育思想在中国广泛传播,孟禄来华并影响壬戌学

---

① P. J. Bailey, *Reform The People: Changing Attitudes towards Popular Education in Early Twentieth-Century China*, Edinburgh: Edinburgh University Press, 1990。

② 黄昶立:《中国百年来(1895—1995)现代大学的建构》,转引自李弘祺《中国教育史英文著作评介》,台北大学出版中心2005年版。

③ 周谷平、朱绍英:《美国大学模式在近代中国的导入》,《河北师范大学学报》(教科版)2004年第4期。

制的内容，中华教育基金会、洛克菲勒基金影响了中国高等院校的发展。三是盟友援助期（1937—1949 年），主要体现为派遣专家援华与邀请学者访美，资助中国留美学生，捐赠教学资料与科学研究仪器。①

还有些学者以某一高校为对象，通过典型的个案透视了西方影响与中国现代大学制度之关系，以小见大，见微知著。叶隽选择早期北大建设为入手处，凸显蔡元培出任校长时借用洪堡大学理念构建的"德国大学模式"的普遍意义，而蒋梦麟出任北大校长标志着中国现代大学场域的"美国大学模式"时代的到来。②陈洪捷指出，19 世纪德国大学观念的核心概念是修养、科学、自由与寂寞，蔡元培基本上完全接受了德国的大学观念，并成功地将其运用于当时的北京大学，德国大学的观念通过北京大学对中国高等教育早期发展以及学术转型过程产生了不可忽视的影响。③张雪蓉的《美国影响与中国大学变革（1915—1927）：以国立东南大学为研究中心》中指出 1915—1927 年的大学变革是中国大学教育现代化历程中由日本转向美国的一个重要转折性变革，然后以东南大学为个案，从董事会制度、选科制和学分制、学生自治制度、大学推广教育活动等方面具体分析美国模式导向的大学改革，通过个案分析，指出中国的大学变革深受杜威及其实用主义理论的影响。④除上述成果外，对各大学校史的资料汇编与研究也在不同程度上涉及这一问题，从现有的成果来看主要集中于北京大学、清华大学、东南大学、西南联大、浙江大学、上海交通大学等名牌大学，因篇幅限制，兹不赘述。

（三）比较视角之理论阐述

如果说，上述两方面的研究成果多侧重从史实出发，阐述西方影响与中国高等教育之发展，张斌贤则较早地从理论的高度、比较的视角，通过分析文化传播这一中外高等教育发展的共同动力，指出在不同国家和地区间存在的不同文化传播的方式与性质：与欧美国家之间

---

① 傅琼等：《论美国介入近代中国高等教育的历程》，《江西社会科学》2003 年第 12 期。
② 叶隽：《异文化博弈：中国现代留欧学人与西学东渐》，北京大学出版社 2009 年版。
③ 陈洪捷：《德国古典大学观及其对中国大学的影响》，北京大学出版社 2002 年版。
④ 张雪蓉：《美国影响与中国大学变革（1915—1927）：以国立东南大学为研究中心》，华龄出版社 2006 年版。

存在的文化传播相比,在西方国家与其他国家(包括中国、日本)高等教育之间的文化传播,由于发生在完全不同文化圈之间,是在处于不同社会发展阶段的国家之间进行的,而且是在完全不平等的前提下进行的,因而一则"从西方国家传入的高等教育制度及其内在的精神,往往难以真正为这些国家所接受、吸收"[1];二则"从西方国家舶来的高等教育制度,对于后发展国家来说实际上是一种'超前消费'的奢侈品"[2];三则在欧美国家与世界其他国家之间只发生了文化的依附。[3] 张太原认为,20世纪30年代,许多知识人已认识到近代以来思想界一味追随西方的弊病,开始反思、关注中国自身的实际和需要,但由于人们对于"实际""中国""本位"的理解不尽相同,此中国往往与彼中国相抵牾,种种"中国化"的背后仍是各式各样的"世界化"。这表明中国人陷西已深,醒然仍无以自立,整个思想界还不能对近代以来的知识和思想进行超越的系统的清理。[4]

三 西方高等教育学说在中国的传播

从现有成果来看,研究西方教育思想在中国的传播的成果众多,具有代表性的有田正平的《中外教育交流史》,周谷平的《近代西方教育理论在中国的传播》《马克思主义教育思想的中国化历程》,同时一大批以教育期刊为对象的论文也论及了西方教育思想、方法在中国的传播。这些成果为研究高等教育理论的传播在背景、思路上有诸多启发。从研究涉及的范围看,可将学界关于西方高等教育理论在中国的传播的研究成果,大致分为综合型和专题型两类。

(一)综合型

综合型的研究以相关论题为中心,涉及西方高等教育传播途径多样,包含人物、团体组织、译著与期刊等,如张雁的《西方大学理念在近代中国的传入与影响》涉及的传播途径就包含了蔡元培、郭秉

---

[1] 张斌贤:《中外近代高等教育发展动力的比较》,《高等教育研究》1997年第6期。
[2] 张斌贤:《中外近代高等教育发展动力的比较》,《高等教育研究》1997年第6期。
[3] 张斌贤:《中外近代高等教育发展动力的比较》,《高等教育研究》1997年第6期。
[4] 张太原:《"没有了中国":20世纪30年代中国思想界的反思》,《近代史研究》2011年第3期。

文、蒋梦麟等著名人物，也涉及了《教育杂志》、《新教育》等近代重要教育期刊和中华教育改进社等主要教育机构，主要探讨了西方大学理念特别是经典与现代两类理念在近代中国的导入、传播及影响，揭示了德国经典大学理念奉行的纯学术原则与美国现代大学理念核心性的实用主义原则之间的张力，一直伴随着中国近代大学的发展。①朱国仁明确指出，"我们虽不赞同'中国近代高等教育是完全照搬西方的'这一观点，但西方高等教育的实践与思想对中国近代高等教育形成与发展过程的影响，不仅是直接的、全面的，而且是相当深刻的"②。并将鸦片战争到 20 世纪 20 年代，西方高等教育的传播分为一般介绍——制度为主——思想为主的三个阶段。朱国仁认为，西方高等教育的直接影响是中国近代高等教育形成与发展的重要因素，并从课程与教学、教育体制和教育思想三个方面，分析了中国近代高等教育形成过程中西方高等教育的影响。③

（二）专题型

专题型研究对象可视为某一传播途径，如留学生、教育群体和教育期刊。田正平从国外先进观念方法的传播、课程开设、专业创办、教材编写、著述研究、组建团体、出版刊物、开拓学术领域等方面分析了留学生的贡献。④ 陈竞蓉对 20 世纪上半叶美国哥伦比亚大学与近现代中国的交往历程进行了详细考察，并通过对该校中国留学生的学习活动与他们回国后的教育活动、教育理论创新活动以及该校著名教育家来华活动的描述，分析了以美国文化为代表的西方文化在中国传播的内容、方式、途径与特点。⑤ 沈岚霞以哥伦比亚大学师范学院及其国际教育研究所为对象，分析其与中国留学生的渊源关系，探讨国际研究所的办学目标与课程设置对培养具有美国教育意识和观念的留

---

① 张雁：《西方大学理念在近代中国的传入与影响》，浙江大学出版社 2009 年版。
② 朱国仁：《西方高等教育的传播与中国近代高等教育的形成》，《高等教育研究》1997 年第 4 期。
③ 朱国仁：《西方高等教育的传播与中国近代高等教育的形成》，《高等教育研究》1997 年第 4 期。
④ 田正平：《留学生与中国教育近代化》，广东教育出版社 1996 年版。
⑤ 陈竞蓉：《教育交流与社会变迁——哥伦比亚大学与现代中国教育》，华中科技大学出版社 2011 年版。

学生的意义，阐述了哥伦比亚大学师范学院的教授学者如杜威、孟禄等人如何通过思想理论与实践活动影响中国留学生，进而影响近代中国教育的发展。① 张晓玮分析了《教育杂志》与外国高等教育的翻译与推介，认为《教育杂志》传播外国高等教育的途径经历了由转译日本到直取欧美的转变，并从"外国高等学校概况译介""外国高等教育制度选译""外国高等教育问题杂译"三方面分析了《教育杂志》与外国高等教育概况的译介。② 陈洪捷以蔡元培和季羡林两位学人为个案，具体而微地展现德国对中国大学与学术的影响。③

与大陆学者探讨的留学生有别，台湾学者刘蔚之从"知识转移理论"探讨了中国留德学者对德国教育学的接受与转化的问题，其对留学生的研究呈现了以下特点：一是视野下移，选取的留学生多为大陆学者未曾触及的，他们分别是习得经验科学取向的教育学的许恪士、刘钧、比较教育学的曾景、文化教育学的王文俊、马秉文、张建、国社主义教育学的吴兆棠、萧云来以及学校教育学的田培林；二是材料的典型性，选择了中国留德学者在德国完成的博士论文；三是过程的完整性，既研究了留学生在德国的完整的学习活动，也具体分析了其对德国教育学说的接受与转化，还进而探讨了他们（王文俊、田培林、吴兆棠、许恪士）回到中国之后在著述、讲学与实践活动中，如何将在德国所学到的教育学理论在本国情境中加以传授与转化。④ 刘蔚之认为，在代表留德学者接受德国教育学界成果最为精华的博士论文中，无论是他们所习得的德国教育学相关领域知识内容，还是他们的提问及处理研究主题之手法、诠释特点，均能体现出他们对中国当时全盘移植美国教育制度与理论，丧失民族精神与文化的做法的批判，从而欲参考德国经验，回归及复兴中国传统文化精神来提振本国

---

① 沈岚霞：《20世纪上半叶美国对华教育传播研究——以哥伦比亚大学师范学院为例》，博士学位论文，华东师范大学，2010年。
② 张晓玮：《〈教育杂志〉与近代中国高等教育的探索历程（1909—1948）》，博士学位论文，中国人民大学，2010年。
③ 陈洪捷：《中德之间：大学、学人与交流》，北京大学出版社2010年版。
④ 刘蔚之：《复制移植或交融创生？德国教育学在中国与台湾传播的历史回顾（1928—1983）》，《教育研究集刊》（台湾）2008年第4期。

教育。刘薜之指出，学者的纯粹知识兴趣和本国教育文化需求两者实质地交互影响着知识转移的过程。①

四 已有研究存在的不足

现有研究成果存在的不足：一是多单纯关注西方大学理论本身内涵及当代意义，而少从历史视角对中国引进西方大学理论的活动进行反思的研究。二是多从中国学制变革、著名高校的办学实践探索外来影响与中国高等教育模式转换，而鲜少基于文本系统探讨中国引进西方高等教育知识的国别转移。三是多从著名大学校长、专家、专门群体、期刊平台分析西方影响之体现，而忽视中下层群体在引进西方高等教育知识中的作用。具体来说，高等教育机构上主要研究蔡元培与北京大学、梅贻琦与清华大学、郭秉文与东南大学、竺可桢与浙江大学、张伯苓与南开大学以及西南联大等；内容上是大学区制、董事会、选科制、学分制、教授治校、学系制；学制是为壬子癸丑学制、壬戌学制；人群上为留学生的影响；社团或期刊为中华教育改进社、《新教育》等。四是对西方重点人物教育理论传播的研究较多，而专门针对西方大学理论传播的研究不足；对德国大学理念对中国影响的研究有之，对英美国家大学理论在民国传播的研究几乎为空白；单纯论述某一理论的传播情况的研究多，而从中国学者译介西方大学理论文本出发，深入某一理论内部分析其被接受与排斥之成分的研究鲜少。

基于学界已有研究的不足，本书试图基于民国导入的西方高等教育的相关文献，着力于以下方面：一是勾勒呈现民国时期引进西方高等教育知识的国别转移的概貌；二是将更多笔墨着于学界研究所忽视的英美大学理论，梳理英美大学理论导入的基本情况；三是注重分析中国学者导入西方大学理论时的选择、取舍和解读问题，注重进入某一理论内部进行具体分析，而非传统的整体式解读。

---

① 刘蔚之：《跨国知识转移研究：以中国对德国教育学的接受与转化（1928—1943）为例》，《台湾师范大学学报（教育类）》2007年第52卷第3期。

第三节　概念界定与理论基础

一　概念界定

西方高等教育知识：古今中外不同学者对"知识"各有不同的界定。《中国大百科全书·哲学》指出，知识是"人类认识的成果"，是"在实践的基础上产生又经过实践检验的对客观现实的反映"[①]。本书中使用的"高等教育知识"主要是指民国学界以翻译、引用或考察等方式导入的文献中对西方高等教育制度、实践和思想的介绍。

西方大学理论：按照《辞海》解释，理论是指人们对自然、社会现象，按照已知的知识或者认知，经由一般化与演绎推理等方法，进行合乎逻辑的推论性总结。从这一界定可以看出，理论是一种更抽象、更概括、更有逻辑体系的知识。"知识"的外延更广，它包含了"理论"。具体而言，本书中的西方高等教育知识包含西方大学理论，本书在使用"西方大学理论"时，特指被学界普遍认可的大学理论或思想，如纽曼的《大学的理念》、弗莱克斯纳的《现代大学论》、劳威尔、迈尔克约翰与赫钦斯的自由教育思想等。

引进：其词义包括引导向一个方向发展，从外国或外地引入人员、资本、设备、技术，把某种成分或因素引入某种场合或论题中的行为或情况。具体到本书中，指中国学人将西方高等教育知识、理论引进到中国高等教育场域。引进的方式有翻译、介绍、评论、引用等。

接受：词义上指对事物的容纳而不拒绝。判断是否接受、接受的内容和程度，首先从其引进的成分及其引进的态度即能得到部分反映，其次，从引进主体对该理论的评价、引进主体的大学教育思想以及当时的教育政策、制度和实践中予以分析。

本书立足于大众传播的期刊和著作，从中梳理民国学者导入的西方高等教育文献，透过这些文献，可以看到中国学者对这些学说的认

[①] 本书编委会：《中国大百科全书·哲学》，中国大百科全书出版社1987年版，第1169页。

识、评价、选择与扬弃。在本书的行文中,"引进""导入""传入"其含义基本相同,它们已然包含了一种选择。本书主要根据语境和需要选用不同的词语,侧重从不同角度论述民国学者对西方高等教育知识的译介、选择与吸收。

二 理论基础

(一) 菲利普斯的教育政策借鉴理论[①]

跨国教育政策转移[②]("国际教育政策转移"、"教育迁移"educational transfer)是指一国教育政策跨越国界情境中的比较、移植或转移的动态过程,它包括这种外来教育政策或实践被一个国家所改变和调整,继而实施和吸纳的复杂过程。与之含义相近并相互使用的概念还有"教育政策借鉴"(educational policy borrowing)、"教育政策扩散"(educational policy diffusion)、"教育政策学习"(educational policy learning)等。目前世界上研究跨国教育政策转移的代表性人物是牛津大学的大卫·菲利普斯(David Phillips)。大卫·菲利普斯认为一个国家影响另一个国家教育政策有多种渠道。根据受影响的程度不同,构成一个"教育转移的谱系"(见图1-1)。在这个谱系中,最左端为被强加的(imposed),最右端为广泛影响下的引进(introduced through influence)。在中间,从左至右依次为:外在约束下的要求(required under constraint),外在约束下的协议(negotiated under constraint),主动借鉴(borrowed purposefully)。在这个连续的、从被动到主动的教育转移谱系中,教育借鉴位于主动的一端,表示一个国家主动对另一个

---

① 本处关于跨国教育政策借鉴理论主要来源于 David Phillips & Kimberly Ochs. Processes of Policy Borrowing in Education: Some Explanatory and Analytical Devices, Comparative Education. Volume 39 No. 4, 2003;大卫·菲利普斯:《比较教育中的教育政策借鉴理论》,钟周译,《清华大学教育研究》2006年第2期。同时参考了杨启光:《全球化进程中的国际教育政策转移》,《比较教育研究》2009年第12期;康叶钦:《教育政策借鉴的四步模型研究:以南非"结果本位"教育改革为例》,《外国教育研究》2013年第1期;康叶钦:《国际教育迁移理论的新发展:跨国吸力背景图》,《比较教育研究》2012年第3期。

② 台湾学者刘蔚之使用"跨国知识转移理论",她指出该理论研究的主要课题是教育制度或理论在跨国情境中的比较、移植或转介的动态过程。这一理论代表性人物主要是英国的菲利普斯(Phillips)和奥克斯(Ochs),德国的Juergen Schriewer,美国的Gita Steiner-khamsi。

国家感兴趣,为其某种教育政策或实践所吸引。

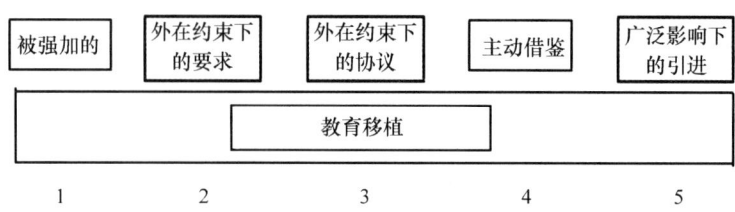

图1-1 教育转移的谱系

注:1. 极权、独裁统治 Totalitarian/authoriarian rule
　　2. 战败国、被占领国家 Defeated/occupied countries
　　3. 双边或多边合作协议 Required by bilateral and multilateral agreements
　　4. 学习外国政策、实践 Intentional copying of policy/practice observed elsewhere
　　5. 教育理论和方法的宏观影响 General influence of educational ideas/methods

资料来源:大卫·菲利普斯:《比较教育中的教育政策借鉴理论》,钟周译,《清华大学教育研究》2006年第2期。

在上述基础上,大卫·菲利普斯和奥克斯在对两百年来英国对德国教育借鉴的案例以及其他许多发达和发展中国家案例研究的基础上,总结和设计出了教育政策借鉴的四步模型,如图1-2所示。教育政策借鉴的四个步骤分别是:跨国吸引—决策—实施—内化/本土化,这四个步骤循环往复,构成了教育政策借鉴的基本过程。

跨国吸引是教育政策借鉴的第一步。跨国吸引由内在动因(impluses)和外化潜力(externalizing potential)两部分组成。"内在动力"是指激发国内对外国教育产生兴趣的某种"刺激物"或"催化剂"。外化潜力则是指外国教育政策或实践中那些理论上被认为可以借鉴的因素。内在动因包含对本国教育现状的不满、教育体系的瓦解、负面的外部评估、经济变化与竞争、政治需求、新生局面、知识和技能创新等七个因素;外化潜力包含有指导性的哲学或意识形态、宏观构想与目标、战略、实施结构、过程、方法等六个方面。内在动因是形成教育借鉴的前提,它驱使改革者寻找外化潜力,以解决本国现有的、正在出现的和潜在的教育问题。为什么外国教育对本国形成吸引、产生吸引的内在动因是什么、外国教育有哪些方面可供借鉴、

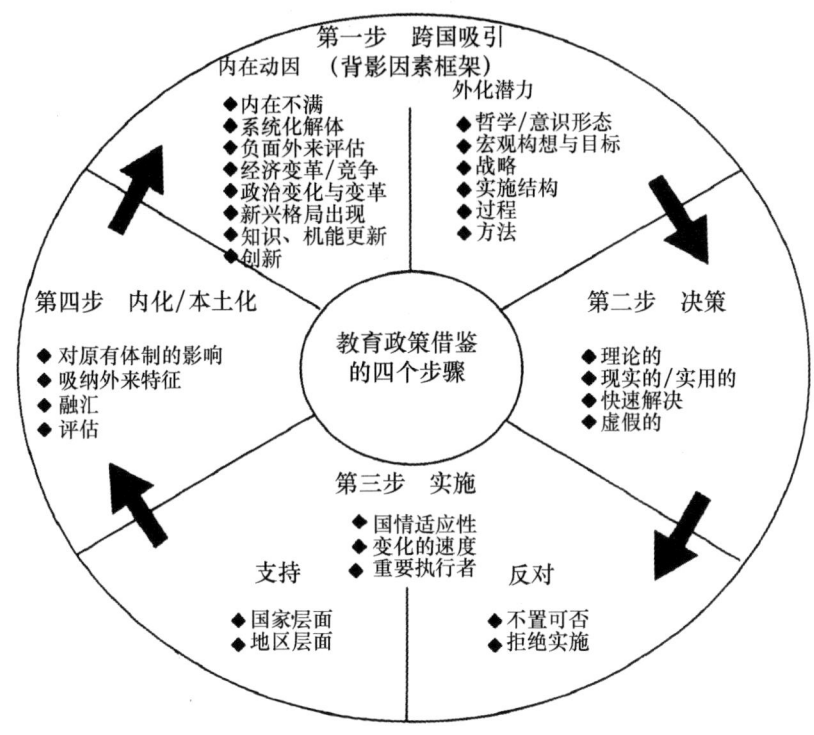

图 1-2 教育政策借鉴的四步模型

资料来源：大卫·菲利普斯：《比较教育中的教育政策借鉴理论》，钟周译，《清华大学教育研究》2006 年第 2 期。

借鉴外国教育出自什么动机等问题成为本阶段关注的重点。

第二步为决策，分析外国教育产生的吸引力如何作用于本国的教育决策。跨国教育吸引所导致的决策类型有四种：（1）理论上的决策；（2）现实的、实践的决策；（3）力图快速解决的决策；（4）虚假的决策。

第三步为实施。重大教育改革通常需要两个前提：第一，政府内部强烈认为现行的教育体制存在重大问题，必须通过重大法案来保证教育改革的实施；第二，政府和社会需要就如何改革达成广泛共识。教育借鉴在实施时必须改造外来模式以适应本国情况。改造的程度取决于该国的众多国情因素。

第四步为内化或本土化。外来政策逐渐融为本国教育体制的一部分。

外国教育政策和实践在引进过程中都会发生变化，发生变化的方式或阶段主要有：阐释（interpretation）、传播（transmission）、接收（reception）和实施（implementation）。每一种方式或阶段就像过滤镜或透镜一样筛选和改造着外来教育模式。我们将一个国家的教育实践1如何变成另一个国家的教育实践2建构为一个模型，见图1-3。

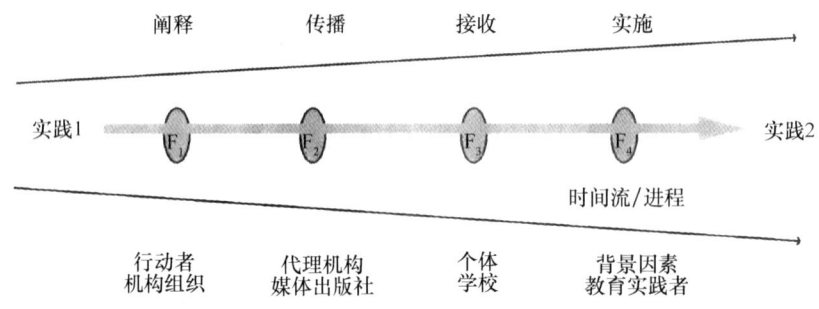

图1-3 教育政策借鉴的过滤镜

资料来源：大卫·菲利普斯：《比较教育中的教育政策借鉴理论》，钟周译，《清华大学教育研究》2006年第2期。

菲利普斯的教育政策借鉴理论虽然主要关注的是跨国间的教育政策借鉴的过程及各种影响因素等，但他的"四步模型"对西方高等教育知识的引进同样具有一定的适用性。

第一，"四步模型"第一步"跨国吸引"已经超越了政策活动的层面。"跨国吸引"的内在动因和外化潜力的划分，为分析本书第二章国别转移提供了思路。中国与哪些国家形成了跨国吸引，为何某一时期被A国家所吸引，另外一时期被B国家吸引？促使这种转向的因素是什么。这些问题正好是该理论所要回答的问题。另一方面，"外化潜力"中的六个焦点引力形成了对本国的潜在吸引。这六个焦点引力，指导哲学或意识形态居于最上层，它总体上影响着教育的宏观构想或目标，而教育的宏观目标和构想又控制和影响了教育的各项策略、实施结构、教育过程与教学方法。可以说，指导哲学或意识形态在很大程度上解释了中国被哪些国家吸引，解释了中国的吸引国为什么转移？而教育宏观目标之下，包括教育战略、教学过程和方法等，都是回答西方（目标国）吸引中国的是什么。本书认为，近现代中国关于教育的宏观目标和构想，是居于一种中间、过渡的位置，即指导哲学或意识形态等，在六个吸引焦点中占据了主导位置，教育（含高等教育）宏观目标主要是服务于国家的政治目标与民族需求；教育战略、教学过程与方法等又服务于教育的宏观目标与设想。本书的第四—六章的内容就是西方各国高等教育中可资借鉴的因素，即属于焦点吸引的教育部分，即高等教育的宏观目标、教育战略、教学过程和方法等。

第二，教育转移的谱系，从"被强加的"到"主动借鉴""广泛影响下的引进"之间转移，主要反映的是一个国家影响另一个国家的多种渠道，这种渠道实际体现了借出国与借入国之间的关系。被强加阶段，借出国控制了整个借鉴活动，具有绝对主导的倾向，这种情况在殖民地国家多见；而主动借鉴阶段则是借入国发挥主动精神，借鉴国外经验、观念、实践，这种转移多发生在主权独立的国家之间，是当代教育转移的主要类型。

但与该理论不同的是，笔者认为，教育转移的不同谱系中，内在动因和外化潜力之间呈现不同的关系，靠近"被强加的"的一端，外化潜力控制了教育转移的过程，内在动因居于从属地位；靠近"主动借鉴"的一端，内在动因才真正发挥作用，外化潜力服务于内在动因。本书所研究的时间段1912—1949年，应该是处于"外在约束下的协议"到"主动借鉴"之间。这一教育转移的谱系直接影响了中国学者对西方高等教育知识的引进心态（这种心态不只体现在教育方面）。在"外在约束下的协议"下，中国更多地扮演西方的跟随者的角色；在主动借鉴阶段，中国真正从自身需要出发，西方是作为参考的。教育转移的谱系为本书第三章提供了启发。

第三，跨国吸引理论指出，跨国吸引从根本上是为了解决本国现有的、正在出现的和潜在的教育问题，如何解决这些问题，正好指向了本书的第四章至第六章西方大学理论被引进的动机或目的。

第四，该理论认为外国的教育政策和实践在引进过程中会发生过滤，外国的教育学说亦然。多种因素影响了学说在中国的引进与接受。比如中国学者所接受的西方大学学说,与其原本面目已经出现了很大的不同,这就是被过滤的结果。中国学者的译介的目的直接影响了选择什么样的大学理论。他们对所译介的大学理论或思想的阐释,不仅代表了他本人的态度、学识素养,而且通过期刊、书籍、报纸等传播媒介,直接影响了西方大学理论在中国的再传播与接受。

当然,菲利普斯教育政策借鉴理论也有自身的局限性。

首先,杰拉米·拉普利(Jeremy Rappleye)指出,菲利普斯和奥克斯的跨国吸引研究忽视了"行动者"(human agency)的作用。他们虽然将外化潜力分为"外国制度中理论上可供借鉴的因素"和"这些因素的内化潜能依赖于本国背景的接受性",但是,忽视了行动者的作用,因为行动者决定了"哪些因素是理论上可以借鉴的",行动者同时也是"背景的接受性"的评价者。"背景"成为赢得引力或失去引力的竞技场[1]。有经验的政治家、学者和媒体可以塑造能够引发吸引或阻碍吸引的背景。在本书中,以留学生为主体的行动者,作为跨国吸引阶段的"策略"部分(为了中国的政治目标及教育的宏观目标,大量学生留学海外),同时他们又反过来塑造中外之间跨国吸引的过程。有些留学生提倡学习欧洲大学,以研究学问作为大学的根本任务,这就塑造了欧洲国家的大学对中国的吸引力;有些则坚持从本国国情出发,参照西方大学的经验,这在某种程度上是阻碍西方大学对中国的吸引力。本书借用"行动者"的概念,将其贯穿于全书之中,他们不仅影响引进西方高等教育知识的国别转移、引进心态的变迁,而且决定了什么内容被接受、如何被接受。

其次,在批评菲利普斯的基础上,拉普利提出的跨国吸引背景图,指出了跨国引力背后的原因,即介绍和使用外国经验的动机:"震惊、使合理化、警告和夸耀。使国内震惊和合理化是刺激改革的方式,警告和夸耀则是抵制变革的工具"[2]。这种动机也贯穿在中国学者对西方大学理论的导入与选择之中,其动机就是为了刺激或抵制本

---

[1] 康叶钦:《国际教育迁移理论的新发展:跨国吸力背景图》,《比较教育研究》2012年第3期。

[2] 康叶钦:《国际教育迁移理论的新发展:跨国吸力背景图》,《比较教育研究》2012年第3期。

国大学教育的改革。

（二）文化涵化理论①

最早使用"涵化"一词的人是美国民族学局首任局长鲍威尔（J. W. Powell），他在 1880 年所写的《印第安语言研究导论》中谈到在百万文明人的压倒之势的情况下涵化的力量造成土著文化巨大的变迁。1954 年，美国几位研究涵化问题的文化人类学家（以美国社会科学研究委员会 SSRC 的研讨会的名义）发表了《涵化：一个探索的表述》（备忘录）②，对文化涵化所下的定义，是指"由两个或多个自立的文化系统相连接而发生的文化变迁"，"一个自立的文化系统就是人类学文献上一般所说的'一个文化'"。这里所说的自立的系统指的是完全的、在结构上独立的系统，不是其他某个大系统的一部分或须有赖于另一个大系统而生存，它不需要其他系统而能延续自己的功能。因此，涵化的本质是不同民族接触引起原有文化的变迁。

文化涵化的方式主要有：传递、结合、替代、融合（同化）、隔离和排拒。在本书中，民国时期西方高等教育知识、理论的引进与接受，主要涉及的是文化的传播和文化结合两种方式。

第一，文化之间的文化特质的传递（即传播）。

文化特质的传递可以小至一个具体而微小的物品，也可以大至整个宗教信仰的传播。接受文化一方的成员可以选择接受或是拒绝，其结果，一般是接受了一些特质而拒绝了另一些特质。在文化特质被传递的过程中，经历了文化接受一方的估价和转换，这些估价和转换总是与接受方文化的价值系统密切相关，即根据自己的价值观进行选择，决定取舍。也就是说文化传播是一个选择的过程，输入的外来文化特质是被接受还是被排拒，主要由其对文化接受者的效用和适应性而决定。这里的适应性包括自然环境和人文环境（政治、经济、教育和社会状况以及价值取向、道德观念、宗教信仰、风俗习惯等）。比如，本书中陈孝禅对弗莱克斯纳《现代大学论》的引进，从其对弗莱

---

① 黄淑娉、龚佩华：《文化人类学理论方法研究》，广东高等教育出版社 1996 年版，第 217—234 页。

② SSRC Seminar, "Acculturation: An Exploratory Formulation", *American Anthropologist*, Vol. 56, No. 6, 1954, pp. 973 – 1000.

克斯纳一书的选择性翻译中可以看出：他接受了弗氏对美国大学批评的部分，忽略了弗氏通过对美国大学现状的批评背后所构建的"现代大学理念"。这就是文化涵化过程中受者的选择性接受，他选择了一些特质，拒绝了另外一些特质。这一选择性接受的过程就是陈孝禅本人对弗氏的大学理论估价的过程，选择与估价的原则是弗氏理论是否满足陈孝禅当时的需要。考虑到陈孝禅当时所处的中国大学教育的状况：美国大学模式占据主导地位，以及由此出现的种种问题，弗莱克斯纳对美国大学的尖锐批评正好切合了他对中国大学教育的忧虑和思考，为其批评美国化的中国大学教育提供了有力的支持。

第二，文化的结合。

涵化不是被动的吸收，而是一个文化接受的过程。一个文化系统可能自愿或者被迫抛弃一些原有的特质，又由于传入新的特质而得到补偿。在这一过程中除了产生许多变化之外，还有创造的过程，这就是自身的文化系统的特质与外来文化的特质相结合，或者说新的文化特质加入原有的体系中。一般来说，各民族对新引进的文化特质和文化丛在形式、功能和意义上总是进行改造，以适应自己的需要，使新的文化特质和文化丛打上本民族的烙印，人类学家把它称之为重新解释（reinterpretation）。

总之，跨国教育转移和文化涵化理论，为研究中外文化、教育之间的交流提供了新的视角。在本书中，选择性借用上述理论可以深入地理解民国时期西方高等教育知识的引进与接受问题。前者可以解释西方高等教育知识对中国的吸引力问题，解释各个时期中国向不同的西方国家学习的动力问题，而文化涵化理论能深入某一西方理论的内部，解释它在中国当时的政治社会形势下，中国学者对它的不同理解，中国官方对它的吸收、扬弃乃至扭曲问题。前者从宏观上为引进的国别转移和心态变迁提供了理论基础，后者从微观上帮助我们解释西方大学理论在中国具体的传播与过滤过程。当然，以上的划分只是相对而言，如文化涵化理论也可以解释：为什么在某一时期中国会被美国吸引而不是德国，跨国教育转移理论也能分析为什么某一教育学说在某地被扬弃等，在本书中当结合具体史实选择性借鉴上述理论。

第四节 研究思路与研究方法

一 研究思路

本书从民国时期大量的报纸杂志、书籍入手,整理当时学者导入的西方各国高等教育知识的文献,利用数量统计与文本分析的方法,借用跨国教育转移与文化涵化理论,深入阐述西方高等教育知识纳入中国高等教育场域的历程,剖析什么样的因素深刻地影响了这一进程。

1. 整理与统计分析民国学者以各种方式导入的西方高等教育文献。从论文来看,西方各国高等教育的论述大量包含在以教育为题的论文之中,所以本书分为西方教育综合类文献、西方高等教育类论文两块分别进行统计分析,以期发现它们的一致与不一致之处。在初步汇总文献的基础上,为了获得引进西方高等教育知识国别转移阶段的合理划分,采取逐年统计各个国家文献的方式,绘制各国(高等)教育文献走向图,将其大致划分为1912—1919年、1920—1927年、1928—1937年、1938—1949年四个阶段,分析不同时期哪些国家成为中国的重点学习的对象及其背后原因。

2. 梳理西方高等教育文献的类型,将其分为零星介绍、系统描述、学理探讨三类。之所以引入这样的分析维度,是考虑到上述引进的国别转移,主要基于文献数量的考量,而没有把引进的西方高等教育知识的深度纳入分析范围。通过对民国学者导入的西方各国高等教育文献类型的归纳梳理,可以校正上述统计结果。

3. 以文本分析为方法,展现民国时期对西方高等教育知识引进心态的变迁。本书将其分为崇拜西方、批判西方、参照西方三个阶段。三阶段的划分是基于当时中国教育界的整体倾向,具体到个体层面并非完全对应。因此,本书另单列一节讨论民国学者个体在参照和借鉴西方高等教育时,他们心中所推崇的范本,以此凸显学者个体的独特选择。

4. 系统分析民国引进西方大学理论的发展历程。如前所述,西方大学理论属于西方高等教育知识的高级形态,目前学界尚无成果专门研究西方大学理论在民国的引进历程，理清这一问题有助于弥补学界研究的不足，同时为后续章节奠定基础。

5. 重点选取一些有影响的大学理论作为个案，深入分析民国学者对某一理论的导入、选择与吸收。关于德国大学理念与模式对中国的影响，学界公认以蔡元培及其在北大的改革为典范，对此已有丰硕的研究成果，如陈洪捷的《德国古典大学观及其对中国大学的影响》即为代表作之一。鉴于此，本书不再重复论述德国高等教育学说的引进与接受，而重点关注被学界长期忽略的纽曼、弗莱克斯纳、劳威尔、迈克尔约翰、赫钦斯、霍尔等人的大学理论，尤其是在大学理念史上占据重要地位的纽曼、弗莱克斯纳的大学理念。具体到某一理论，主要从以下方面展开分析：导入的基本情况，含导入者、导入内容、导入动机与缘起、导入者的态度与选择等；该理论被接受和被排斥的内部成分及原因。

6. 基于上述各章的论述，首先从整体上阐述西方高等教育知识的跨国转移对中国高等教育的影响，其次借助跨国教育转移理论和文化涵化理论，总结国别转移的多重原因和外来理论被选择与排斥的原因。最后，在回应开篇提出的问题——民国时期学习西方失败是忽视中国国情还是遗弃外国精华——的基础上，评价民国引进活动的得失及对今后的启示。

梳理本书主体章节的关系，第二章、第三章讨论了引进西方高等教育知识的国别转移、引进程度的深化、引入心态的变迁，从较为宏观的层面勾勒了民国时期我国借鉴学习西方高等教育的知识图景。第四、五、六章中国早期对西方大学理论的引进和接受的个案剖析均是在跨国知识转移的大背景下发生的。可以说，引进的国别和心态变迁已经规定了导入的西方理论的范围。而寻找国别转移、心态变迁与理论内部成分被接受和排拒的原因，都要回到当时中国社会、教育现实状况和需求中去探寻，这也是结论部分试图解答的内容。

二 研究方法

1. 文献法：这是教育史研究最基本的方法，因为历史文献是记载历史发展过程的资料，是任何历史分析最基本的事实来源和依据。本书中主要是收集、整理、使用中国近代报刊和著述中有关西方高等教育的一手资料。

2. 统计法：民国学者以译介等方式撰写了大量的西方高等教育文献，尤其是论文。为了清晰地展现各国文献在时间的历程中变化的趋势、分布的比例，以及各国文献此消彼长的趋势，本书在搜集整理文献的基础上，以国家、时间为主要维度，统计不同年份各国文献数量，绘制走向图及分布图。

3. 个案法：民国学者导入了大量的西方高等教育知识，本书中选取了纽曼、弗莱克斯纳、劳威尔、迈克尔约翰、赫钦斯、霍尔等大学理论作为个案，讨论民国学者对其思想的导入、选择与扬弃，并深入分析其背后的原因。个案法可以深入揭示某一学说在中国的接受与排斥细节，丰富对民国时期西方大学理论引进与接受史的认识。

4. 比较法：民国学者对西方大学理论的引进与接受呈现了鲜明的差异。比如对纽曼《大学的理念》的冷淡反应与对弗莱克斯纳《现代大学论》的热切关注，形成了鲜明的对照。因此，本书中将比较中国学者对不同大学理论的取舍，比较中国学者对同一大学理论的不同态度。

第五节 研究的创新与不足

一 研究的创新点

1. 研究选题的创新：首先，以往中外教育交流史研究多从制度层面或个案视角探究西方模式的引进，而忽视了从思想理论层面探究引进之源头。本书则从西方高等教育知识的整体分析入手，以西方大学理论为中心，从制度层面深入思想层面，以期有新发现。其次，以往研究对西方理论之引进多采取整体宏观之分析，忽视了这一理论体系复杂性及其内部要素存在被接受与排斥之成分，本书以文化过滤的视角探寻中国学界对西方大学理论的筛选、扬弃与转化等新领域和新命题，是对学界已有研究的一个重要填充，有助于推进教育理论的研究。

2. 研究内容的创新：（1）系统梳理分析了作为理论形态的知

识——西方大学理论在中国的引进阶段及其影响。（2）指出郭秉文与胡适虽都留美，但两者理想中的大学模型却有差别，前者导入的是威斯康星式样的美国大学模式，后者更赞赏和倾心以霍普金斯大学为代表的美国研究型大学；与人们常理推测相反，常导之批评美国大学，而推崇以"研究高深学问"为目的的英德大学模式；由此说明在译介西方大学理论的过程中，每个学者形成了中国大学未来发展道路的不同设计，存在"此美国"与"彼美国"、"此西方"与"彼西方"之差异。（3）纽曼与弗莱克斯纳的大学理论，在大学史上占极重要之地位，然而它们在中国的传入与流变问题，学界研究甚少。本书重点对两者的传入进行了详细的文本解读，得出了一些新发现：如两者在中国遭遇了冷热不均的境遇，但它们又有着共同的命运，即无论纽曼的传统大学理念，抑或弗莱克斯纳的现代大学理念，其"理念"部分都被民国学界所忽视。（4）深入每一大学理论内部指出其被中国学界接受与排斥之成分。

3. 文献梳理与研究方法的创新：本书爬梳整理了民国众多的报纸杂志与书籍，既注重利用《教育杂志》等重要期刊，又注意发掘为教育学界较少使用的《晨报副刊》等，在大量搜集一手文献的基础上，坚持历史与逻辑相结合的原则，采用历时动态研究与共时比较分析、宏观把握与个案解读相结合的方法，以期实现对研究对象的有效把握。

二 研究存在的不足

1. 本书属于中外高等教育史的交叉领域，要求作者对西方高等教育历史、西方高等教育理论有相当认识与把握，本书在这一方面有待加强。

2. 西方高等教育理论的引入、选择与吸收，有着深刻的时代背景与历史原因，本书在揭示其演变的规律方面还有待加强。

第二章　引进西方高等教育知识的国别转移与程度演变

民国时期中国高等教育取法西方，其学习与借鉴的对象几经变更。本章拟从当时的主要报纸杂志和著述等文本入手，选取中国学者译介撰写的西方高等教育论文和书籍，分析中国引进西方高等教育知识的国别转移及程度的变化。国别转移侧重从数量统计的层面展现中国学者所关注的西方高等教育知识在不同时间内力量的此消彼长及其变化趋势。引进程度则深入文献内部辨别民国学者对西方高等教育知识认识之深化。

第一节　早期高等教育知识国别转移的量化分析

自1840年被洋枪和大炮打开国门后，中国便开始了开眼看世界的历程。当时这一世界可用"西方"两字涵盖之。尤其是1912年之后，随着清王朝统治的瓦解和中华民国的建立，中国与世界的接触日趋频繁和全面。以对美国的关注为例，这一时期对美国的关注可以说涉及美国社会的方方面面，政治、外交、银行、证券、纺织、铁路、电影、新闻、文学、航空、贸易、财政、种族、宗教、文化、教育等。中国学者对西方高等教育的热切关注和讨论，就是在中国全方位借鉴学习外国的背景下发生的。以《民国时期期刊全文数据库》（1911—1949年）为例，1912—1937年间中国关注的西方各国集中在日本、美国、苏俄、德国、英国和法国等六国（见表2-1）。

表 2-1　　1912—1937 年中国导入的西方各国文献分布① 　　　　单位：篇

日本	美国	苏俄	英国	德国	法国
44532	28536	20206	14802	13088	8731

一　高等教育作为独立言说领域的形成

查找这一时期的文献，尤其是在 20 世纪 20 年代之前，对西方高等教育的介绍更多地涵盖于对某国教育的总体介绍中，如《英美教育改革观》、《美国教育琐谈》、《德国之学校制度及教育概况》、《欧美都市教育之一斑》、《法美两国教育的比较》等，都是在介绍西方教育的视野下包含高等教育。可以说，"高等教育"还未成为中国学界自觉论说的独立领域。《民国期刊全文数据库（1911—1949）》中高等教育文献的分布也印证了这一点，以"高等教育"为题名，时间段为 1912—1949 年进行精确检索，共有文献 1958 条，其中 1920 年（不含 1920 年）之前只有 19 条；以"大学"为题名进行精确检索，共有文献 76176 条，其中 1920 年之前的有 3849 条，所占比例仅为 5%②。因此，大致可以说，20 世纪 20 年代是高等教育作为独立的论说领域形成的一个关键期。这不仅与中国大学教育的成长壮大有密切关系，与西方高等教育研究的兴起与发展也有关联。

首先，中国大学的发展是在 20 世纪 20 年代以后，这种实践影响了对西方高等教育的介绍与引进。从学科意义上论，当今对外国教育的介绍引进已经成为外国教育史和比较教育学的重要组成部分，借鉴仍是重要目的之一。中国新教育建立之初根据自身的需要，或注重教育制度的介绍，或注重教育思想的引进，其介绍的内容都受到中国教育自身发展需要的影响。20 世纪 20 年代是大学蓬勃发展的时期，也是更为迫切地学习借鉴西方高等教育的时期，所以对西方高等教育的

---

①　上述的统计数字分别是以相应的国家名为全字段搜索的结果，其中"法国"以"法国""法兰西"，"英国"分别以"英国""英格兰""苏格兰""威尔士""爱尔兰""大英帝国"，"德国"分别以"德国""德意志""普鲁士"，"苏俄"以"俄国""苏联""苏俄"进行了搜索。以"欧美""欧洲"等为标题的文献未统计在内。

②　如以"大学"作为字段，所检索到的条目可能关乎《礼记·大学》和"大学士"等与现代大学概念不甚相关的主题，这些文献不纳入本书的统计范围。

介绍日益增多。从高等教育的发展历程看,中国新教育建立的紧迫性,使得中国学界早期主要关注的是西方的学校制度,高等教育只是作为学制的一部分被学者注意,这也部分解释了为什么有关西方高等教育的文献多包含于教育文献中;在实践层面,高等学校的建立与发展,集中于20世纪20年代左右。20世纪初中国只有三所国立大学,到了20世纪20年代就增长到了二十多所。高等学校的发展,尤其是大学教师的增长,使得20世纪20年代之后,中国学界导入西方高等教育的文献增多。考察介绍西方高等教育的文献,其作者大部分出自于大学(或有大学经历)就能说明这一问题。关于高等教育的书籍,最早的要推谢冰翻译的哈佛大学校长艾略特的《大学之行政》。其次,西方高等教育研究的起步与发展。虽然西方早有大学,但是高等教育研究作为一个独立领域也是在19世纪后半叶才开始的。西方的高等教育研究状况自然直接影响了中国学者对其的翻译与介绍。

正是由于"高等教育"经历了这样一个过程,所以本章将中国学者导入的西方高等教育文献分为两种类型[①]:一是西方教育综合类的文献(含论文和著作);二是西方高等教育类的报刊论文。本节分别从这两类文献入手,分析民国学者引进西方高等教育的国别演变。

西方高等教育文献的载体主要是报刊上之论文和著作。两者因形态的不同对揭示民国学者对西方各国之关注及变化有不同的意义:相对而言,报刊由于具有连续性的特点,其所载文献更能反映出当时学人关注的西方各国的时空转向。报刊中的各篇论文,对某一个人来讲,其介绍某一国家的某一内容,似乎具有偶然性,但这众多的个人在时间的流淌中译介众多的西方国家高等教育之状况,恰恰反映了中国学者在历史条件变幻的不同时间与空间组合中,引进与接受西方高等教育理论的某种总体趋势。与报刊中大量的论文相比,著作体现的是作者对西方教育

[①] 面对民国时期中国学者译介与撰写的众多西方教育的论文和书籍,如何确定哪些文献属于"高等教育"之范围。以高等教育、大学之类命名的论文和书籍容易判断,其中论文类可称为"西方高等教育类论文"。以"教育"为题名的较难判断,所以除了从题名和章节上明显看出不包含高等教育内容时,笼统地以某某国教育命名的文献也初步纳入本书的分析范围,统称为"西方教育综合类文献"。本处的著作是指学术著作,不包含为中国学生赴外留学提供指导的留学须知和留学手册之类的书籍。

（高等教育）介绍的系统性。根据编著的目的和作者个人的素养，或融入自己的创见，或偏重客观的描述。著作更能代表作者的"一家之言"，其观点更具稳定性。著作作为作者费时较久、思考较深的产物，可以反映在时间的变化中一些稳定的、不变的东西，从而为认识民国学者导入西方高等教育理论提供另一个视角和窗口。

二 从西方教育综合类文献看高等教育知识输入的国别转移

（一）从期刊看高等教育知识输入的国别转移

民国时期中国学界导入的西方教育文献规模庞大，而许多报刊时办时停，不能有效地反映连续时间内中国学者对各国教育的关注及变化，因此，本书从众多报刊中选取了办刊时间长、影响力大的《教育杂志》作为样本进行量化分析。具体方法是，以"美国"等国家[①]为题名，查询1912—1949年间介绍各国教育的文献，按照国别进行分类，分析民国年间西方各国教育文献的分布与走向。

表2-2 《教育杂志》西方教育综合类文献分布统计表　　单位：篇

国家 时间	美国	日本	英国	德国	苏俄	法国	总计
1912—1919	77	54	21	48	1	13	214
	36%	25%	10%	22%	1%	6%	100%
1920—1927	392	113	168	66	41	65	845
	46%	13%	20%	8%	5%	8%	100%
1928—1937	231	138	84	107	108	42	710
	33%	19%	12%	15%	15%	6%	100%
1938—1949	21	2	11	6	10	1	51
	41%	4%	21%	12%	20%	2%	100%
合计	721	307	284	227	160	121	1820

---

① 分别以"美国""英国"（英格兰、苏格兰、威尔士）、"日本""法国"（法兰西）、"德国"（德意志、普鲁士）、苏俄（俄国、苏联）等在《民国时期期刊全文数据库》进行检索，删除同样条目。

从表2-2可以看出,1912—1949年之间,中国学界对西方各国教育的介绍大致呈四个阶段:

一是百家争鸣中,美、日、德知识最受"青睐"(1912—1919年)。从文献数量可以看出,此阶段美国已经超越日、德,占据中国引介西方教育的榜首。中国学界对美国教育的关注已经发轫,这为第二阶段的大幅增长奠定了基础。同时应当注意到,作为自清末以来"远法德国,近采日本"教育国策倾向的延续,国人对日、德教育知识的关注度仍较高,日、德两国文献占到了本期总文献量的47%。即使以单个国家而论,日、德与美国之间的差距也相对较小。正如跨国教育转移理论所指出的,新生局面的出现(清朝灭亡和中华民国的建立)与政治需求(建立民主共和国),作为内在动因刺激着当时的中国及其学人去借鉴参考西方的经验,美国身上散发的民主共和国的光辉及其教育体系成功地吸收了中国。从某种意义上,甚至可以说中国政权的变更促成了中国学人的目光转移——由日、德转向美国。因为日、德是君主立宪制国家,美国是民主共和国的代表,中国政体从君主立宪(暂不论真假立宪)一改为民主共和制,其学习、关注的对象自然由日、德转向美国。

二是美国教育知识占据绝对优势(1920—1927年)。从文献数量来看,如果说1919年之前,中国引进西方教育的国别上还未能形成一个稳定的"老大哥",那么从1919年开始,介绍美国的文献可以说扶摇直上,一直到1927年,美国都占据第一的位置,尤其是进入20世纪20年代前期,美国与其他各国之间的差距日益加大。如果说1920年是美国优势的积聚期,那么到了1921—1927年之间,美国占绝对优势。

三是综合取向中,美国优势依然明显,日、德教育知识输入再次上扬,苏俄教育知识输入加大(1928—1937年)。首先,日本和德国的文献总量再次超越美国;其次,美国依然居于上位,其他国家与美国的距离已经有了大幅度的缩小。如果说,1921—1927年是美国独大的时期,1928年以后则是世界各国综合引进,而美国依然占据优势的时期。这里要注意的是,从文本分析中国学者对美国教育的导入,已经包含了大量的批判式导入,体现在文本上就是对美国教育的批评、对中国模仿美国教育的质疑。苏俄成为中国学界在20世纪20年代末30年代的重要关注国家。1928—1937年苏俄所占份额有15%。苏联受到重视与中国国内共产党的成立、建立共产主义的政权有关。

四是各国教育知识输入的衰退期（1937—1949年）。1937年以后因为战争的影响，中国学界对西方各国教育的导入都趋于低落。

值得说明的是，我们在强调中国引进西方各国教育的国别转向时，应注意到这些国家之间的联系。美英似乎是天然的联盟，从两国文献分布走向图（图2-1）上看，两国文献的三个波谷段几近一致，第一个波谷是1921—1926年，1921年开始急遽加速，到1923年达到顶峰，此后一直没有超过这一时期，然后到1925年几乎跌到了20世纪20年代的第一个低点，1926年又有所上升。而且美、英两国无论增长率还是下降率几乎保持一致。第二个波谷是1929—1932年阶段，到1930年左右形成第二个高峰，1932年跌到谷底。当然这个波谷中美国的增长率与英国相比要快。第三个波谷为1933—1938年，英美两国在1936年左右文献再次形成小高峰，1939年以后趋于沉寂。从整个曲线图来看英国无论在哪一年份都没超过美国，更多地扮演了美国追随者的角色。美、英文献出现的低谷也基本达到一致。这与英、美之间的教育的渊源有关。

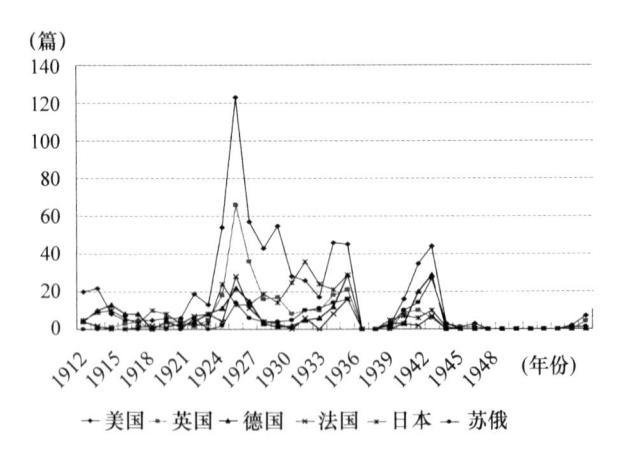

图2-1 1912—1949年《教育杂志》世界主要国家文献分布走向

日、德如同英、美之间一样，在中国学者的心目中，因某种理由结成了同盟。从美、日比较图来看，介绍日本文献的几个低谷为1922—1928年，1928—1931年，1931—1937年，除了1931—1937年这一阶段外，美国文献的下降期正是日本文献的上升期。1926—1929年，美国文献继续下降时期，正好是日本、德国的上升期。

综上所述，以《教育杂志》为样本，分析中国学者导入的西方各国教育综合类论文的国别分布及走向，可以发现，整个民国时期中国学者关注的TOP1当推美国，日本和俄国作为中国的紧邻，始终居于重要地位。英、法、德作为世界上的先进国家，虽不曾像美国那样对中国发生轰轰烈烈的影响，成为中国人探讨的热点，但永远不会缺席，与中国始终保持不温不火的关系。中国政府虽没有大面积地取法德、英、法的全国性教育制度（清末学习日本，民国学习美国，中华人民共和国学习苏联），但一直是中国借鉴的重要对象。中国在小范围内在这些国家的教育中各取所需，如北大对德国大学模式的借鉴，同济大学仿照德国大学模式开办，法国大学区制的短暂实行，英国的导师制和学院制的借鉴等。可以说，地缘政治（日本、俄国）、历史传统（日本）、国际格局（美国作为世界上的头号强国）作为外化潜力始终影响着中国及学者的选择。

（二）从著作看高等教育知识输入的国别转移

统计1912—1937年间，介绍西方各国教育的书籍，并且涉及高等教育的，大致如表2-3所示，1919年前出版的两本外国教育书籍，均介绍德国教育，一本是翻译日本人的著作，一本是亲赴德国调查的作品。这体现了清末形成的"近采日本，远法德国"的精神及以日本为中介学习西方教育的延续，说明德国依然是中国学界或明或暗的关注点。1920—1927年共有书7本，其中，美国3本，英国1本，法国1本，苏俄1本，法德英美日1本。介绍美国教育的书籍数量逐渐占了优势。1928—1937年，这一时期中国学界出版的外国教育书籍14本，美国2本，英、法、德、意、苏俄各1本，以德美英法为叙述对象的6本（其中1本含日本，另外1本讲德国和英国），以德美意丹为对象的1本。与前一阶段相比，美国所占的比重明显下降，学界趋重于介绍欧洲高等教育的成果。

表 2-3　　　1912—1937 年中国译介西方高等教育学术著作一览

序号	作者、书名及出版社	涉及高等教育内容简介	年份
1	[日] 吉田熊次著，华文祺、蔡文森、秦同培编译《德国教育之精神》，商务印书馆	德国大学的类型、德国大学与德国文化的关系，进而论述到国民性；德国大学教授与学生的自由；大学学科	1916
2	王仁夔、顾树森《德国教育新调查》，商务印书馆	德国大学的起源，德国大学的特色（学问研究的自由、学习自由）、大学生社团、大学的组织（大学自治、大学教授会）、学科、大学研究室之演习（应该是较早介绍德国大学 seminar 的文献）、海德堡大学和民享大学的教师学生人数、学科等	1917
3	何炳松《美国教育制度》，商务印书馆	大学的组织、修业年限及改革主张、毕业院（指研究院）、大学的夏学、大学教育的结果	1920
4	陈宝泉、金曾澄、谈锡恩等《八年欧美考察教育团报告》（美洲之部），商务印书馆	第二章大学及专门学校介绍了加省大学、司丹佛大学、维斯康辛大学、欧伯林大学、康奈尔大学、克理乌兰克思工利大学、克理乌兰思保存大学、哈佛大学、麻省理工大学、骆威尔纺织学校、马利兰专门学校、佐治亚农科大学、蒲兰斯登大学（现译为普林斯顿大学）、瓦沙（VASSAR）女子大学、纽约大学、芝加哥大学 16 所高等教育学校。第八章推广教育介绍了维斯康辛大学推广部、维斯康辛农科大学推广部、康奈尔农科大学推广部、佐治亚农科大学推广部等	1920
5	汪懋祖《美国教育彻览》，中华书局	大学名称、性质、修业年限、学位制度、初级大学	1922
6	陈其昌、王德宣、陈国儒、戴禹久、熊卿云《各国教育谈》，商务印书馆	涉及法德英美日等五国，日本主要列了大学法令，其他国家的涉及大学管理、学科、学位、考试等	1924
7	余家菊著《英国教育要览》，中华书局	英国两所旧大学（学院）、新大学、苏格兰与英格兰大学的起源及比较；详述了剑桥大学、爱丁堡大学、大学推广运动的情况	1925
8	周太玄《法国教育概览》，中华书局	法国高等教育的学位、大学的管理、各专门学校与大学校的区别	1926
9	顾树森编《苏俄新教育》，中华书局	涉及一点工人大学的材料	1927

续表

序号	作者、书名及出版社	涉及高等教育内容简介	年份
10	伊利亚著,谢冰译《大学之行政》,商务印书馆	大学董事会、大学教授会、各科的职务	1928
11	[美] Scott Nearing 著,潘梓年译《苏俄新教育》,上海北新书局	职业学校(含高等学校)、高等教育的各种机制,为工人而设的高等教育	1929
12	王权中编《苏俄教育概观》,上海北新书局	苏俄的大学,是由一个高等专门学校,或由三四个高等专门学校集合而成的大学,所以它的性质并不异于三四个高等专门学校的性质,正是因为这种性质,所以它才能够获得在苏俄社会有用和存在的理由	1929
13	庄泽宣《各国教育比较论》,商务印书馆	德美英法高等教育的培养目的、入学资格、学位、学位的效用、大学性质(德法学生自由,为学生研究学问提供条件,英美重学生人格培养);教授的产生;大学的管理	1929
14	姜琦、邱椿《欧战后之西洋教育》,商务印书馆	战后德英美法大学的趋势,其中德—入学资格平民化和新学科进入课程,英—牛津剑桥接受国库补助金,法—考试稍有变革,美—初级大学的设立,注重天才教育	1929
15	任百涛辑译《改造中的欧美教育》,商务印书馆	欧美教育之一般的状况;大学推广教育	1930
16	常导之(道直)编《德法英美四国教育概观》,商务印书馆	对美国的初级大学介绍较详细,没有提到英国的高等教育;德国的高等教育仅介绍2页,介绍了法国大学的学位等。附录是对普林斯顿大学、宾夕法尼亚大学的简单介绍	1930
17	[美] 威尔铿斯(E. H. Wilkins)著,郑若谷译《大学教育新论》,著者书店	分大学教育之变迁、大学课程、大学教学、谁改进大学、师生合作等9章	1932
18	常导之(道直)《法国教育制度》,北平文化学社	这里介绍的法国大学教育与其1930年出版的《德法英美四国教育概观》基本相同,比如关于大学学位的介绍。另介绍法国大学区、大学的自治权、大学的教授人员等	1933
19	孟宪承《大学教育》,商务印书馆	以德法英美大学为主要对象,抽象提升为作者关于大学理想、任务的认识,涉及大学的学位、设立与管理、科系组织、教授和学生	1934

续表

序号	作者、书名及出版社	涉及高等教育内容简介	年份
20	诺武德（Cyril Norwood）著，李鼎声译《英国教育制度》，商务印书馆	大学与专科大学校；对英国新旧大学的评价	1934
21	曾作忠编著《意大利教育》，商务印书馆	高等教育机关的性质、自主权、教师等级、学位和文凭	1937
22	张怀编著《比国教育》，商务印书馆	专门学校和大学的类型、大学奖学金及论文考选、学术研究机构及基金会	1937
23	萧冠英著《欧洲教育考察记初编》，国立中山大学出版部	德国大学教育及其电气工学教育近况和瑞士之大学，英国工业教育状况中也提及了英国的大学和工业教育，但其介绍主要为有哪些大学、分布、学生数和教师数、学校设备等形式上的内容及工业教育的课程等	1937
24	常导之（道直）《各国教育制度》（下），中华书局	德国高等教育机关学生名额的限制（15000名大学名额），各邦之教育行政机关已着手所谓"大学行政之简单化"，其倾向是增强政府之势力，并将独任期之思想应用于大学行政。德国教育部于1934年12月12日规定高等教育机关教授人员任用办法。根据这项新规定，之前的自由讲师制度遂归废止。 美国大学与高等学院的区别；董事会；初级高等学院的发展；耶鲁大学耶鲁学院的课程；意大利的高等教育（香第尔氏的大学改革；国家考试制度）； 丹麦高等教育（哥本哈根大学、奥呼斯大学、学位考试等）	1937
25	钟鲁斋编著《德国教育》，商务印书馆	德国政府限制全国大学新生名额；德国大学发达史；希特勒统治下教授治校制度的取消；德国大学的研究室（seminar）；教授院（这本著作有一定的学理性，较为系统）	1937

从以上三个阶段的演变，可以看出两个趋势：其一，对单个国家的关注出现了多样性，14本著作中，7本书分析了6个国家的高等教育状况。其二，学术界的重点由从单个国家过渡到群体国家，这些著作中50%属于综合性介绍外国教育，而非单个国家的介绍。这两个趋势，前者表现了中国学者视线由点到线的变化，后者则体现了学者眼

光的横向扩展,以便中国学界在对比中借鉴学习。这与上述通过报刊分析的引进对象演变基本一致,导致其变化的背后原因大体上是相同的。

三 从西方高等教育类论文看高等教育知识输入的国别转移

总的来说,从民国学人输入的各国高等教育论文来看,与外国教育综合类论文趋势大体一致,现将两者的差异之处分析如下:

表2-4 　　　　中国学者输入的各国高等教育文献统计表① 　　　单位:篇

国别 时间	美国	德国	英国	日本	苏俄	法国	意大利	欧美	其他	合计
1912—1919	32	11	6	17	1	1	0	3	3	74
1920—1927	158	30	52	14	11	24	6	2	23	320
1928—1937	141	84	49	59	24	18	9	4	63	451
1938—1949	74	19	31	19	33	5	5	0	29	215
合计	405	144	138	109	69	48	20	9	118	1060

从表2-4可以看出:第一,日本高等教育知识的输入比例较低。从单个国家文献总量来看,美国排名第一(405),德(144)、英(138)、日(109)、苏俄(69)、法国(48)分列第2—6位。可见美国的优势十分明显,在整个民国时期占据第一的位置;德国、英国虽没有美国的影响大,但跟随其后,始终不曾缺席;法国与中国的关系总是若即若离。这些趋势与外国教育综合类论文的分布趋势是一致

---

① 分别以"美国""英国"(英格兰、苏格兰、威尔士)、"日本""法国"(法兰西)、"德国"(德意志、普鲁士)、苏俄(俄国、苏联、俄罗斯、苏维埃)等国别名和"大学""高等教育""高等学校"为题名在《民国时期期刊全文数据库》进行组合检索。同一文章被其他刊物转载、转录者,同一作者同一文章在不同刊物发表者,一篇文章分若干部分连载者,都只计算1次;介绍国外高等教育的趣味轶事(如"美国大学生吃金鱼比赛"等)、国外高等教育机构中的中国留学生、国外高等教育机关或人物的建筑风景照片等信息不列入统计范围。本表中"欧美"是指以"欧美"为标题的文献,如《欧美大学之比较及我国高等教育问题》。因此类文献将欧美作为一个整体进行讨论,难以纳入单个国家,故统计中归为一类。

的。不同的是日本，民国时期输入的日本高等教育文献排位第四，占美国文献总量的 27%，而同期输入的日本教育综合类文献则排位第二，占美国文献总量的 43%。这与留日生进入日本高等学校学习的比例较低有密切关系。据统计留日生 90% 以上进入中等学校学习①，这直接影响了他们对日本高等教育文献的输入。值得注意的是，1931 年国联教育考察团的来华及其建议，对中国学者导入外国高等教育知识的国别转移产生了影响，这是 1928—1937 年阶段美国的绝对比例下降、欧洲的成分上升的重要因素之一。

第二，由"西方"知识向"世界"知识的转变。从文献来看，民国学人注重对世界上各国高等教育的介绍，不再局限于所谓"英美德法日俄"的老阵营，尤其从 20 世纪 20 年代中后期开始，中国学界对世界其他国家形成了相对持续稳定的关注，其文献总量达到 118 篇，占 1912—1949 年世界各国高等教育文献总量的 11%。这些所谓"其他"国家包括波兰、土耳其、哥伦比亚、比利时、澳洲、荷兰、伊朗、墨西哥、加拿大、奥地利、以色列、布加利亚、西班牙、埃及、丹麦、瑞士、菲律宾、乌克兰、印度、巴勒斯坦、瑞典等。从文献篇数来看，丹麦（21 篇）、瑞士（17 篇）、印度（15 篇）、波兰（10 篇）、埃及（8.5）、菲律宾（8 篇）是中国学界关注较多的国家。这些国家涵盖了亚非拉多个国家，既有"大国"，也有"小国"，表明中国学界由输入"西方"知识向"世界"知识的转变。这一转变在学术史上的意义非常重要。长期以来，中国知识界习惯性地将"中国"与"西方"相对，形成了中国高等教育现代化即要学习西方的思维定式，而忽视了中国所属的"东方"场域。而此处则显示了中国学界自民国时即有关注"东方知识"乃至"世界知识"以谋求本国现代化的思想萌芽。

第三，西方高等教育知识输入的高峰期出现于 1928—1937 年，这从此段的文献总量（451 篇）及所占比例（43%）可以看出。而西方教育综合类文献中输入高峰期为 1920—1927 年。如前所述，中国大学的成长和壮大是在 20 世纪 20 年代中期，大学教育事业发展的历

---

① 李喜所：《近代留学生与中外文化》，天津教育出版社 2006 年版，第 151 页。

时性，反映到中国学者撰写的论文和书籍层面有一定的延迟效应，这也是两类论文高等教育文献输入高峰期产生时间差的原因之一。此外，对外来高等教育文献的大量导入，与稳定的国内外环境有密切关系。1928年到抗战前，中国大学处在发展的黄金期，因此对高等教育的学术关注也较多。1937年抗日战争全面爆发后，人民生活颠沛流离，作为高等教育主阵地的大学，也深受战局影响，迁校连续变动，被称为高等学校的"长征"，这直接影响了中国高等教育的发展，导致民国学人输入西方高等教育文献趋于低落。

四 影响高等教育知识转移国别的因素分析

第一，国际上世界各国力量的对比及变化。这可解释为什么日德在1919年之前还能占据一定的优势，而美国在此后成为影响中国最大的国家。首先从国际局势上看，这一时期的美国在世界上的地位正处于蒸蒸日上的阶段，同时老牌国家德国在20世纪初期仍遥遥领先，美国是在一战之后才领先于欧洲，二战之后成为世界上最强大的国家。这无疑会影响中国学界在学习时的选择，因为中国往往是选择世界上的强国作为自己学习的榜样。

第二，国际战争对国别转向的影响。近代中国饱受战火的摧残，战争的苦难及战后反思深刻激起了时人学习先进国家以自强的自觉，由此促进了中国新教育的起源、发展。鸦片战争后，建立京师同文馆和武备学堂，由此学习欧洲（英、法）；甲午战争后，日本胜利，清末新政便"以日为师""近采日本，远法德国"；日俄战争更增强了学日的信念及改革的决心，认为日本战胜俄国是君主立宪对封建专制的胜利；一战后，随着中国政体的改变，且富且强的美国成为中国人向往的对象，民主共和深入人心……近代中国社会虽历经学习国家的种种变更，其精神和线索则一致，那就是世界强国是中国学习的榜样，这种氛围直接影响到当时学习西方高等教育理论的国家选择。

第三，国内政局直接影响了中国向西方学习的深度和国家选择。首先从文献数量来看，1937年抗日战争的爆发直接影响了向世界各国学习的机会。所有国家的文献量在这一时期都趋于下降。其次从民族救亡对学者介绍外国教育的影响看，学者在介绍国外教育时，有意识地选取那些在面临外敌侵略或国势衰微时，表现出抵抗精神、注重培养爱国心和民族性、采取国家统制做法的国家，故德国、意大利等因此成为中国某些学者关注的对象。如钟鲁斋的《德国教育》出版时，正当抗日战争全面爆发之际，他认为"吾国的国势相似欧战失败后的德国，德国复兴民族的教育，正可为吾国教育改进的资鉴。本书之作，适足以应时代的急需"①。

第四，留学生的影响。中国学生的留学国家直接影响了输入西方高等教育文献分布及国别转向。舒新城言："戊戌以后的中国政治，无时不与留学生发生关系，尤以军事、外交，教育为甚。"②民初留日生的势力仍然很强大，蔡元培在民国初年确定教育方针时都受到了留日生这一群体的影响，所以在1912—1919年，输入西方各国教育文献中，日本占有不少的数量及比例。1928—1937年世界各国教育文献中，日本的数量和份额也增加不少，这与这一时期留学生数量增加有关。从1931年九一八事变后，中国又开始关注日本，1934年留日学生人数节节上升，1936年、1937年，通常有五至六千留日学生，被称为继1905—1906年、1913—1914年以来的"第三次留日隆盛时期"③。实藤惠秀认为其主要原因是中国兴起"日本研究热"以及货币汇率对中国有利所致，根本原因是为了深入了解日本以抗日救国。④教育，包括高等教育自然是这一"日本研究热"的重要组成部分，所以1928—1937年间日本教育的文献有了较大增长。

同时，应该看到，这一时期美国对中国教育界的影响力正在集聚，五四新文化运动的爆发对民主、科学的追求，再加上庚款留美兴学后，留美生的陆续派出及学成归国，为介绍外国文献的方向大幅转向美国提供了前期基础。介绍美国教育的文献在1920—1928年占到绝对优势，正说明了这一问题。而介绍美国高等教育的文献一开始就

---

① 钟鲁斋：《德国教育》，商务印书馆1937年版，自序第1页。
② 舒新城：《近代中国留学史》，上海书店出版社2011年版，第138页。
③ ［日］实藤惠秀：《中国人留学日本史》（修订译本），谭汝谦等译，北京大学出版社2012年版，第84页。
④ ［日］实藤惠秀：《中国人留学日本史》（修订译本），谭汝谦等译，北京大学出版社2012年版，第84—85页。

在数量和比例上占有绝对优势，相比之下介绍日本的高等教育文献则很少，这与留学生在国外所受教育阶段有密切关系。清末留日生的特点之一，教育性质为速成①，进入高等学校学习的比例很少②。留日生的最大特点是具有"参与政治的传统"，赴日留学在很大程度上是"政治留学"③，再加上留日生主要就职于普通教育和师范系统，这些都影响了他们对日本高等教育文献的介绍。

相对于留日生的"政治留学"，留美、德、英的学生多为"学问留学"，在留学期间受到了高水平系统正规的教育，大都成才。"在20世纪中国现代教育特别是高等教育确立的过程中，留学生是主要的奠基者，并逐步成长为各学科的学术带头人。20世纪30年代前后的大学教授，多数来自归国的留学生，尤其是那些名牌大学，没有留学经历者很难拿到教授职位。至于大学校长，80%以上由留学生担任。"④ 另外，留学生大都集中于教育界⑤，留美生更是大多集中于高等教育界。据舒新城的统计，1909—1922年间，清华归国生其职业为高等学校教职员者占35%，在所有职业中排名第一。⑥ 考虑到留美生的数量远超过其他国家（除日本外），这些在一定程度上可解释，在中国学者翻译、介绍世界各国高等教育的文献中，为什么美国独占第一，而且其他国家难以望其项背，同时也说明了为什么美、英、德的高等教育输入文献排名前三。

---

① ［日］实藤惠秀：《中国人留学日本史》（修订译本），谭汝谦等译，北京大学出版社2012年版，第46页。

② 实藤惠秀指出，1905年，有八千名留日学生，正式读完三年而于1908年毕业于大学或专门学校的学生623名（见实藤惠秀《中国人留学日本史》，谭汝谦等译，北京大学出版社2012年版，第96页），其比例不到十分之一。李喜所指出，留日学生90%以上进入中等学校学习（见李喜所《近代留学生与中外文化》，天津教育出版社2006年版，第151页）。

③ 李喜所将20世纪中国的留学生划为两类：一类是在中国政治变革的召唤下，以寻找救国救民的真理为宗旨，服务于革命需要的"政治留学"；一类是受中国的经济建设和文化的现代转换所驱动，旨在移植西方文化，为我所用，在现代学术陶冶下的相对规范的"学问留学"。（李喜所：《20世纪中国留学生的宏观考察》，《广东社会科学》2004年第1期。）

④ 李喜所：《20世纪中国留学生的宏观考察》，《广东社会科学》2004年第1期。

⑤ 舒新城指出，"清华与其他留学生的共同问题，即毕业归国之留学生其职业与在学时所习之科目不相乘，而且有集中于教育界之趋势。"（见舒新城《近代中国留学史》，上海书店出版社2011年版，第164页）。

⑥ 舒新城：《近代中国留学史》，上海书店出版社2011年版，第168页。

第五，比较教育学科建设与学者的学术自觉。中国学者介绍外国教育时，除了上述因素的影响，学者本身的学术自觉性也在一定程度上影响其介绍的国家等。如著名比较教育家常导之（道直）编著的《德法英美四国教育概观》，是在其所编中央大学《比较教育》讲稿的基础上加以增删而成。从这里已可初步发现比较教育学科建设对导入外国高等教育学说的影响。为什么要借鉴国外制度，常导之指出：一是对本国不满时需要借鉴外国制度，二是即使本国没有改造的必要，介绍国外教育的状况也应作为一种常态，这是一个进步国家的做法。也就是说，落后的国家固然要借鉴外国，进步的国家也要了解外国的情况。[①] 他还明确提出比较教育的体例应包含制度和思潮两个方面，计划编著包含各国制度和思潮的教育丛书。常导之后来出版的《各国教育制度》（上下）（中华书局，1936、1937），其所涉及的范围从对中国影响较大的日德美英法，渐渐拓展至苏俄、意大利、丹麦等国。不过，学科建设与学者学术自觉在民国时期刚刚处于萌芽期，对高等教育知识输入的国别转移和内容建构维度的整体影响并不显著。

第六，对模仿借鉴西方教育效果的反思。1895年甲午战争中国大败，日本大胜，中国人认为日本的胜利完全是学习西方文化的结果，日本既然可以因借鉴欧美制度而富强，中国自然可以如法炮制，加上中日之间文化、地理等渊源，所以清末直接以日为师。然而，取法日本并没有带来富强独立的中国，所以中国放弃这种以日本为中介学习西方的方式，直接向西方各国学习。民国的共和政体、美国的庚子赔款等因素相互作用，美国成为中国学习的优先选择，"可巧中国学校里向来教的外国语是英文，民国纪元前二年美国又退还了一大批赔款，革命后国体又名为共和，大家对于美国的制度当然是欢迎了。于是到美国去研究考查的人不少"[②]。可是，与日本全国上下划一的教育制度相比，美国教育制度因各地的情况而呈现出多样性与复杂性，日本的制度至少在形式上易于模仿，而美国的制度形式上和精神上都难

[①] 常导之：《法国教育制度》，北平文化学社1933年版，弁言第1页。
[②] 庄泽宣：《三十年来中国之新教育》，《教育研究》（广州）1928年第2期。

以模仿,"况且中国与美国国情不同,岂可盲目相从","前二三年早有一部分人知道中国的新教育,模仿日本与西洋都不对,非自己建设不可"[①]。中国抱着学习日本富国强国的愿望落空之后,直接学习美国;后来发现模仿日本西洋都不可取,必须立足中国的国情,同时借鉴参考外国经验。这一态度也影响了对西方各国教育的导入。中国学者认识到,每个国家都各有所长,应根据本国发展需要有鉴别地学习外国高等教育中的先进内容,从以模仿为主转向全方位吸收。

以上诸多因素并不是完全处于并列且同等重要的地位。近代中国政治上求独立、经济上求富强等作为内在动力从根本上决定了中国的学习对象——追逐世界上的强国与富国,战争的结果及其带来的国际格局的变化,正好为判断、辨别谁强谁富做出了有效的回答。由此基本上规定了中国宏观上取法的对象。在这一总的规定之下,形成多种学习榜样国的举措和途径,留学生无疑是其中重要组成部分。然后,留学生群体又以其在中国教育界的势力,通过开办学校、成立组织、主办报刊、发表论文和演说、直接参与教育大政方针的制定等一系列相互关联的活动,有力地塑造榜样国对中国的吸引力。从这个意义上说,留学生作为国际国内政局变动下的产物,既是中国取法西方的产物,又反过来影响中国对西方国家的进一步学习。影响国别转移和知识建构的所有因素,归根到底受中国特定的政治、经济与文化教育的需求的制约。其中政治的需求占据了主要位置,经济、文化教育的需求在很大程度上服从于政治的需求。在当时的大环境下,部分中国学者或出于学科建设的需要,或出于自身的学术兴趣选择性地引入西方各国高等教育知识。但是,这种自觉的学术追求,终究难抵政治对教育的强势制约。

第二节 引进程度的深化:从零星介绍到学理探讨

高等教育知识输入的国别转移着眼的是数量的统计分析,数量的

---

① 庄泽宣:《三十年来中国之新教育》,《教育研究》(广州)1928年第2期。

分析可以让我们从整体上获得民国时期导入的西方高等教育文献的总体量和规模及其大致的变化轨迹，有助于分析西方各国在这一时间内的变动与对比，他们之间的相互竞争与角逐的场景似乎浮现在眼前。但是数量的分析有时是空洞的，因为它只是呈现了数据，人们看不到其背后的内容。以美国高等教育为例，通过这些文献难以呈现中国学者的态度，是赞成美国教育，还是批评，抑或折中？介绍了哪些问题，是否分析到位；是新闻式报道，还是学理式探讨；是只言片语，还是长篇大论，等等，这些都是我们应当了解的，所以本节拟对这些问题做一初步探讨。

一 引进程度的划分标准及说明

从内容维度探究民国时期西方高等教育知识的引进，可根据这些文献对外来高等教育触及的深度将之大致分为零星介绍、系统描述和学理探讨三种类型。零星介绍是以消息式、新闻报道式或摘要的方式提供西方各国高等教育的最新进展，其内容通常较为具体；系统描述是对某国高等教育制度、机构的来源、发展历程及现状等较为清晰的描述；学理探讨则是在系统描述国外高等教育现状的基础上，引介国外大学理论，注重比较分析、哲学分析，或者以外国材料为基础构建自身关于大学的学术观点、体系。

随着对西方各国高等教育认识的深入和中国高等教育实践的深入，系统描述和学理探讨所占的份额越来越高，而零星介绍的类型从来就没有消失，这三种类型虽有程度差别，但各有其价值。零星介绍的价值在其新颖性和材料性，可以成为后两种类型的资料来源。系统描述让我们对一个国家的高等教育历史与现状，或者一个大学的历史有系统的知识。如果说零星介绍式只局限于知识点的获得，那么，系统描述则提供了一条知识线路。学理探讨离不开系统描述，所以两者之间的界限有时是模糊的。笔者认为，两者的区别在于，其分析建立在什么基础上，有无提出自己的见解、批评及其依据的深刻性。比如，有些作者在分析德国大学教育的发展时，从其国民性展开的分析（这将在下文具体展开）。如果将系统描述作为对事物表象的叙述，学理探讨则是从不同角度对表象背后的原因深入剖析，有些学者则直接

第二章　引进西方高等教育知识的国别转移与程度演变　/　43

提出自己的理论构想。

在阅读文献的基础上，笔者认为大致可依据以下几方面对文献类型进行判别：第一，论文题名，比如《英国大学增收学费》[①]、《纽约大学女子之受法律学证书者》、《力支大学之新设科目》、《日内瓦大学之暑期科》[②]、《牛津大学最近学生数》[③]，这类信息式的报道非常具体，一看题名基本就了解了内容，可以判断为零星介绍型。而《法美大学比较观》[④]、《日本高等教育政策及其影响》[⑤]、《欧美大学之比较及我国高等教育问题》[⑥]、《西方中世纪之大学教育》[⑦]、《罗维尔与美国大学教育》[⑧]等论文则基本判定属于系统描述和学理探讨之间，然后须根据内容最后定夺。第二，从篇幅上而言，篇幅在1页及其以下的基本属于零星介绍；2页以上，须再根据其内容和解释等，来判断其是系统描述，还是学理探讨。第三，通过一些报刊的栏目进行判断，如《教育杂志》的"欧美教育杂讯""世界教育杂讯""教育界消息""教育文化史上的新页"，《中华教育界》的"世界教育界"等可基本判断为零星介绍型；《教育杂志》的"世界著名教育杂志摘要"、《教育研究》（广州）的"国外教育研究摘要"以零星介绍为主，同时也有对高等教育问题较为翔实的介绍，如《美国高等教育的管理》[⑨]、《美国大学学位授予史的追溯》[⑩]，这类不纳入零星介绍型。第四，文献来源刊物，如文献来自《时事类编》《新闻类编》，其大致属于零星介绍型。第五，直接阅读原文。上述前四条判断标准是相对的，具体应将前四条标准结合起来，根据内容进行判断，这是最可

[①]《教育杂志》1920年第12卷第12号，欧美教育新潮。
[②]《教育杂志》1923年第15卷第10号，欧美教育杂讯。
[③]《教育杂志》1923年第15卷第2号，欧美教育杂讯。
[④] 董任坚：《法美大学比较观》，《教育杂志》1928年第20卷第6号。
[⑤] 李洪康：《日本高等教育政策及其影响》，《教育杂志》1929年第21卷第9号。
[⑥] 常导之：《欧美大学之比较及我国高等教育问题》，《教育杂志》1928年第20卷第6号。
[⑦] 郑若谷：《西方中世纪之大学教育》，《国立劳动大学月刊》1930年第1卷第4期、第1卷第5期。
[⑧] 来雁：《罗维尔与美国大学教育》（纽约通信），《华年》1933年第2卷第21期。
[⑨]《教育杂志》1936年第26卷第7号，世界著名教育杂志摘要。
[⑩]《教育研究》（广州）1936年第69期，国外教育研究摘要。

靠的方法。以苏联为例,《苏联大学教育底动态》,该文出自《时事类编》(1934年第2卷第2期)这一刊物,篇幅1页。从这一刊物的定位,初步可以判定其类型,再看其内容呈现了1914—1933年苏联大学的学校数和学生数,最后可以确定这种属于零星介绍型。

二 零星介绍

零星介绍型又可分为三种:一是关于大学的报道,相当于现在的大学新闻,内容本身涉及学术较少,如《查特斯博士将任芝加哥大学教育教授》、《美国中央教育局将调查邓尼亚省之高等教育》、《哥伦比亚大学年逾古稀的学生》等,此类介绍经常出现在报刊的"杂讯""新闻""消息"等栏目;二是介绍国外大学的研究成果,《大学一年级生的适应问题》、《大学生的差别》、《美国大学指导一年级生的办法》、《耶鲁大学对于人的研究》,此类文献一般以翻译的方式、通常出现于杂志摘要栏目。三是对外国高等教育的某一问题或者高等教育研究的简单介绍。此类文献过短,未能就所述问题进行深入讨论,因此不能纳入系统描述类型。为了让读者有具体的感受,以美国为例选取相应论文进行说明:如《大学教育专门化之批评》,该文认为,针对近代大学教育的过度专门化,美国教育界认为是有问题的,并介绍了美国达特茅斯大学校长霍普金氏(Ernest Martin Hopkins)和哈佛大学教长童汉氏(印刷不清,B. Donham)对大学专门化的批评。他们认为,过度的专门化使人见解狭窄,不利于做事业界的领袖;教育最重要的责任是在人群中传播知识。霍普金氏说,"教育的目的在使人明白人生之整全性(Unity of life)。欲达此目的,必须首先使人接触人生之各方"[1]。童汉氏说:"变动社会中之诸般情况及发展新的领袖的型式以应付此种状况,这责任是应完全落在大学的手中的。"[2] 这种情况虽然介绍了西方大学教育中一个非常重要的问题,引起了中国学界的关注,但仅限于点到为止,未加深入讨论。又如《美国各大学研

---

[1] 《中华教育界》1933年第21卷第1期,"世界教育界"。
[2] 《中华教育界》1933年第21卷第1期,"世界教育界"。

究院的地位》①，调查显示，公立大学研究院的地位在近十年持续上升，此前优于公立大学的私立大学研究院，其地位则在不断下降。近代教育报刊中有大量对国外教育信息的介绍，限于篇幅不再一一列述，详见附录一。

三 系统描述

系统描述方面有代表性的文献可推郑若谷的《西方中世纪大学教育》，该文用 23 页的篇幅，分大学的始原及其发展、大学的内部组织、大学的课程及教授法、大学特有的权利、大学对世界文化的贡献五个部分，阐述了中世纪大学的兴起、发展、特权与贡献。对比当代学界关于中世纪大学的权威研究，可以说郑若谷的这篇文章基本把握了中世纪大学的基本史实和发展脉络，从原文中看出，作者注重引用国外相关研究的成果，文中所述基本参考西方教育史的经典著作，如孟禄（P. Monroe）的《教育史教程》（Textbook in the History of Education）、《简明教育史》（A Brief Course in the History of Education），克伯莱（Cubberley, E. P.）的《教育史》（The History of Education），孔佩雷（G. Compayre）的《阿伯拉尔和大学的崛起》（Abelard and the Rise of the Universities）等。读者通过这篇文章可获得对中世纪大学教学生活较为完整的知识图景。该篇文献作为中国学者研究西方中世纪大学的作品，在外国教育史和比较教育学术史上具有重要的意义。

比如关于大学起源的介绍："人类进化史上的十一与十二两世纪，在中古的欧洲，自成一个过渡的时代，前有统治全欧的教会威权，后有城市与国家的兴起；前有为出世的思想所支配的人心，后有注重现实生活的活泼气象。惟当那青黄不接的时期，上面即失了统辖的政治势力，下面又缺乏统一的信念，这使社会治安，几至不可维持，人民生活，遂陷于无保障的境地；更因了归化未久的野蛮人类的蠢蠢以逞，使社会的秩序益行纷扰。于是各阶级的人民便感觉有联合自卫的需要，当时即有各种形式的团体应运而生。这些团体大致有四个目的：一是自卫图存，一是求自由，一是增进友谊，一是期得当时教皇

---

① 《教育杂志》1935 年第 25 卷第 21 号。

或封建王侯所赐予各团体的官方保障。人民抱定这几种目标实行结合起来的,在商业方面,有所谓的'商人基特尔';在劳工方面有所谓的'职工基特尔';在都市方面有所(谓)市区联合运动;故在知识阶级中间,亦不免有相类似的组织产生。……这里我们要讨论的西方中世纪大学教育,便是这种组织的结果。"①

作者不仅从大学产生的历史入手,而且从词义上分析"大学"的含义以及由社团向大学的发展过程:"大学(university)的字义,原是由罗马之 universitas 一字演化而来的,实等于现代的 corporate(公司或会社)。这可以说:中世纪的大学不过是业师和生徒之间的一种自由组合而已。它既是中古时代的产物,它的目的亦不外乎在前文所说的那几种:即是为的在那个纷扰的社会里,集合许多志同道合的学人,从事探讨圣经贤卷,并以此结合的实力,请求教皇或封建王侯颁赐一种特许状……(注二),藉保个人生活的安全,及研究自由的权利。开始有一二有名的经院学者……率领少数生徒,讲授于当时盛行的教会学校或寺庙学校,后来求学的人日渐增加,研究的标准也逐渐提高,日子久了,遂从无形的教读结合,进化臻于规模宏大的大学。"② "大学讲师,既为宗教的信徒,当无种族或国家的偏见,故对于来学的人们不分国界或种界而一视同仁。这也是引人问学的重要原因。"③

那么,中世纪最早的大学是什么大学呢?"如这样由学者和生徒自由研究的所在,渐次发达而为大学,要算以意大利南部之沙拉诺大学④为嚆矢。不过这个大学因为位置偏于欧南而且仅设医学一科,不甚发达,到了纪元一二二四年,便与附近之奈卜而(naples)大学⑤合并了,故对于后来的大学教育,没有多大影响。其次,继沙拉诺而起的,有意大利北部之波隆亚(bologna)大学,这个大学起初仅授法律,但至纪

---

① 郑若谷:《西方中世纪的大学教育》(未完),《国立劳动大学月刊》1930 年第 1 卷第 4 期。
② 郑若谷:《西方中世纪的大学教育》(未完),《国立劳动大学月刊》1930 年第 1 卷第 4 期。
③ 郑若谷:《西方中世纪的大学教育》(未完),《国立劳动大学月刊》1930 年第 1 卷第 4 期。
④ 即"萨莱诺大学"。
⑤ 即"那不勒斯大学"。

元 1158 年，经政府的公认，得享受种种的权利后，增设神学、医学和哲学科，欧洲学子负笈而来学者，日见增加，遂发达为当时最著名大学之一。此外尚有由一教会学校发达而成的巴黎大学，……在十二世纪年末，巴黎和波隆亚大学有欧洲模范大学之称，后起的各地大学均以他们为法。卡博雷（cubberley）教授称他们为'大学母亲'。"①

中世纪大学因为书籍的缺乏，演说式的教法风行一时②，既缺乏新鲜的教材和观察实验的条件，又无自由的研究，中世纪大学似乎是消灭智慧埋没天才的所在，还有什么研究的价值呢？针对人们对中世纪大学价值的怀疑，郑若谷认为中世纪大学仍有独特的价值，比如，有组织的辩论就是一个很有价值的方法，"中世纪大学在世界文化上之地位，得力于辩论方法者，定非浅鲜"③。他将中世纪大学对世界文化的贡献总结为：古代文化的继承者；推翻了教会的知识专有权；自由研究的学风及于此产生了文艺复兴运动的先锋；当时欧洲政治和教育人才的产生地。他认为，培养宗教改革的领袖和大科学家，这可算西方中世纪大学的最高贡献④。

四　学理探讨

学理探讨作为高等教育知识引进的高级阶段，在民国中后期也予以展开，主要体现为：

一是对国外高等教育理论的介绍批评，其中包含了现代大学理想的论述。这方面代表性的是陈孝禅翻译的美国著名教育家弗莱克斯纳（Flexner）的《美、英、德大学》的系列论文⑤，即《佛烈思纳论美

---

① 郑若谷：《西方中世纪的大学教育》（未完），《国立劳动大学月刊》1930 年第 1 卷第 4 期。
② 郑若谷：《西方中世纪的大学教育》（续），《国立劳动大学月刊》1930 年第 1 卷第 5 期。
③ 郑若谷：《西方中世纪的大学教育》（续），《国立劳动大学月刊》1930 年第 1 卷第 5 期。
④ 郑若谷：《西方中世纪的大学教育》（续），《国立劳动大学月刊》1930 年第 1 卷第 5 期。
⑤ 现在一般翻译为《现代大学论：美英德大学研究》。参见弗莱克斯纳《现代大学论：美英德大学研究》，徐辉译，浙江教育出版社 2001 年版。

国大学教育》、《德国的大学教育》、《英国的大学教育》、《现代大学之理想》。这些论文可以说是弗莱克斯纳的大学教育经典著作在中国较早地、系统地导入。此外，还有中国学者对经典大学理论——纽曼的《大学的理念》的部分节译，对美国哈佛大学校长艾略特的《大学之行政》的译介，对美国哈佛大学校长劳威尔（A. L. Lowell）、芝加哥大学校长赫钦斯、克拉克大学校长霍尔、英国学者罗素、英国政治家巴克、英国政治家拉斯基大学教育思想的介绍。

二是西方国家的国民性与大学教育、教育的哲学背景的探讨等。在20世纪30年代，以中山大学教育研究院主办的《教育研究》（广州）为主要平台，当时学者集中输入了一批西方各国国民性与教育的文献，如《美国国家理想上的冲突与学校行政》[①]、《欧洲之国家与教育》[②]、《意大利教育的新精神》[③]、《英法德美意俄的国民性与教育》[④]、《德意志之新宪法与新教育》[⑤]、《德国的民族社会主义教育》[⑥]、《血与土的民族教育》[⑦]、《两重性的德意志精神与他的教育意义》[⑧]、《德美两国教育演变与国家理想之比较》[⑨]、《教育与民族主义》[⑩] 等。这些论述基本覆盖了当时世界上的强国，既切合了当时中国国难日深和教育中国化的大背景，也成为推动教育中国化运动和思

[①] William Russell：《美国国家理想上的冲突与学校行政》，司徒优译，《教育研究》（广州）1929年第18期。

[②] I. L. Kandel：《欧洲之国家与教育》，司徒优译，《教育研究》（广州）1930年第23期。

[③] I. L. Kandel：《意大利教育的新精神》，陈子明译，《教育研究》（广州）1931年第27期。

[④] I. L. Kandel，《英法德美意俄的国民性与教育》，罗廷光译，《教育杂志》1934年第24卷第4号。

[⑤] 廖茑扬：《德意志之新宪法与新教育》，《教育研究》（广州）1932年第35期。

[⑥] Adolph E. Meyer：《德国的民族社会主义教育》，方惇颐译，《教育研究》（广州）1934年第52期。

[⑦] ［德］E. Krieck：《血与土的民族教育》，方惇颐译，《教育研究》（广州）1934年第52期。

[⑧] Herman Nohl：《两重性的德意志精神与他的教育意义》，姜琦译，《教育研究》（广州）1935年第58期。

[⑨] Mary K. Ascher：《德美两国教育演变与国家理想之比较》，方惇颐译，《教育研究》（广州）1937年第77期。

[⑩] I. L. Kandel：《教育与民族主义》，方惇颐译，《教育杂志》1934年第24卷第4号。

想发展的重要资源之一。此类知识虽不针对高等教育，但其探讨加深了中国学者对西方高等教育的认识，影响了他们对西方高等教育的选择与接受。在输入国民性与各国教育文献之外，《法国教育制度的哲学背景》①、《德国教育的哲学背景》②、《日本教育制度的哲学背景》③、《意大利教育制度的哲学背景》④ 等一批文献也于同时期导入。这些文献有助于对国外教育整体的认识和理解。

三是结合国外大学教育的实践和理论，中国学者形成了大学理想的著述，如郑若谷的《大学教育的理想》和孟宪承的《大学教育》是这类的代表。当然，受多种因素的影响，学理探讨的文献仍属极少数，且主要以译介西方大学思想和理论为主，中国学者自身大学思想仍处于探索起步阶段。

上述学理探讨型，第一类和第三类将在本书的后续章节专门阐述，此处以国民性与大学教育的论述为例略加分析。

从中国学者译介的西方高等教育文献来看，对国民性与教育的探讨聚集于20世纪30年代。国民性的探讨与国家主义、民族主义紧密相连。中国学者集中译介了美国比较教育大师康德尔⑤（I. L. Kandel）的学说，从而引发了中国学界对国民性与教育之关系的热切关注⑥。康德尔学说的核心就是民族主义、民族性。中国的学者司徒优、陈子

---

① Felix Pecaut：《法国教育制度的哲学背景》，崔载阳译，《教育研究》（广州）1931年第29期。
② Aloys Fischer：《德国教育的哲学背景》，庄泽宣译，《教育研究》（广州）1931年第30、31期。
③ 吉田熊次：《日本教育制度的哲学背景》，徐锡龄译，《教育研究》（广州）1931年第32期。
④ E. Codignola：《意大利教育制度的哲学背景》，陈子明译，《教育研究》（广州）1931年第33—34期。
⑤ 艾萨克·康德尔（Issac Kandel，1881—1965），是美国著名的比较教育学家，国际比较教育界的一代宗师，1910年获哥伦比亚大学哲学博士学位，1924—1947年任哥伦比亚大学师范学院教育学教授。他以采用历史方法研究比较教育闻名于世，著作丰富。1924—1944年，他主编的《教育年鉴》是国际教育学术界的一座丰碑。而使其享誉世界的当属1933年出版的《比较教育》，这部"传世之作"（王承绪语）奠定了他在比较教育学界的地位。该书集中反映了康德尔的比较教育思想。
⑥ 中国学者庄泽宣在1928年的《如何使新教育中国化》中提出民族性对教育的影响，但形成气氛则在20世纪30年代。

明、方惇颐、罗廷光、钟鲁斋都以不同形式译介康德尔的学说①。康德尔是如何论述各国的国民性的，我们这里以钟鲁斋对康德尔《比较教育》一书所作的书评为例："第一章论教育与民族主义（Nationalism 或译国家主义）。大意谓民族主义，在十九世纪既非常发达，以故各民族间互相猜忌，互相嫉视，致酿成了一九一四年的世界大战。……而民族主义的形式，是根据着共同的理解、共同的方言、共同的文化和其他共同的特性。因民族的特性不同，历史不同，即社会经济的组织、政治理论，与夫人民阶级等也不相同，以是各民族都有其特殊的教育制度，用以解决其国内的特殊问题。""第二章论教育与民族性（national character），大意谓英人主保守，重经验，主张自治自决，故英国的教育制度是漫无系统，形成一种地方分权制，任各地人民自由实验。法国人恰与此相反，重理想，讲逻辑，注重一定的计划，以是教育制度变为中央集权，令发于上，即通行于下，全国一律。德国的民族非常复杂，……共同的性质，是富理智、重情感，刻苦坚忍，努力科学，所以德国的物质文化，极其发达。又能遵守纪律，服从权威，故能联合各邦而成一国，形成各邦集权的教育制度。美人的特质，则重自由自决，且有由边疆时代（frontier period）而传下来的一种好动的精神。凡事物求新颖，且极相信德谟克拉西主义，在教育上主张机会平等。……可见民族性和环境若不同，教育制度亦必因之而异。"②

　　零星介绍、系统描述和学理探讨，可以说是民国时期知识分子试图借鉴西方，建构高等教育知识的三重维度。从历时空而言，三维度代表了对西方高等教育认知水平的不同层次。作为学理探讨的知识构建，相对于其他两种维度，出现较晚。当然，三维度因其各自的价值，在当时乃至现在更多地体现为一种共时的存在。民国时期，三重维度的高等教育知识的输入，涵盖大学实践、制度、大学思想和理论，经历了从简单介绍翻译到理解、反思，进而试图建立自身大学思

---

① 王少芳：《中国比较教育学的早期移植与创生——以钟鲁斋和康德尔的〈比较教育〉为中心》，《比较教育研究》2014 年第 2 期。
② 钟鲁斋：《亨德卢著比较教育》，《教育杂志》1934 年第 24 卷第 2 号。

想乃至理论的过程。如此大规模、多类型的高等教育知识的转移，可以说是中国早期高等教育事业发展的需要。作为新式教育的重要组成部分的高等教育应该是什么样，对当时国人来说是一个未知的全新的事物，因此，早期高等教育知识转移中，对大学的教学、行政、招生等各个环节是什么样、怎么做的等具体的实践知识占很大比例。随着中国高等学校的增多和办学实践的积累，以留学生为主体的大学教师群体的成长，人们对大学办学理念、大学精神等深层问题的追问，学理探讨类型的高等教育知识转移呈上升趋势。总的来说，中国学人导入的西方高等教育知识，奠定了我国外国教育史和比较教育学学科的早期基础，促进了中国早期大学的创办和发展，刺激生发了中国学者自身的大学思想体系，整体上推动了中国大学实践和思想早期现代化进程。值得指出的是，因中国新式教育是诞生于民族危亡、救亡图存的历史背景下，在导入西方高等知识时更为强调的是知识的工具价值，这种导入倾向一定程度上满足了当时高等教育发展的需要，但从长远来看，它对理解和把握外来高等教育知识体系，尤其是思想理论体系存在很大的制约性，进而影响了中国自身高教理论的建构水准。

第三章　民国学者引进西方高等教育知识的心态变迁

引进心态是中国学者对西方各国高等教育的认识、态度与评价，根本上涉及中国与西方各国的关系问题，在中国学习西方高等教育的过程中以谁为主的问题。与晚清时期相比，民国时期中国政治、经济和文化教育都发生了很大的变动，中外关系也有所调整，这一切都影响了中国对西方高等教育的引进心态。民国时期对西方高等教育的引进心态，经历了崇拜西方——批判西方——参照西方三个阶段，其对应的中西关系分别是以西方为标准，中国跟随西方——中西之间摇摆——以中国为主，西方作为参考。从学者个体层面看，因其不同的教育背景和理想，形成了对西方各国大学的不同态度及取舍。

第一节　中西之间——以谁为主的博弈

自从鸦片战争后，中国被迫卷入世界开始，如何处理中西文化之间的关系，一直是近代中国社会持续讨论的重要问题。从冯桂芬的"以中国之伦常名教为原本，辅以诸国富强之术"、张之洞的"中学为体，西学为用"到五四时期的"全盘西化论"、学衡派的"融化新知、贯通中西"都是旨在调和中学与西学、中外文化的主张或纲领。本节基于民国学者对西方高等教育的译介和评论，对当时中国高等教育的批评和建议，分析民国时期引进西方高等教育知识之心态变迁及其体现的中西关系之处理。

一 崇拜"西方":一种狂热时代的盲目情绪

中国学界对西方高等教育的早期引进心态可以说是尊崇西方,以西为贵,以西为好。这一心态从晚清时期即已发端,至五四新文化运动可谓达到顶峰。在知识精英的视野中,"欧美者,文明之导师也;日本者,文明之后进也"①,所以破败不堪的中国如想实现凤凰涅槃般自我更新,就必须引进欧美和日本的现代文明。胡适有言,中国人"今日的第一要务是要造一种新的心理:要肯认错,要大彻大悟地承认我们自己百不如人","第二步便是死心塌地的去学人家"。②这种思想在教育领域之体现,即为晚清至民国对西方教育制度和思想的移植和引进。"西方"一开始还没有确定,在摇摆不定中逐渐聚集于美国。这种对西方大学及教育的向往和憧憬,文本层面表现为:一是过度、盲目地赞美,二是缺乏作者本人的意见和评论。总的来说是一种无批判的全盘接受,处于一种缺乏理性的情绪性心理状态。兹特录时人对美国教育之感受为佐证:

> 美国教育之特长,教师与学生无不亲近而融洽,故教师之德行,日灌溉浸淫于学生,世界人物教育,当无出美国之右者。故美国人心地之良,他国皆不及,其行谊大都足以钦佩,而每一学校之校长必为第一流人。
>
> 美国宗教之势力颇盛,……故宗教思想,自磅礴而无际,入其门者,无不先感传之,故学生之风气亦全异德国。交际绝无城府,而遇外来之学生诚恳周挚,此可敬也;尤足感服者,勤习运动,兴趣奋发,无一人淡漠于此,盖美国教育于德育体育二方面可谓完备之理想的教育也③。

---

① 《与同志书》,载张枬、王忍之《辛亥革命前十年间时论选集》(第1卷)(上),生活·读书·新知三联书店1960年版,第394页。
② 胡适:《请大家来照照镜子》,载胡适《胡适文集》(第4卷),北京大学出版社1998年版,第28页。
③ 《美国之大学》,《教育杂志》1910年第2卷第1期。

对美国宾夕法尼亚大学的描述：

> 其专科富有，课程美备，……其教员则不独于科学有精微之识见，且于传授有实在之阅历，其学生则体魄坚强，道德优美，心思敏妙，此其教育诚足以加人一等矣。
>
> 本科分为文艺部（高等普通学）、科学部（此部课程注重实用），如工程建筑之类，学者毕业后即可以所学施诸实用。凡习此实用学之尤要者，要推试验室。……本薛文义大学新建之工程科专修屋中试验室甚多，所用均最新器械，而教法之善亦美国各大学中之表表者也。
>
> 课程最称美备，尤为精美。①

"无不""无出美国之右者""他国皆不及""每一""必为""第一流""绝无"等词的采用，与其说是对美国教育的盛赞，不如说是对美国教育的想象和憧憬。这种绝对化的说法、主观性的感受，在今日看来其不合理之处可说至为明显，但是在彼时彼地却代表了很大一部分中国学者对西方的心态。此类论述忽视了美国大学教育的复杂状态，抹杀了大学个体的差别性和大学整体的历史阶段之差异性，将其静态化、整体化和绝对化。舒新城曾指出了这一现象："光绪二十九年以后之大批派遣学生留学，原为外力所逼，当时因国家连受外力之压迫，无法自伸，国人对于外国之一切，几均视为天经地义。"②

自近代以来中国军事上的节节败退，中国人对西方的态度就在慢慢发生变化，对西方态度的变化必然牵涉对中国"传统"的态度，也从根本上关涉中西关系之问题。从清末的"中体西用"，到五四新文化运动"全盘西化论"的提出，也就是中国传统文化逐步衰落和西方文化占据主导地位的过程。"以新文化运动为界标，此前的中西文化观，如果说呈现出东风压倒西风的特点，……此后的中西文化观则是西风压倒东风，……全盘否定中国固有文化成为一时风气，甚至出现

---

① 《本薛文义大学》，《中华教育界》1913年第11期。
② 舒新城：《近代中国留学史》，上海书店出版社2011年版，第141页。

'全盘西化'思潮。"① 这种中西文化观的变化，直接影响了中国学者对西方高等教育的引入态度，西方风景无限好，一片近乎狂热的盲目崇拜。

二 批判"西方"：一种渐趋理性的认知心态

随着中西教育交流的加深，20世纪20年代以后一直到整个30年代，中国学界愈来愈多之人认识到西方教育非十全十美，其本身亦有诸多问题或缺点，因之这一时期出现了大量质疑、批判西方高等教育的声音（见表3-1）。这些文献呈现两个特点：一是大多为译文，即中国对"西方"之批评还是借助"西人"之口；二是批判之对象集中于美国，这与20世纪20年代后美国成为影响中国教育的首要国家有直接关系。这从此期学者输入高等教育文献的目的亦可得到印证。如《美国教育之长处与短处》开篇即言"美国的教育是素来著名的，所以历年来我国的青年，去留学的很多。但是究竟他的长处在那里，短处在那里，这是个很难回答的问题。最近晨报上载有金岳霖君的一篇通信，对于这个问题说的很详，以供一般研究教育及有志留学者的参考"②。陈科美在发表《英美教育家心目中的美英教育》时，指出其因由之一就是"中国教育受美国之影响大矣，故于美国教育之得失尤宜时常留意，此本篇之所谓辑译也"③。阅读上述文献，可发现对美国的批评大致有两种路向：

表3-1　　　　　　　　中国学者对美国教育之批评

序号	篇名	作（译）者	刊物来源	刊期
1	美国大学内弊发微	徐甘棠译	新教育	1919年第2卷第4期
2	美国高等教育之问题	不详	教育杂志	1920年第12卷第10号
3	美国教育之长处与短处	不详	东方杂志	1923年第20卷第1号

---

① 孙邦华：《中国教育现代化运动中的中国化与美国化、欧洲化之争》，《教育研究》2013年第7期。
② 《美国教育之长处与短处》，《东方杂志》1923年第20卷第1号。
③ 陈科美：《英美教育家心目中的美英教育》，《新教育评论》1927年4卷第6期。

续表

序号	篇名	作（译）者	刊物来源	刊期
4	外国教育家对于美国教育之批评	朱斌魁	教育汇刊（南京）	1923年第5期
5	英美教育家心目中之美英教育	陈科美	新教育评论	1927年第4卷第6期
6	我心目中美国教育	陈科美	新教育评论	1927年第4卷第7、8期
7	美国教育之总批评	朱君毅	晨报副刊	1927年1月26日
8	美国教育的"黑暗面"	不详	教育杂志	1929年第21卷第9期
9	现代美国教育之批判	Holt, H.（著），孙师毅译	现代学生（上海）	1931年第1卷9—10期
10	美国教育之危机	不详	教育杂志	1931年第23卷第5期
11	美国教育的优劣性	Guy Stanton Ford（著），雷通群译	福建教育厅周刊	1932年第100期
12	美国教育改造之第一呼声，孔慈博士指责教育界之十大错误观	美国来稿，刘觉民	政治评论	1933年第32期
13	美国的教育适用于美国吗	黄觉民译	教育杂志	1935年第25卷第9期
14	不景气与美国教育	庄泽宣	中华教育界	1935年第23卷第4期
15	杜威论美国的社会与美国的教育	汪家正、孙邦正合译	中华教育界	1935年第23卷第4期
16	马马虎虎的美国教育	克洛士著，陈石孚译	时事类编	1936年第4卷第5期
17	美国教育的失败	愚公译	智慧	1946年第10期
18	美国的教育究竟有什么价值	（美）Wylie, P.（著），刘天任译	真善美（广州）	1949年第13期

一是对美国大学及教育感性、极端地质疑与批评，专门曝光其短处、缺点等，有些情绪色彩浓厚。这实际是对上阶段"西方"崇拜的一种反向。这些文献有意或无意揭示美国并不是人们想象中的那样，是人间天堂，它如同中国一样，大学教育也存在各种问题。如1919

年，徐甘棠《美国大学内弊发微》①的译文直接质疑美国大学的价值，认为美国大学耗费国家大量财力，却没有培养出为国服务的人才，进而得出了"多数大学实为社会废物"②的论断。该译文还直指美国大学管理中的核心制度——董事会制度，认为美国大学校长由董事会选出，只对董事会负责，这是造成美国大多数高等学校内部风潮的原因。③《美国教育的失败》指出，"美国教育的失败，乃是因为它为习惯所支配，为传统所束缚，带着蜗牛式的迟缓的步伐，而经费又不充分，以致在这个瞬息万变的世界上，不能适应五花八门的时代需要，于是就失败了"④。美国教育的缺点主要是：分歧错杂的教育目标；低微的教师薪金和不正当的教学督导；简陋的设备；效率低下的教学技能；迟缓漫长的教学过程；填鸭式的学科。⑤此外，民国学者借助美国人等"西人"之口揭示了美国高等教育其他问题，诸如物质方面的扩张热、过重研究而忽略教导、教员学生间缺乏人格的接触⑥，教学中偏重知识的灌输、缺乏创造能力的培养⑦，大学毕业生失业及学生风潮⑧，等等。

二是理性、辩证分析美国大学及教育。与上述论文旨在揭露美国

---

① 《美国大学内弊发微》分为三节，即"大学内部风潮之原因"、"寄生的大学"、"美国教授团聋哑死"。大学内部风潮之原因——原著者汉沙士省华树本大学教授，却柏力 J. E. Kirkpatrick，译自 School and Society, June 7, July 12, and 19, 1919；寄生的大学——美国西部大学一教授（匿名）之言；美国教授团聋哑死——美国耶鲁大学教授，轩打逊 Yandel Henderson。
② 《美国大学内弊发微》，徐甘棠译，《新教育》1919 年第 2 卷第 4 期。
③ 《美国大学内弊发微》，徐甘棠译，《新教育》1919 年第 2 卷第 4 期。
④ 《美国教育的失败》，愚公译，《智慧》1946 年第 10 期。
⑤ 《美国教育的失败》，愚公译，《智慧》1946 年第 10 期。
⑥ Hamilton, Holt.：《现代美国教育之批判》，孙师毅译，《现代学生（上海 1930）》1931 年第 1 卷第 9 期。
⑦ 刘觉民：《美国教育改造之第一呼声 孔慈博士指责教育界之十大错误观》，《政治评论》1933 年第 32 期。此文中，孔慈指出的十大错误观之一就是"以教育为灌输智识之工具，且以灌输知识为教育之目的之错观"。此外，《美国的教育适用于美国吗》从培养民主社会的公民出发，认为美国的教育是不适合美国的，"美国的教育方法与'德谟克洛西'的需求根本互相抵触，所训练的儿童可为专制的公民，不合做民主的公民；只教他们如何接受人家的思想，而不教他们如何自加思索。"
⑧ 《美国大学卒业生之就职难》、《美国林肯大学之风潮》，《教育杂志》1930 年第 22 卷第 8 号。

大学教育的缺点不同，中国更多的学者对美国总体上采取了较为理性的态度，既指出其缺点，又呈现其长处和优点。比如，非奢（Fisher，英国前教育总长）批评美国教育，首先指出了"美国对于教育之信仰与热忱"①是美国的一大长处；其次在英美大学的比较中，指出各自的优缺点，"美国所给与青年之机会远过英国，而教诲则有逊之。就经济上言，美国之富裕，英国望尘莫及；但其失败则在无智慧之透彻（intellectual thoroughness），就此层而言，美国中学无有能与英国之温捷斯特（Wirchester）或圣保罗（St. Paul）学校相比者，美国大学亦无有能与牛津或剑桥相抗颉者"②。

非奢对美国高等教育的批评，主要有①美国大学的天才教育和科学研究成绩较差。其原因有二：一是美国大学规模过大，学生人数过多；二是大学新生预备薄弱，学习荣誉科的学生太少。③ ②美国大学学科计划，"模仿德国太甚"，这是"美国教育上之大错误"。非奢说，这并不是说德国大学制度不佳，而是美国不具备德国成功的条件——坚实的中等教育，因此不能模仿德国。非奢认为，与德国相比，英国更适合美国，"现美国教育思想界之领袖渐认明，如依英国计划改组美国大学学科，果能实行，必较适合美国情形也"④。

与上述通过译文或借助外国人口批评美国高等教育的论述不同，著名哲学家、教育学家金岳霖在当时作为一名学成归国的留美博士，指出了美国当时盛行的实用主义哲学对整个教育趋向的影响，其所论更具系统性和学理性。"美国大学教育的宗旨，可以说是一种适用的宗旨，这种宗旨可以说是应时势的要求。因为美国人最要紧的问题是谋生问题，教育的用处在帮助学生谋生。这种适用的宗旨，与现在最盛行的哲学，有极大的关系，与社会的组织也有极大的关系。"⑤他进而指出，这种适用的宗旨带来的结果便是美国没有头等的哲学家、法

---

① 陈科美：《英美教育家心目中的美英教育》，《新教育评论》1927年第4卷第6期。
② 陈科美：《英美教育家心目中的美英教育》，《新教育评论》1927年第4卷第6期。
③ 陈科美：《英美教育家心目中的美英教育》，《新教育评论》1927年第4卷第6期。
④ 陈科美：《英美教育家心目中的美英教育》，《新教育评论》1927年第4卷第6期。
⑤ 《美国教育之长处与短处》，《东方杂志》1923年第20卷第1号。

学家、科学家，却有很优秀的哲学教育家、大律师和工程师。其原因在于"大多数在学堂读书的人，不是求学，是预备谋生；……就是求学的人，也是从适用一方面着想，……美国的学问不发达，不是他们的人不聪明，是他们所致力的方向不同"①。作者以法学为例，因为美国学法律，注重的是学成以后的用处，所以法律学堂是预备律师，不是研究法律，体现在课程上就是"学理少，事实多"，"知道愈多，离法学也差不多愈远"。② 这样求适用的教育，虽然也有其用处，但是忽视了根本的问题，舍本逐末，终究还是坏处很大。从上所论可看出，金岳霖批评美国大学教育的"适用"宗旨和功利主义，即从器而非道的角度来培养人，是培养工人而非士大夫君子，缺乏中国传统的"成人"教育理念。

三 参照"西方"：一种回归本土的反思和行动

参照"西方"是在批判"西方"阶段基础上合理演变的结果，正因为注意到西方各国大学教育存在的问题，及对其优缺点的学术探讨，因此中国在学习西方时须明辨善择。此外，中国学习外国教育的失败促使民国学界思考失败的原因及未来走向。这一阶段学者的反思主要从两个维度展开：一是批评中国教育对西方教育的盲目模仿，指出国外制度不合国情；二是参照外国经验，寻求适合中国国情和需要的大学教育。

古仲宣指出，中国教育经过50余年的历史，仍不能与欧美各国并驾齐驱的原因之一即为"我国教育不会去体察国情，一味模仿外国，最初采取日本，继之模仿英国，后来还采取过法国"③。他进而引用国联教育考察团报告书的一些内容，诸如"欧美日本之教育制度，虽被中国之热心采用，以为学校改革之基础，但其是否能适合与应付中国当今之需要，中国似尚无暇顾及"，"关于中国教育上所发生之根本问题不在于模仿，而在于创造与适应"，说明"中国对于外国文化

---

① 《美国教育之长处与短处》，《东方杂志》1923年第20卷第1号。
② 《美国教育之长处与短处》，《东方杂志》1923年第20卷第1号。
③ 古仲宣：《中国高等教育之考察及今后改进高等教育之方策》，《民钟季刊》1935年第1卷第3期。

之方法与事实，徒为形式之模仿，实为中国教育之主要危机"。① 总之，忽视本国固有精神和传统文化价值，一味模仿外国，而没有根据中国当时的需要精密选择，没有进行一种创造的工作，使外来的教育适应中国的国情，这导致了中国教育50多年进步甚微。可见，古仲宣并没有否认借鉴西方经验的做法，关键在于应根据本国的国情和文化对西方教育进行选择和创造。

边理庭则直接肯定了"模仿"的价值，"模仿原不可厚非……有价值的模仿，是以'自我'为中心的，目的在取人之长，以补我之短。模仿之最无价值的则为盲目的模仿，这种模仿除了迎合一时的风尚以外，不具有任何目的"②。他指出，中国大学教育之失败即因其为"无目的无中心"的模仿。和古仲宣一样，边理庭也将国联教育考察团之来华视为重要的事件，并将其报告书内容作为论说的重要资源，"他们（国联教育考察团）建议中国人须将一切外国文明比较，以考察其是否真能适应中国的需要，进而建造适宜于自主之国家教育制度，而不仅以从各处剽窃假借而来之制度，遽自以为满足"③。他高度推崇国联教育考察团报告对彼时教育制度和实践的价值，"国联教育考察的报告书，差不多是近十年中的中国教育界的最重要文献，现在各种教育上的设施，都要拿它来作参考的"④。

在学界反思中国新教育缘何失败的氛围中，中国"国情""文化""传统""历史""环境"等短语成为热门词汇和口头语，如何让外国的制度适合本国"国情""文化""传统"也成为学界研究的重点。于是在社会科学界掀起了一场"中国化"（有的称为"本国化""国产化""土货化"）的学术运动。正如邱椿所言："模仿外国而不顾国情是三十年来中国教育改革的通病……近三四年来，他们都觉悟纯粹抄袭的错误而提倡中国化的教育，关于这类文字已发表了很多，

---

① 古仲宣：《中国高等教育之考察及今后改进高等教育之方策》，《民钟季刊》1935年第1卷第3期。
② 边理庭：《十年来中国大学教育改造》，《时代精神》1941年第4卷第5期。
③ 边理庭：《十年来中国大学教育改造》，《时代精神》1941年第4卷第5期。
④ 边理庭：《十年来中国大学教育改造》，《时代精神》1941年第4卷第5期。

差不多成为滥调了。"①

这种思潮和运动自然影响了当时中国的大学教育，很多学者从中国现实需要和国情出发，将西方各国大学的经验作为参考，对中国大学教育的目的、学科、课程、教材等提出了改革意见。罗廷光在论述了欧美大学的目的及中国大学目的后，将发扬民族文化作为大学教育的三目之首要目的。他指出，在研究高深学术，养成专门人才之外，还有一个更为重要的尚未列出，"什么是更重要的？即发扬民族的文化是也"。②罗廷光之所以提出这一目的，是其认为民族的生命完全寄托在本民族的文化上，在民族危亡之际，为了民族复兴，大学理应承担这一重任。此外，他梳理了欧美各国大学的学科设置后，指出各国的学科因其历史背景和当前实际需要而呈现不同。中国各地办理大学或学院"最好细细考量本地的历史，地理背景，当前的实际需要或财力师资等，以切于本地实际需要及发挥固有特点为准则，不必拘泥于'大学'名称的有无"③。罗廷光认为，各地与其纷纷筹办有名无实的大学，不如干脆多办些切于实用的独立学院（如农工医教育等学院）及专科学校。这些学校根据便利分设在各地方，不限于都市，不仅可使文化传播到全国各地，并可以补救文法学生多而实科人才少的缺陷。

罗家伦进一步指出，中国大学的功课，尽管也需要像欧洲大学一样注重纯粹学问的研究，但对于国家和民族生存所需要的学问，大学亦负有不可推卸的责任。所以，在学习外国大学的时候，一定要问问自己国家民族的需要。"大学的功课，本有许多是不计近功的，如纯粹科学原理的研究，本来很难指定其有什么用途，如牛顿发明三大定律的时候，决想不到后来在机械方面，会有什么广大的利用。这种纯粹科学的研究，自然需要，但是时代和环境所需要的学问，也同样需要，因为做纯粹的学者，以谋对于人类智识总量的贡献虽属可贵，却不能期之于人人。大学的经费来源，是国家的税收，是出于人民的负

---

① 邱椿：《通信：致适之先生》，《独立评论》1932年第11号。
② 罗廷光：《中国大学教育中几个重要问题》，《教育杂志》1937年第27卷第1号。
③ 罗廷光：《中国大学教育中几个重要问题》，《教育杂志》1937年第27卷第1号。

担，所以大学对于国家民族的生存问题，不能不负一种责任。"① 具体到大学课程上，罗家伦强调断不可把外国大学里最好的都采取过来，一定要问问自己国家民族的需要。他举例说，研究植物的人断不可只知道外国的植物而不辨乡里田间的蔬果；学财政经济学的人，不可只知道马克思、蒲鲁东、李嘉图、亚当·斯密的学说，而忽略了本国经济的情形和田赋租税的状况。

应该指出的是，对引进西方大学教育的反思，在中国学界形成了一个普遍的共识，而不是局限于少数学者。如谢树英提出"学术固无国界，但一民族之文化，莫不具有其历史性及民族性，教育为民族文化意识之表现，各国教育制度，各有其本国国情为背景。吾人应创立适合于本国国情及民族性之制度，若强欲以外人之教育制度与方法移置于吾国，自必捍格难合，门户成见，派别观念，因是而生"②。环家珍也指出"我国自创办新教育以来，未能有一贯的政策，适合国情的制度，东抄西袭削足适履，实施教育者亦缺乏真切的认识"③。张津飞则批评中国教育洋化，成为资产阶级的专利，只有"从全国国民的经济方面去着手，才能创造合理化社会主义化的中国教育"④，才能解决中国教育的危机。

值得注意的是，民国学界回归本土的反思和行动内部隐含着不同的促动因素。如果说，在20世纪20年代中后期，中国学者关注本国国情的倡议和研究，更多出于学者的自觉学术反思的结果，那么20世纪30年代中国学者关注本国国情则更多地受到战争及由之而来的民族救亡问题的影响。20世纪30—40年代大量探讨民族复兴与大学教育，国难与大学教育，战时大学教育的论文即为明证⑤。如果说前者是由于教育内部的自身问题进而引发的主动思考，后者则是在不可

---

① 罗家伦：《中国大学教育之危机》，《中央周报》1934年第294期。
② 谢树英：《近年来中国大学教育之趋向》，《光华大学半月刊》1935年第3卷第9—10期。
③ 环家珍：《民族复兴与师范教育》，《教育与中国》1934年第5期。
④ 张津飞：《镀金式的现代中国高等教育》，《社会周报（北平）》1933年第7期。
⑤ 由于文献较多，仅列举几例：周尚：《同济大学之展望》，《同济旬刊》1937年第136期；馨一：《民族复兴与大学教育》，《教育与中国》1934年第5期；徐震洲：《大学教育与民主宪政》，《青年风》1948年第1卷第3期。

抗拒的外力因素下引发的被动反应。两个阶段之间的联系是民族性的探讨或者说爱国主义的延伸，关乎着中国特殊的历史、文化、经济等诸国情。

四 挥之不去的"西方"：心态变迁背后的外来资源

值得说明的是，民国学者引进西方高等教育知识心态变迁的阶段划分是相对而言的，三阶段的时间界限并非泾渭分明。大体来说，崇拜"西方"为1910年至20世纪20年代初期，这个阶段对西方高等教育知识的引进是介绍多，批评少；批判"西方"大致从民国前十年末到20世纪20年代末期，这一阶段随着国人对西方了解的增加与深入，认识到西方并不是事事都好，时时都好；参照"西方"为从20世纪20年代中期到20世纪40年代末，此阶段国人更多地立足于本国来考量西方高等教育的种种优劣，更多地考虑在中国的适用性问题，已经有了西方再好可能不适合中国，或者西方已过时的东西在中国仍有用武之地的认识。三阶段的划分立足于20世纪近四十年学术界整体状况，对于民国具体的学人又当具体分析，不能一概而论。

心态变迁的三阶段实则在民国重要教育期刊的创办或者转向中已然有所反映。1919年创刊的《新教育》立意以"发健全进化之言论，播正当确凿之学说。当此世界鼎沸，思想革命之际，欲使国民知世界之大势，共同进行，一洗向日泄泄沓沓之习惯。以教育为方法，养成健全之个人，使国人能思、能言、能行、能担重大之责任。创造进化的社会，使国人能发达自由之精神，享受平等之机会"[①]，着眼于"人类""国民"的抽象概念，忽视了民族国家本身的特殊性。这实际上反映了五四以来知识分子的豪情壮志和理想追求，缺乏对本国现实和实践的关照。1925年创刊的《新教育评论》也从侧面说明了20世纪20年代前期教育界对西方的一味模仿和移植，对本国国情的忽视，"现在国内各界对于教育的关系，教育界对于国家的需要，都缺少充分的了解。不但如此，即教育界本身，也是隔阂很深，并无充分

---

① 《本月刊倡设之用意》，《新教育》第1卷第1期。

联络的机会"①，提出不能一味照搬西方，应重视本国需要和精神去创造。1924年，《中华教育界》的编辑者在《本志的新希望》中就表示："我们相信一个国家的教育应有特创、独立的精神才能真有造于国家。决不是东涂西抹，依样画葫芦的抄袭外国教育所能奏效。所以，我们希望教育界从今后应多多依据本国的历史与实况，建立本国的教育。"②1934年，《教育杂志》主编何炳松在该刊复刊词中，更明确提出教育期刊的重要使命之一，就是要在"介绍外国教育文化的理论和实际"的同时，更要"创造独立的教育理论和方法"，"自出心裁的去创造一种适合国情的新理论和方法"③。

引进心态的变迁深受当时中国社会的影响。1912年民国虽然建立，旧的封建制度已经打倒，新的共和制度尚未完全确立。这种政治上的不稳定，反映在教育上也是无中心，所以有东抄西袭。1927年全国形式上基本完成了统一，思想上以三民主义为指导。这种政治和思想的统一必然对高等教育产生影响。南京国民政府通过各种措施，加大了对高等教育的管理。国内的国家主义教育思潮、非宗教运动、收回教育权运动、"九一八"事变以及抗战的爆发，这些都促成中国学者对本国国情的关注，进而反思西方高等教育知识的引入。

此处，笔者想重点指出的是，民国学者对西方高等教育知识引进心态的变迁，在很大程度上受了外来资源的影响。从上文所论可以看出，无论是批判"西方"还是参考"西方"，其论证依据绝大部分来源于西方。前者中，民国学者译介了大量外国人对西方高等教育的批评，旨在通过外国人之口力证中国一味模仿西方带来的问题，如果说这种引证尚能借"西人"之口证明其所言非虚，有一定的合理性的话，那么后者中，古仲宣、边理庭等学者有意无意中动用来自欧洲的国联教育考察团报告书为佐证，提倡中国教育改革当关注本国国情、历史和环境，则一定程度显示了彼时学界非借"西"不能言"中"的言说习惯。这里凸显的是中国高教界对模仿西方的反思，常常不得

---

① 陶行知：《〈新教育评论〉之使命》，载华中师范学院教育科学研究所主编《陶行知全集》（第1集），湖南教育出版社1984年版，第572页。
② 陈启天：《本志的新希望》，《中华教育界》1924年第14卷第1期。
③ 何炳松：《本杂志的使命》，《教育杂志》1934年第24卷1号。

不借助于西方教育界这一外来资源。陈寅恪先生有言："其真能于思想上自成系统,有所创获者,必须一方面吸收输入外来之学说,一方面不忘本来民族之地位。此二种相反而适相成之态度,乃道教之真精神,新儒家之旧途径,而二千年吾民族与他民族思想接触史之所昭示者也。"[20]此理用于民国时期西方高等教育之引入,昭示我们吸收外来资源是创造本国高等教育理论、思想的重要条件之一,但是如果忘却了中国本民族之地位,也难以在高等教育思想上自成系统。中国仍在大规模地学习引进西方高等教育模式与理念,如何使"中国化"不仅仅停留在词语的广泛使用上,如何在实践中真正做到以中国为主,而不仅仅成为西方各种高等教育理论的跑马场和展示台,如何构建中国的西方高等教育理论,而不是在中国的西方高等教育理论,是今后研究中值得思考的问题。

第二节　西方之间——民国学者个体的理想范本

在反思中国对西方高等教育的模仿借鉴后,民国学界对中国高等教育发展的原则基本取得了共识,即应立足中国自身的国情、本国文化和精神,选择性地参照和吸收西方各国的先进经验来发展高等教育,以期建立现代大学制度,在世界大学之林中占有自己的一席之位。这里的问题是"西方"的范围如此广泛,我们要参考的"西方"到底是什么呢?对这一问题的不同回答,显示了民国学者对西方各国高等教育的不同接受取向。

一　取西方各国大学之长

从导入的西方高等教育文献中可以看出,民国学者对于西方主要国家之大学特色,很早就有相关认识。就目前资料所及,蔡元培翻译的德国学者巴留岑的《德意志的大学》①,较早对欧洲近代大学之类型进行了划分——"英国风、法国风、德意志风";1917年"天民"

---

① 巴留岑:《德意志大学之特色》,蔡元培译,《教育杂志》1910年第2年第11期。

的《各国大学之特色》①则介绍了英美法德大学之特色。总的来说，这些论文基本指出了各国大学的优长之处：英国牛津、剑桥大学作为英国大学的代表，其学院制和导师制，以及注重人格养成，以绅士为培养目标是英国大学的特长；德国大学的特色为教学自由、教授和研究的合一和讲师制度；美国大学的特点之一是其私立大学、大学性质的平民化；法国的特点似乎并不明确，分科大学设立，大学教员的官员身份，等等。

相对而言，这些论文旨在说明各国大学的基本情况，加之当时翻译的问题，介绍中存在叙述不清之处，对各国大学之间的对比说明不够。随着中国和国外教育交流的增加，对国外大学认识的不断深入，中国学者有意识地在对比中说明各国之长与各国之短，蕴含了他们对中国大学教育发展道路的指向。

（一）分采德、法、英、美四国大学之长

王宠惠在欢送清华赴美留学生时较为系统比较了英、美、德、法的大学。他认为，"世界文明国无不崇尚教育，而尤以英美德法四国之教育为最美备，诸君留学于美国大学，要不可不知美国大学教育之趋重，且宜兼知英德法三国大学教育之所趋重，而后可以比较其异同得失。虽然教育之道，非一言所能尽之，四国者文化各殊，其教育制度苟非教育大家穷研其国故而为最精最详之比较，不容轻为评论"。

王宠惠将德法大学教育之长总结为研究高深学理，美国大学则注重实用，英国大学在养成高尚人格；德法在养成科学家，美国养成实际家，英国养成君子。

  英美德法四国大学之教育，大率英美则力求实用，德法则精研理论⋯⋯
  无论何种科学，欲求思想之高尚、条理之周密，殆无出德法之右者。盖德法之为学，必研求精深之理，而更求有以贯穿之。即在英美大学中，一言及高尚之学理，鲜能出其范围。此德法之所长也。若夫英美则异于是，而英美之中，又自有辨。如美之大

---

① 天民：《各国大学之特色》，《教育杂志》1917年第9卷第10—12号。

第三章 民国学者引进西方高等教育知识的心态变迁 / 67

学教育，注重实用，无论为法律、为政治、为其他科学，凡为学子致用之所必需者，则语焉惟恐其不详，详矣，惟恐其不尽，必使人于应用时毫无遗憾而后已。至若非学子之所应用者，不过使之涉猎以备一科而已，初不强人以深造。故毕业于美国者，言之虽或未能成为一家之学说，而用之实臻左右逢源之境，此美国之所长也。至英国大学教育，其理论既不如德法之高，其实用又不如美之切然。然英国有其特长者，则在养成高尚之人格，使人知立身于天地间何以为人。而其所以教之为人者，莫不为人生必备之智识，且于文学及历史均甚注重，亦谓由是可以窥百家之书，而得古今之鉴，则其人洵足为温文尔雅之人矣。故世界人格之高尚及社会程度之增进，殆无出英国之右者，此英国之所长也。一言以蔽之曰，四国大学教育之趋向，德法在养成科学家 scientific man，美则在养成实际家 practical man，而英则在养成君子人 gentlemen。[①]

王宠惠将英美和德法作为两个相对的圈子，大而化之将英美大学的特点归为注重实用，德法归于精研理论，并指出英国大学教育，其理论不如德法高深。可以说，他在论述英美德法四国大学各自特长的字里行间，彰显了各国大学之缺点，其背后蕴含着中国应有之态度即为博采英美德法大学的长处。

庚款兴学后，大量的学生赴美留学，同时亦有学生赴英、德、法等当时西方发达国家求学。而从各国回国的留学生往往一味盛赞留学国家大学之美，无形中贬低了其他国家的留学生。王宠惠在留美学生面前言美、英、德、法诸多之特长，无形中揭示了美国大学之短，对于留美生是有很大的冲击意义的。这里姑且不论王宠惠对欧美四国大学的比较是否完全得当，他提出的欧美四国大学特长论，不仅显示了王宠惠本人的广阔胸怀与见识，有利于留美生对欧美国家的大学有一综合的认识和了解，而且有助于中国留学生广采欧美大学之长，服务中国的大学与社会。

[①] 王宠惠：《英美德法大学教育之比较》，《学生会会报》1915 年第 1 期。

如上所述，20世纪30年代中国学界出现了对国民性与教育的探讨。实际上，蒋梦麟早在1922年就发表了对英、美、德、法四国人民特性的意见。尤为重要的是，他重点探讨了四国人民特性与四国大学的特点。这是目前所见较早地专门探讨国民性与西方高等教育之特点的文献。

蒋梦麟立足于学校和社会的互相作用，认为学校与社会相互作用，社会影响学校，学校也影响社会，社会之中对学校影响最大的当属国民性，因此要了解英法德美之大学，必要先了解这四国"人民之特性"。

> 英国为重实际问题之国，其人民之特性，为用平常的眼光，看赤条条的事实，故他们对于国际问题，不管友谊和恶感，但从事实上着想。对于社会问题，也不管主义和理论，但从实际问题上着想。美国为重活动力之国，其人民之特性，为行时方思。美国人不喜悬想，见有问题，才用他的思想力。德国人的思想，注于物质方面。他的两手，一拿望远镜，一拿显微镜。非用望远镜窥远，便用显微镜察微。法国人长于悬想，用其天才，做出一篇极有系统的高妙"文章"，做好之后，他就不管了，再做第二篇。他看问题，离不了他的理论和感情。

按照蒋梦麟的分析，可将英国人民特性总结为"平常""事实""实际"等关键词；美国人民特性为"活力""行时方思"；德国人民特性为"物质""精研"；法国人民特性为"悬想""理论"。

> 这四国的特性不同，所以他们的大学各具一种特点。反言之，各国的特长也须凭借各大学来发挥。这就是所谓社会和学校相互的感化。英国的大学，入牛津、剑桥大学等，其学问博而约，精于一门，旁及他门。其根基尤为十八世纪以前之人文主义。所以英国的学者，知识甚广，富于常识，知世务，少经院的习惯。英国因有这种学者，所以欧洲问题，最看得清楚者，莫过英国。英国大学，不是偏重智力的。他把学问看作修己、治人、

治事之具；养成清楚的头脑，风雅的态度。所以他能产生许多的外交家、政治家和经济家。

法国大学，适与英国大学相反。英国大学治世务的大学。法国大学，为发展文化的大学，专重智力。优美卓特，超出世事。德国大学，注重专精。无论一小小问题，有极精密之研究。德国物质科学发明之多，制造之美，为世界第一，这都是大学之功。

美国大学，重应用，重由行动而得知。故其训练，重活动力。行时思，思时行；行即思，思即行。故美国大学，与其说他产生学者，不如说他产生能思能行的实践家。

以上所说的，都是四国大学之特长，但各有缺点。英国大学产生外交、经济、政治、文学家，而科学的发明家不多见。法国大学产生高尚的文化，而其文化不及于常人，有高深的科学而不及于应用。故有科学而不长于制造，有高尚的文化而不及于社会。其政治，经济，外交之学，更不如英国甚远。德国大学能应其发明之科学于制造，故制造之发达，远出他国。但德国于外交上、政治上乏相当之训练，故于此两途非常愚拙。美国大学重应用与活动力而少发明。故社会虽一日一日的发达，而高深学问，须从欧洲借来。

把以上所言总括起来，法国大学其长在纯粹科学。德国大学，其长在应用科学。英国大学，其长在治事的社会科学，美国大学，其长在治事的社会科学。

若把他们应用到中国大学来，纯粹科学，则取法于法。应用科学，则取法于德。关于社会科学，凡属于治人者，如政治、经济、外交等类，则取法于英。凡属于治事者，如大规模的组织，大工业大商业之管理，则取法于美。

近世学问，可以科学括之。而科学有自然科学和社会科学之别。自然科学又有纯粹与应用之别。社会科学又有治人与治事之别。①

---

① 蒋梦麟：《英美德法四国人民之特性与大学之特点》，《新教育》1922年第5卷第3期。

该文总的思想就是：因英美德法各国的国民性不同，各国的大学教育也就不同，也可以说两者相互影响。这种国民性影响下的英美德法大学教育各有特长，也各有缺点，中国应该取四国的长处为我所用，这四国之所长正好构成了现代科学的所有内容。这里产生一个问题，正如该文自身所论证的，既然国民性影响该国大学教育，那么中国国民性对大学教育的影响是什么，中国国民性是否会影响对英美德法四国大学教育长处的借鉴学习，这是蒋梦麟没有回答的。

（二）融会德、英、美等国大学实践的现代大学理想

王宠惠对留美生发表的欧美四国大学特长论、蒋梦麟基于欧美四国人民特性对大学特点之阐发以及中国大学从中各取所需的理论，可以说旨在从四国大学中分割出其长短，剥离其精华，以便中国大学及学生取其所长、避其所短。与这种分离式路向不同，孟宪承则取综合的方向，不专门抽取某国大学之长，而是站在构建现代大学理想的高度，将英、美、德等国大学的思想与实践作为一种支撑体系置于下层范畴，融会构建出了现代大学的理想——"智慧的创获""品性的陶冶""民族和社会的发展"。可以说，现代大学的理想来源于英、美、德等西方大学，但两者并不能完全等同。

智慧的创获是中古大学与现代大学的重要分野。"中古大学，只兢兢于知识的保守（conservation of knowledge）；现代大学，则于保守以外，尤努力于知识的增加（increase of knowledge）。"① 知识的保存虽然重要，但是在现代社会，知识总量的大规模增加，完全有赖于学者的发现和发明。他认为，以柏林大学为代表的德国是这一理想的开端，洪堡和阿尔特霍夫执掌德国教育期间，通过一系列措施开创、延续了这一大学的理想——知识的创造与发明。这一理想从德国扩散至全世界，成为现代大学的普遍理想。"1809年柏林大学的建立，便是这一新理想的最先的体现。那时的教育部长洪堡（Von Humbolat）罗致一时学术有深造和特创的几个学者，……又确立了'教学自由'的原则，使得学者能够大胆地批评、研究、创造发明。这真是近代大学教育史下一个伟绩。1882年后，阿尔特霍夫

---

① 孟宪承：《大学教育》，华东师范大学出版社2010年版，第2页。

氏又独断地掌握普鲁士教育行政至数十年，他毕生经营的，就是供给各大学以充分的设备，成立各个巨大的研究所（Institute），务使最初柏林所倡研究的精神，贯彻于一般大学，而有更进一步的发展。到现在，没有哪一国的大学，教师不竞于所谓'创造的学问'（Creative scholarship），学生不勉于'独创的研究'（original research），这种新的学风，确是德国大学所开始。"①

孟宪承进而论述到，大学师生作为社会上的精英，是理想的道德的化身，因而大学的另一理想当是"品性的陶镕"。英国的牛津、剑桥大学，以其独具特色的学院制和导师制，熏陶学生之品性，可以说是贯彻这一理想的典范。"大学是一个学校，师生应该有学校的群体生活。而且，从来大学的师生，被当作社会的知识上最优秀的分子（elite），是反映着社会的最美的道德的理想的。英吉利的国粹派大学，如牛津、剑桥，尤其注重学生在群体生活中，得到品性的锻炼。它们本是若干独立的学院（college）所合成。这所谓学院，并不只是一个学堂，而是大约能容学生二百人的一个宿舍。其教授（fellow）必住在院内，做个别学生的导师（tutor）。导师和学生，共其起居作息；课余餐后，自由讲谈、从容娱乐，活泼地表现出一种敬业乐群的精神。"② 他引用纽曼对大学生活的选择，中国古代著作《学记》提倡的大学之教，表达了对牛津、剑桥学生生活的赞赏和向往，"我国古代教育者说：'大学之教也，时教必有正业，退息必有居学，……藏焉、息焉、修焉、游焉。夫然，故能安其学而亲其师，乐其友而信其道。'牛津、剑桥的学生生活，就仿佛有这种风致的"③。"品性的陶镕"已从英国扩散至其他各国，成为现代大学的共同理想。

民族和社会的发展是现代大学的第三个共同理想。孟宪承以普鲁士战败期间大学教授的呼吁、柏林大学的创建，说明大学与民族复兴、社会发展之关系，他指出，现代人是有意识地以文化来推动社会的发展的。普鲁士在耶拿战败，当时已经沦陷的耶拿大学教授费希

---

① 孟宪承：《大学教育》，华东师范大学出版社2010年版，第2—3页。
② 孟宪承：《大学教育》，华东师范大学出版社2010年版，第3页。
③ 孟宪承：《大学教育》，华东师范大学出版社2010年版，第3页。

特，赶到柏林，其呼声是"恢复民族的光荣，先从教育上奋斗"。这就是创立柏林大学的一个动机。"民族复兴，是现在德国一般大学的无形的中心信仰。"①他并列举英国的牛津剑桥，意大利、苏联的做法，认为"晚近民族的竞争，社会机构的突变，更加把大学直接放在民族和社会需要的支配下"。②所以，民族和社会的发展已经成为现代大学的共同理想。

从上述可以看出，孟宪承基于自身对大学的认识，以德国、英国、苏联、意大利等国的大学实践和思想为支撑，构建了他的现代大学理想论。从表面来看，他更多地吸收了德国和英国大学的资源，似乎对美国大学没有任何评语。实际上正如孟宪承所言，现代大学理想对应的大学的三项任务即研究、教学和推广，而美国可以说是大学推广运动的佼佼者。同时，考虑到美国大学与英国大学之间的渊源、对德国大学的借鉴，所以美国大学的实践也被纳入了孟宪承的现代大学思想体系。

总之，孟宪承对西方大学的取向与王宠惠、蒋梦麟有所区别。如果说，王、蒋两人是分别选择西方各国大学之所长，那么，孟宪承取法的则是融会了西方各国大学之精神的现代大学理想。

二 推崇英德大学模式③

从蔡元培引入德国大学模式改革北京大学以来，德国大学的理念与模式在中国学界获得了高度认可和信奉。即使在郭秉文导入美国大学模式并使之在中国逐步占据主导地位之后，德国大学以其特有的理念与特色，在中国高等教育界的影响始终没有退场。正如孟宪承构建现代大学理想时对德国大学资源的大量运用，可以说，德国大学的殊

---

① 孟宪承：《大学教育》，华东师范大学出版社2010年版，第4页。
② 孟宪承：《大学教育》，华东师范大学出版社2010年版，第5页。
③ 金岳霖、许崇清对西方大学之取向也可纳入此阵营。关于金岳霖的具体论述见第二章第一节。许崇清在追溯了欧美大学之沿革、欧美大学的学位与大学的职能后，明确提出："我国大学之当取法德国，以专门科学之教授与学术之基础的研究为本务，不应从英美的College旧制，以与现代大学之趋势相逆行，实属至明智事理"。许崇清：《欧美大学之今昔与中国大学之将来》，《学艺》1920年第2卷第3号。

风已经成为世界各国大学的共同理想。德国大学的影响力，不仅体现在留欧、游欧的傅斯年和凌冰对欧洲大学学术化和大学研究精神的坚守上，也体现在留学欧美的常导之对欧洲大学研究高深学问的大力提倡上。

（一）"今之大学仍不是一个欧洲的大学，今之大学制度仍不能发展学术"[1]

傅斯年对西方各国大学之取向，在他对高等教育之界定、对中国高等教育的批评与建议中充分彰显出来。

他在《改革高等教育中几个问题》中开篇即言，"本文中所谓高等教育者，大体指学术教育而言，即大学与其同列机关之教育。此种自然也包含些不关学术的事，例如大学学生人品之培养等，然而根本的作用是在学术之取得、发展与应用的"[2]。可以看出，傅斯年所指高等教育的本质是学术教育。他的这种认识来源于对中国大学问题的诊断和对欧洲大学的精神的归纳。

他认为，中国大学的问题是徒学西方皮毛，失其精神。文中虽然没有明确回答西方大学的精神是什么，但欧洲近代大学的三种含素应该包含了西方大学的精神，总的特点是大学学术化。

> 今日之高等教育，除洋八股之习气以外，没有一条是绍述前世的，而是由日本以模仿西洋的。因为如此，我们不能不说说欧洲近代大学的演成。欧洲的近代大学可以说有三种含素。一是中世纪学院的质素，这个质素给他这样的建置，给他不少的遗训，给他一种自成风气的习惯，给他自负。第二层是所谓开明时代的学术，这些学术中，算学医学等多在大学中出，而哲学政治虽多不出于其中，确也每每激荡于其中，经此影响，欧洲的大学才成"学府"。第三层是十九世纪中期以来的大学学术化，此一风气始于德国，渐及于欧洲大陆，英国的逐渐采用是较后的；于是大学之中有若干研究所，工作室，及附隶于这些研究所工作室的基金

---

[1] 孟真：《改革高等教育中几个问题》，《独立评论》1932年第14号。
[2] 孟真：《改革高等教育中几个问题》，《独立评论》1932年第14号。

奖金。①

在傅斯年看来，中国从清末办教育开始，就没有了解欧洲大学的历史，不过将大学作为教育的一个阶段。当时的教育在"中学为体，西学为用"的指导思想下，"以富强之目前功利主义为主宰，对于西洋学术全无自身之兴趣，更不了解他的如何由来、培养与发展。试看张之洞、张百熙的奏折，或更前一期王韬、冯桂芬的政论，都是这样子。他们本不知道西洋在发财造厂以外有根本的学术，则间接仿造西洋的学术建置，自然要不伦不类的。我们现在正也不能怪他们，以他们当时的环境做出那些事来，比其现在的教育界领袖以今之环境做出这些事来，则今之人十倍不如他们。直到民国初年，大学只是个大的学堂。民国五六年以后，北京大学侈谈新学问，眼高手低，能嘘气，不能交货，只挂了些研究所的牌子，在今天看来当时的情景着实可笑。然而昏睡初觉，开始知道有这一条路，也或者是一个可纪的事。从那时到现在，中国也有两三种科学发达，一般对大学及学术制度之观念进步得多了。不过，今之大学仍不是一个欧洲的大学，今之大学制度仍不能发展学术，而足以误青年，病国家。既如以先觉自负之北大论，他在今日之混沌，犹是十多年前的老样子哩"。②

傅斯年认为中国学术的发展，从兴办新教育开始，就没有把握到西方学术的主线，只是在振兴国家的前提下功利主义的产物，因此学不到西方的精神，只是皮毛。作者认为受环境的影响，新教育兴办初期，有这些问题还有情可原。但是新教育办了将近六十年没有丝毫改进，就是不应该的。作者毫不掩饰对当时教育界领袖的批评。这里傅斯年显然是将学术作为欧洲大学的精神。

依据欧洲大学发展学术的精神，傅斯年提出，"大学教育不能置之一般之教育系统中，而应有其独立的意义"③。通过分析比较大学教育与中小学教育，他强调大学教育就是培养学生致力于学术的研究，

---

① 孟真：《改革高等教育中几个问题》，《独立评论》1932年第14号。
② 孟真：《改革高等教育中几个问题》，《独立评论》1932年第14号。
③ 孟真：《改革高等教育中几个问题》，《独立评论》1932年第14号。

"大学教育则是培养一人入于学术的法门中的。……中学教师对学生是训练者，大学教师对学生是引路者，中学学生对教师是接受者，（无论接受的态度是自动的或被动的），大学学生对教师是预备参与者……大学各科虽不同，皆是培植学生入于专科学术之空气中，而以指导者给予之工具，自试其事也"①。并就此提出对大学改革的意见："设讲座及讲座附属之人员，不以布置中学功课之方法为大学课程"，"除第一年级比较课程固定外，其余多采选习制（文理法商之选习宽，工农医较有限定）"，"每门课程不必皆有考试，但须制定一种基本检定：这种基本检定包含各若干及格证，得此项及格证之后，然后可以参与毕业考试"。"毕业考试由教育部会同大学行之，论文一篇，证明其能遵教授之指导施用一种做学问之方法而已，不可不有，亦不可苛求。"②"大学之构造，要以讲座为小细胞，研究室（或研究所）为大细胞。"③"大学以教授之胜任与否为兴亡所系，故大学教授之资格及保障皆须明白规定，严切执行。"④傅斯年对中国大学教育改革的诸种建议——讲座、研究室之开设、教授之重要、考核中的证书制（法国大学行证书制）体现了他对欧洲大学模式的推崇。

凌冰和傅斯年的倾向一样，将欧洲大学作为大学的榜样，认为大学之所以为大学，在于其研究的精神及研究的设备。"我觉得大学之所以能为一国的最高学府，一国的文化中心，并不专在他们组织的完善、章程的细密、管理的周到及行政效率的高，而在他们研究学术的种种设备，及他们的教授与学生研究学术的精神。……大学是一个研究学术的机关，并不是为当教员的以授课为营业的地方，也不是造就一班青年人，让他们拿到毕业文凭后，可以多赚几块钱，可以得一个大一点的饭碗。把这个目标看准，我们才可以谈什么叫做大学的设备，什么叫做大学的精神。"⑤"大学最重要而绝不可少的设备，就是

---

① 孟真：《改革高等教育中几个问题》，《独立评论》1932年第14号。
② 孟真：《改革高等教育中几个问题》，《独立评论》1932年第14号。
③ 孟真：《改革高等教育中几个问题》，《独立评论》1932年第14号。
④ 孟真：《改革高等教育中几个问题》，《独立评论》1932年第14号。
⑤ 凌冰：《欧游杂感：二、大学的教育》，《新教育评论》1926年第1卷第11期。

"至于大学的精神,则欧洲的大学,更是令我们望尘莫及。当欧战后,德国的马克价值低落时候,普通一般大学教授,因为受经济的压迫,几几乎每日不获一饱。其所受的痛苦,有非言语所能形容者。但是他们讲学的精神,仍不见有丝毫懈怠。这是我们中国在德国留学诸君所亲眼看见的。这种富贵不能淫、贫贱不能移、威武不能屈的精神,实在是令我们五体投地的佩服……我想我们中国大学最缺乏的,就是这种研究的精神。然所谓缺乏这种研究的精神者,就是因为办大学的人不知道提倡,当大学教授者不能努力,当大学学生者别有怀抱。"②

(二)批评美国大学的职业化,反复强调大学"为研究高深学问之机关"③

首先,常导之④在1925年至1928年之间曾先后留学美国、英国、德国。然而,他却批评美国大学的职业化,推崇以英、德为核心的欧洲大学,可以说颇耐人寻味。这一点从其对留学生常态反映的描述中得到佐证,"从新大陆归来的留学生,皆盛赞美国大学之多、学生之众、设科之繁;由欧洲回国的学生,则各夸耀英、法、德等国家大学历史之久远,教授学问之渊博"⑤。留学生因在某一国家学习生活,往

---

① 凌冰:《欧游杂感:二、大学的教育》,《新教育评论》1926年第1卷第11期。
② 凌冰:《欧游杂感:二、大学的教育》,《新教育评论》1926年第1卷第11期。
③ 常导之:《欧美大学比较及我国高等教育问题》,《教育杂志》1928年第20卷第8号。
④ 常导之(1897—1975),中国近现代教育家。又名常道直。江苏南京人。1920年毕业于金陵大学,1922年毕业于北京高等师范大学教育研究科,为中国首届教育学科研究生之一。1925年至1928年之间曾先后留学美国哥伦比亚大学师范学院、英国伦敦大学哲学系、德国柏林大学哲学系。回国后任中央大学、北京师范大学、安徽大学、四川大学等校教育学教授、教务长、系主任等职。参与创建中国教育学会,专长比较教育、教育哲学、外国教育史的教学与研究。
⑤ 常导之:《欧美大学之比较及我国高等教育问题》,《教育杂志》1928年第20卷第8号。常导之本人可能重在批评留学生夸耀自己留学国家大学的倾向,实际就留美生和留欧生夸赞的美国和欧洲大学的内容而言,并没有错误,而恰恰反映了欧美大学的各自特点。因为相比欧洲大学,美国大学主要是进行普通教育的场所,这类学校数目很多,而且美国深受民主主义的影响,大学生入学率和人数远远高于欧洲;受实用主义的影响,开设科目非常广泛。欧洲大学可追溯至中世纪大学,历史自然比美国悠久。这从常导之在文后的论述也可以看出。

往容易推崇该国的大学，从而形成一种势力圈，甚至有相互排挤之势。民国时期的学者对此多有论述。如果说，常导之曾留学英国、德国，提倡欧洲大学属于留学生的常态反映，为何他留学美国却单单批评美国。这是值得我们后续思考的问题。

常导之认为欧美大学之间的最大差异是，"欧洲之大学为讲研高深学术之机关，而美国之大学（所谓 undergraduate college，大学的本部）则为继续普通教育的场所"①。欧洲与美国大学的差别，在德国与美国之间最为明显。他借用美国康奈尔大学某教授之口指出，"德国无与美国相当之'College'，介乎中学与大学之间，……在美国与欧洲大学相当之机关为毕业院（Graduate School），但学科内容仍不尽相同"②。他以德国大学为标准裁量美国之大学，得出的结论是"美国 college 实非大学等级之学校"。以此为基础，他郑重警告当时的中国教育界，将美国的 College 当作大学本科，毕业院当作大学以上的研究机关是一种误解，其后果非常严重，将会导致中国成为无大学的国家："这种误会之结果极为严重，（尤其是在美国化教育的高潮中），因为假使我们认为以美国之 College 为我国大学之楷模，则实际上将沦落为无大学教育之国家。从前之北京大学，可说是粗有欧洲大学之规模；东南大学，则类似以美国 College 为楷模。"③

其次，常导之将英国置于欧洲大学之中，认为英、德大学乃是研究高深学问之所，美国大学日益沦为专门学校。"英德两国大学之理想，虽不尽同，例如英国兼重品格修养，德国则偏于学术研究，但皆视大学为纯粹研究高深学问之机关，而美国之大学则有日趋于职业化而成为'专门学校'之倾向。"④ 在他看来，欧洲大学和高等专门学校之分——前者致力于高深学术之研究，后者致力于应用科学，是造

---

① 常导之：《欧美大学之比较及我国高等教育问题》，《教育杂志》1928 年第 20 卷第 8 号。undergraduate college，今一般译成"本科学院"。
② 常导之：《欧美大学之比较及我国高等教育问题》，《教育杂志》1928 年第 20 卷第 8 号。
③ 常导之：《欧美大学之比较及我国高等教育问题》，《教育杂志》1928 年第 20 卷第 8 号。
④ 常导之：《欧美大学之比较及我国高等教育问题》，《教育杂志》1928 年第 20 卷第 8 号。

成欧、美大学的差别的重要原因之一。"欧洲之大学,既然为研究高深学问之机关,故凡需高深理论为基础之技能,或目的专在实际应用方面之方术,皆不属大学之分内所有事,英德等国大学所设之科目,可以'精''深'两字括之。"①"北美合众国之大学现状,可由美国洛克费勒教育董事部……Dr. Abraham Flexner 在英国(本年五月)一篇讲词中见之:美之大学不能挽回颓风,反而专力'投合公众之好尚,不管他是好的或坏的'。有一个规模很大的州立大学,其 B. A. 学位的课程内,把零星广告、商业函牍、印刷校对等等都算在内……我们就他的职务看,准知道他决不是过激论者,但是他郑重地说:'这一类的东西,全然不配叫做教育'。"②

这里应当注意的是,虽然常导之强烈推崇欧洲大学,强调大学为研究高深学问之所,但是当时中国经济、社会发展的强烈要求、美国大学模式的巨大冲击、中国高校中大量实用学科的开设,都对常导之形成了一定的影响,促使他在大学理想上做出了一定的让步。"愚见虽不坚持大学之任务须'为学问而研究学问',但此种为学问本身而努力之精神,却大学应当具备。在今日,欲将所有实用科目完全屏除在大学以外,为事之不可能。但无论如何,凡可以在大学中立足之学科必须为需要高深科学基础之科目,而且始终要以学理的研究为中心。这一点是大学校与高等专门学校之所由分。大学以研究高深学问为事,故其分科以各种科学为基础;专门学校以实用为指归,故其分科以职业为根据。但美国之大学,往往于此界限不甚分明,过重实用之结果,学理成为职业的附属,而失其独立与尊严。美国之各种工程颇有可断,而纯粹科学之研究,则较诸欧洲国家则瞠乎其后,即此原因(往日东南大学以农、工、商、教育等分科,既表示其专门学校化,而去大学之本来意义)。"③

---

① 常导之:《欧美大学之比较及我国高等教育问题》,《教育杂志》1928 年第 20 卷第 8 号。
② 常导之:《欧美大学之比较及我国高等教育问题》,《教育杂志》1928 年第 20 卷第 8 号。
③ 常导之:《欧美大学之比较及我国高等教育问题》,《教育杂志》1928 年第 20 卷第 8 号。

可以看出，常导之主要从大学程度和大学的定位两方面分析了欧、美大学之间的差别。他批评以美国大学模式为导向的东南大学，赞赏借鉴德国大学理念的北京大学，其倾向至为明显，即中国大学应该取法以德国为代表的欧洲大学，而不是美国。当然，常导之并没有完全否定美国大学，"在实际办法上，英德美法各有长处，各有特点"①。言外之意，欧美大学的最大差别在于大学是否以研究高深学问为其理想。其论述中难能可贵的是，他不局限于中国应当学美、学欧的简单结论，而以动态、联系的眼光看待美国大学的发展及其世界各国大学之间的相互影响，"大学校之目的为高深学问研究，为欧洲国家之所同。美国近三十余年来亦努力设毕业院以期与欧洲大学比肩而立，学术为公，我国欲于学术世界上分一席地，则大学之理想当亦不能外是。"② 他明确提出了欧洲大学研究高深学问的理想的普适意义，这一理想超越了地域的限制成为英国、美国等世界大学的共同追求。中国作为世界成员之一，大学自当是研究高深学问之机关。

我们知道，1917年蔡元培在就任北大校长的演说中，明确提出大学是研究高深学问之所，这一思想虽来源于德国，但已经被其提炼为大学本身的应有之义。许崇清、常导之强烈认同德国大学的这一定位，并在蔡元培等人的基础上，继续将这一思想定位为普适化的大学理想。在20世纪30年代，孟宪承在《大学教育》一书中将这一思路发挥到了极致。将欧洲的研究高深学问的理想提升为整个世界所有国家大学的理想，作为"现代"大学的共同理想，增强了中国大学将其作为目标的吸引力和说服力。这与蒋梦麟、王宠惠等学者的理路是不同的，在蒋梦麟、王宠惠看来，中国学习的是与之法律身份上地位平等的某一国家之理念。而孟宪承认为，中国大学借鉴的是"现代"大学的理想，而非西方某一国的大学思想。可以说，蔡元培、许崇清、常导之、孟宪承的论证和理路代表了民国学者从"中—西"对立的思维逐步脱离出来，奠定了"中国—世界""中国—现代"的新的论证方式和思维理路。这

---

① 常导之：《欧美大学之比较及我国高等教育问题》，《教育杂志》1928年第20卷第8号。

② 常导之：《欧美大学之比较及我国高等教育问题》，《教育杂志》1928年第20卷第8号。

在中国近代高等教育史上具有重要的意义。

　　这里还有一问题值得注意，即常导之与王宠惠、蒋梦麟、傅斯年等人对英国大学的不同归类。一是王宠惠将英美和德法作为两个相对的圈子，大而化之将英美大学的特点归为注重实用，德法归于精研理论，并指出英国大学教育，其理论不如德法高深；常导之则将英国置于欧洲的范围之内，指出英德大学注重高深学问研究的特点。显然，将英国与美国都划为实用派并不合适，这点王宠惠也有指出，"英之实用不如美国切然"（这里还涉及"实用"概念的问题，暂不论）。王宠惠和常导之主要的分歧是英国大学到底是否注重高深学问的研究。蒋梦麟的论述则认为英美学术要借法欧洲，也将英美看作一体。相对而言，从目前所见文献，中国学者似乎多强调英美之间的联系，像常导之这样将英、德放在一起，归为高深学问研究的，并不多见。二是傅斯年和常导之对英国大学的不同态度。他们两人虽然都推崇欧洲大学，但是对英国大学的态度是不同的①。在常导之那里，英国和德国大学具有大致相当的地位。正如他本人所言，虽然英国兼重品格修养，德国偏于学术研究，但两国大学皆为纯粹研究高深学问之机关。在傅斯年那里，虽然没有直接表达对英国大学之态度，从其全文论述可看出，英国大学之地位当在德国大学之下。他将高等教育定义为学术教育，认为学生人格之培养虽不能截然置于大学之外，但至少从理论上来讲它不是大学的事。而中国学者公认英国大学的特长恰在于品性的陶冶和人格的修养，所以从这个意义上讲，英国大学在常导之和傅斯年那里具有不同的意义，他们虽推崇欧洲大学，两人的"欧洲"是有差异的。

三　取法美国大学模式②

（一）实用主义价值取向：郭秉文与美国大学模式的导入

　　最早在中国国内大面积地导入美国大学模式的当推郭秉文。他

---

①　许崇清与常导之的观点也是不同的，许明确指出中国应当学习的是德国，而不是英美。
②　美国大学模式对民国时期大学教育的影响，可以说随处可见，学界关于这一方面的研究成果甚多，相关研究在文献综述部分，已有所论述。鉴于此部分旨在突出不同学者个体对西方各国大学的选择倾向，同时为了保持论述的完整性，此处结合已有研究成果，简要论述。

1908年赴美留学，1914年回国，在美国大学6年的系统熏陶，使其对美国大学理念与模式有着深刻的体验与认可。回国之后他先后担任南京高等师范学校的教务长、代理校长，到1919年正式出任校长、改建东南大学，一直到1925年辞职。这为他导入美国大学模式提供了实施平台与时间保证。周谷平等认为，美国大学模式的基本特征包括：(1)设董事会，作为大学的管理决策机构；(2)提倡学术自由、基础研究，又强调应用科学；(3)实行选修制、学分制；(4)联系社会需要发展科学技术，为地方经济服务；(5)直接向社会筹款集资办学。[①] 这些在郭秉文领导下的东南大学的各个层面都有所体现。由于美国大学模式本身是融合了英、德等大学模式而成，所以下面我们选取美国色彩浓厚的董事会制度和大学的服务职能来说明郭秉文对美国大学模式的导入。

董事会制度是随着东南大学的筹建与发展逐步完善起来，"东大为将来东南各省之学府，于社会之发展至为重大。现当创设之际，所需社会之赞助，亦至多且急，参见欧美国家，多设校董会以求社会之赞助。东大亦宜行而效之"[②]。这里虽曰欧美，但是美国大学的董事会无疑成为郭秉文仿效的直接对象。还可以看出的是，东南大学筹建之初设立董事会的首要目的是"求社会之赞助"。而且，根据筹委会最初的安排，董事会的职能还没有定位为管理决策机构。《南京建设国立大学计划》明确表明"董事会对于校内负辅助指导之责"[③]。《东南大学史》一书中指出，校董会最初属于议事、咨询性质，其职权主要是扶助学校事业之进行，保管私人捐助之财产。在东南大学建立的两年后，该校深刻感受到了校董会所带来的种种好处，郭秉文遂于1923年11月在校董会上建议，扩大校董会的职权，并修改董事会章程。可以说，至此，东南大学的董事会成了名副其实的美国式的大学董事会。

1924年颁布的《国立东南大学校董会简章》对董事会职权的规

---

① 周谷平、朱绍英：《美国大学模式在近代中国的导入》，《河北师范大学学报》(教科版) 2004年第4期。
② 朱斐主编：《东南大学史》(第一卷)，东南大学出版社2012年版，第77—78页。
③ 编辑组：《南大百年实录》(上卷)，南京大学出版社2002年版，第103页。

定，清楚地表明了董事会从一个协助校务的机构转为支配性的管理决策机构的过程。董事会的职权包含了学校大政方针的决定、学校预算决算的审核、校长的推选、学校科系的增加废止或变更、私人捐助财产的保管、学校其他之重要事项的议决。①

至于美国大学开创的社会服务职能，也被郭秉文积极引入到其办学实践中。从东南大学的学科设置到大学推广部的设立都能充分体现这一点。早在南高师期间，郭秉文就在江谦的允许下，为了适应社会需要，先后开设了工艺、农业、商业等专修科。② 在筹建国立东南大学时，首先设立的教育、农、工、商四科，就是以南高师的教育、农业、工艺、商业等专修科作为基础扩充而成。③

东南大学专门设立了大学推广部，农、工、商等科目因其很强的实用价值，在大学推广服务中发挥了重要作用。比如，东南大学的商科设在上海，其图书馆面向社会开放，可以说开大学图书馆服务社会之先例。除此之外，东南大学的商科还开设了商业夜校、平民夜校、商业补习学校和暑假补习班，以满足不同人群的需要。商业夜校主要针对商业界有志求学的青年，平民夜校主要为家庭经济困难的贫寒子弟而设，暑假补习班主要面向在校大学生。商业夜校开设的课程多达30门，如银行学、货币论、经济学、交易所、商业史、商算、商业簿记、银行簿记等。平民夜校主要为"早岁入店习业"的失学者补授文化及商业知识，免收学费。④

我们知道，美国大学吸收了德国大学模式，研究成为美国大学的重要标志。但是美国大学思想中实用主义影响也非常深厚，在其影响下，研究的目的归根到底是为了解决现实问题，这也就衍生了大学的第三个职能——社会服务。郭秉文领导下的东南大学农科的变化也体现了美国大学的上述特色。《东南大学校史》记载：南高师时期，郭秉文建议设立的农业专修科，其办学宗旨是造就专门人才以改良农业。1921年东南大学成立后，农业专修科成为该校的农科，其办学宗

---

① 编辑组：《南大百年实录》（上卷），南京大学出版社2002年版，第115—116页。
② 朱斐主编：《东南大学史》（第一卷），东南大学出版社2012年版，第74页。
③ 编辑组：《南大百年实录》（上卷），南京大学出版社2002年版，第103页。
④ 朱斐主编：《东南大学史》（第一卷），东南大学出版社2012年版，第123页。

旨大体不变，但"更注重研究，以期为东南数省农业上最重要之问题获逐渐解决。以后，又根据国情和实践，参照欧美农科大学的情况，实行教育、研究、推广三结合的方针"①。这里，研究作为现代大学学科应具备的一种特质，其获得重视是为了解决农业上最重要之问题，以及农科的教育＋研究＋推广的方针，都深刻反映了郭秉文对美国大学模式的采用与践行。

（二）吉尔曼及其霍普金斯大学与胡适学术独立计划

继郭秉文1914年回国之后，胡适于1917年回国。胡适对美国大学模式的采用主要是选修制、董事会和学术研究等方面。陈胜、田正平指出，北京大学推行选修制的首倡者就是胡适，这一制度随后在全国范围内实施。② 1928年，胡适在担任中国公学校长期间，对该校的董事会制度进行了改进，董事会成员由不定额确定为15人的定额。这是鉴于以往中国公学董事会成员人数不定，而且又分散在各省，召集困难，难以发挥该组织应有的作用。改组后的中国公学董事会成员处于不断更新中，即每两年其成员改选三分之一。③

下面，我们来着重分析一下美国大学对胡适提倡的学术研究的影响。学术研究很容易被作为德国大学的标签。但是，我们知道，它也是美国大学的一个重要职能。19世纪下半叶，大量美国人赴德留学，介绍、盛赞德国大学理念，霍普金斯大学可以说是直接取法德国大学建立的。霍普金斯大学作为美国第一所研究型大学，标志着美国现代大学的开端。胡适在美国留学期间，美国一些著名的学院，已经过这种德国式的改造，纷纷成立了研究生院，从传统学院变为现代大学。许多大学还成立了各种研究所，可以说研究已经成为美国大学的重要标志了。

胡适在美国留学7年，对该国大学注重研究，追求学术的精神深有体会，他也非常认同这种模式，这在他对中国大学教育的建议与改革中都有所反映。早在1914年，胡适在其《非留学篇》就指出，研究院

---

① 朱斐主编：《东南大学史》（第一卷），东南大学出版社2012年版，第118页。
② 陈胜、田正平：《"救国千万事，造人为最要"——胡适〈留学日记〉阅读札记》，《教育研究》2011年第8期。
③ 白吉庵、刘燕云编：《胡适教育论著选》，人民教育出版社1994年版，第264页。

(当时胡适称为"毕业院")是高等学问的中心,欧美各国在学问上有所成就者,大多毕业于研究院。他提议当时的中国应该鼓励大学设立研究院。可能考虑中国当时社会经济状况和大学发展刚刚起步,胡适说,没必要每个学校都设有研究院,但是国立大学"必不可少"此制,省立大学可以从缓。① 中国大学经过 30 年的发展后,1947 年胡适发表《争取学术独立的十年计划》时,他对研究院与"大学"的关系,也发生了细微的变化:在他看来,凡称为"大学"者,无论国立、省立,抑或其他,必须有研究院了,研究成为"大学"的本质属性,而不是能"缓"的东西,"今后中国的大学教育应该朝着研究院的方向去发展,凡能训练研究工作的人才的,凡有教授与研究生做独立的科学研究的,才是真正的大学"②。这里还透露出,在胡适看来,中国大学教育历经三十余年的发展,中国的学术依然未能独立。他为中国高等教育拟定的十年计划也只是建立中国学术独立的基础。

胡适对"大学"的界定也反映了他本人思想的一个小的变化。他在《非留学篇》曾有一附注,指出当时中国虽然有"大学"若干所,但考查其学科与内容,真能符合大学之称的学校很少。他根据大学英文 University 之意"全""总",得出"凡具各种专门学科,合为一校者,始可称为大学"③。如果仅有普通文科、或仅有一种专门学科者,只可以称为学院,或某科专门学校。如果我们对比 1914 年、1947 年胡适对"大学"的界定,可以发现其变化是明显的。胡适一开始只是强调大学是合各专科而成,并不像在 1947 年时强调大学的研究功能与性质。胡适在 1947 年指出,"近年所争的几个学院以上才可称大学,简直是无谓之争"④,强调只是实施大学四年本科教育的,"尽管有十院七八十系,都不算是将来的最高学府"⑤。可以说,胡适在

---

① 白吉庵、刘燕云编:《胡适教育论著选》,人民教育出版社 1994 年版,第 36—37 页。
② 胡适:《胡适思想录 10:胡适先生到底怎样》,中国城市出版社 2012 年版,第 236 页。
③ 白吉庵、刘燕云编:《胡适教育论著选》,人民教育出版社 1994 年版,第 34 页。
④ 胡适:《胡适思想录 10:胡适先生到底怎样》,中国城市出版社 2012 年版,第 236 页。
⑤ 胡适:《胡适思想录 10:胡适先生到底怎样》,中国城市出版社 2012 年版,第 236 页。

1914年对"大学"的界定，恰恰是他1947年所批评的"无谓之争"。胡适对"大学"界定经历了一种关注横向数量（多种专门学科）到纵向程度（本科生院—研究院）的变化。关注胡适对"大学"界定的变化、对研究院认识的变化，可以帮助我们理解胡适对美国大学研究职能的接受是有一过程的。

根据现有材料来看，胡适推崇的美国大学的学术研究，主要是指吉尔曼领导下的霍普金斯大学。胡适曾在系列文章中盛赞吉尔曼开创了美国高等教育革命的新时代。

在《学术独立的十年计划》（1947）中，胡适认为，吉尔曼在霍普金斯[1]大学"创立了专办研究院的新式大学，打开了'大学是研究院'的新风气""美国史家都承认美国学术独立的空气是从吉尔门校长创立大学研究院开始的"[2]。

在《大学教育与科学研究》（1947）中，胡适指出美国在南北战争以前没有 University 只有 College，美国名副其实的大学是在南北战争之后才出现。这一切都源于"美国一个人创立了一个大学，从这一个人创立了大学，提倡了新的大学的见解、观念、组织，把美国高等教育革命，因而才有今天使美国成为学术研究中心"[3]"后来许多大学都跟着他走，结果造成了今日美国学术领导的地位"[4]。这一个人一个大学就是吉尔曼创立的霍普金斯大学。可以看出，胡适高度认可吉尔曼所在的霍普金斯大学，将该大学作为美国研究型大学的开创者。正是因为它，美国才成为世界学术的中心。

1957年胡适专门撰写了《美国大学教育的革新者吉尔曼的贡献》一文，可以说重申吉尔曼的大学见解"研究院是大学，大学生是研究生，大学必须有思想自由、教学自由、研究自由。""研究是一个大学的灵魂，大学不是仅仅教书的地方，学生不要多，必须要

---

[1] 胡适著作中对吉尔曼和霍普金斯大学的译文一般为吉尔门、吉尔曼；霍浦金斯、霍铿斯、霍布铿斯，有时简称为"霍大"。
[2] 胡适：《胡适思想录10：胡适先生到底怎样》，中国城市出版社2012年版，第237—238页。
[3] 胡适：《胡适思想录1：人生策略》，中国城市出版社2012年版，第198页。
[4] 胡适：《胡适思想录1：人生策略》，中国城市出版社2012年版，第198页。

有创造的研究的人才。"① 他引用当时威尔逊、艾略特等之言,再次强调吉尔曼开创之功:"第一个人,建立一种新的美国大学","给全美国的大学开创了一个新的纪元。"胡适总结到"有了吉尔曼的霍浦金斯大学,美国才有以研究院作本体的大学,美国才把旧的学院(College)提到 Universities,才有了真正的大学"。他指出,霍普金斯大学成立至今不过 78 年,"它的影响却使美国争取到全世界学术研究中心的地位了"②。

通过上述所论,可以看出,胡适对中国大学的种种规划,比如回国后设立研究所(院)、多次强调研究的重要性、强调高等学问的重要性,都深受吉尔曼领导的霍普金斯大学的影响。胡适继承了吉尔曼将大学界定为研究院的思想,但他没有停留在此处,他的目的是建立中国独立的学术体系,"为中国造新文明",从《非留学篇》到《学术独立的十年计划》,这一思想可以说一以贯之。我们知道,霍普金斯大学成功引入了德国大学模式,使得研究成为美国大学的重要职能,使美国成为世界学术研究的中心。可以说,霍普金斯大学通过借鉴德国大学模式,成功实现了学术独立的目的。这一点正是吉尔曼及霍普金斯大学吸引胡适的关键所在。另外,吉尔曼倡导的自由研究与胡适的自由主义也是一致的。胡适对中国书院自由学风的高度称赞,对弗莱克斯纳创办的自由"学人乐园"的肯定③,都说明了自由研究与自由学风对胡适的吸引力。

我们现在再过来看,胡适导入欧美大学董事会、校友会、教授会也与他的学术独立梦想密切相关。胡适经常提到中国大学起源很早,为什么没有延续下来,成为有悠久历史的大学呢?那就是我们国家的

---

① 胡适:《胡适思想录 1:人生策略》,中国城市出版社 2012 年版,第 227 页。
② 胡适:《胡适思想录 1:人生策略》,中国城市出版社 2012 年版,第 228 页。
③ 1959 年弗莱克斯纳去世,胡适在纪念他的文章中写道,美国大学教育改造"最有大功"的两个人:一位是霍普金斯大学校长吉尔曼,一位是弗勒斯纳先生。"吉尔曼的大贡献是主张四年的本科学院不算是大学;一个大学必须是一个提倡独立的学术研究的研究机构。弗勒斯纳先生的大贡献是创办了一个更进一步的自由研究所,一个'学人的乐园',……即是 1930 年他在普林斯顿(Princeton)创立的'更高学术研究院'"。可以看出,他们的共同点就是对自由的、独立的学术研究的倡导与践行。这也是胡适所强调的。(具体请见,《胡适思想录 5:回顾与反思》,中国城市出版社 2012 年版,第 53 页。)

大学没有"独立的财团""独立的学风""坚强的组织"①，这三者基本对应于董事会、教授会和校友会。正是因为没有历史悠久的大学，科学、知识、学风、设备等都难以累积升高，所以科学研究发源于欧美，而不是亚洲。②

也许我们会奇怪，胡适追求的高等学问、学术独立与蔡元培等人推崇践行的德国大学理念是一样的吗？③我们认为，胡适在美国跟随杜威学习，自言杜威的实用主义对其一生文化生命发生决定性的影响。他对研究的重视、对学术独立的追求，都潜藏着实用主义因素。胡适的"教育救国""学术救国"，这些概念本身就反映了胡适的大学学术研究指向了一种实用性、功利性的目的。他关于学阀的论述更彰显了学术的强大势力与实用性：做学阀，"必须造成像军阀、财阀一样的可怕的有用的势力，能在人民的思想上产生重大影响。所以一方面要做蔡校长所说有为知识而求知识的精神，一方面又有造成有实力的为中国造历史，为文化开新纪元的学阀。这才是我们理想的目的"④。"有用的势力""造历史""开创新纪元"、影响人民的思想等论述，均表明胡适致力的学术研究其背后的强烈实用色彩，表明胡适的"研究"与蔡元培强调"为知识而知识"的研究之间的差别。

如果将胡适作为具有改革思想的社会科学家，美国学者维赛下面一段话可谓恰到好处地说明了胡适提倡的学术研究所具有的特点："社会科学家以其专家能力为社会服务。专业技能包括研究，……然

---

① 胡适：《胡适思想录10：胡适先生到底怎样》，中国城市出版社2012年版，第230—231页。
② 胡适：《胡适思想录1：人生策略》，中国城市出版社2012年版，第207页。
③ 左玉河认为，蔡元培、胡适等建立的中国大学，是德国式的研究型大学。"正因现代大学是为了促进学术研究之需要而产生的，故当西方近代大学理念传入中国后，蔡元培、胡适、蒋梦麟、任鸿隽等人积极呼吁设立近代大学以聚集人才。蔡、胡等人所要建立之中国大学，是德国式之研究型大学"。（左玉河：《傅斯年的大学理念及大学研究所构想》，《安徽史学》2011年第2期。）考虑到美国研究型大学的建立即取法德国大学的产物，在此意义上说，胡适与蔡元培是建立德国式的大学的说法大致不差，但是胡适和蔡元培他们所提倡的学术研究的差异还是很明显的。
④ 胡适：《在北大开学典礼上的讲话》，《胡适思想录1：人生策略》，中国城市出版社2012年版，第155页。

而重要的是，要区别具有改革思想的社会科学家和其他以研究为导向的教授（有时候他们从事同一学科）对待科学研究的不同观点。信用高等教育有用的人，重视研究也经常进行研究。……但是研究对于他们只是次要目标。这种研究总是为了将来的（也许有用的）目的，而不是主要为了发现的本质性回报。"①

郭秉文与胡适，在美国留学长达六七年时间，他们都积极导入美国大学的模式。比如选修制学分制，董事会制度、综合性大学的发展方向，发展农、工、商等实用学科。但是，他们两人对美国大学的取舍，其侧重点还有是差别的。可以说，郭秉文更积极地发挥了美国大学服务社会的一面，他导入的是更具美国本土色彩的美国大学模式，如果选取一个大学作为代表的话，郭秉文导入的是威斯康星式样的美国大学②。胡适倾向于强调美国大学以研究学术来服务国家社会的一面，其导入的是吸收了德国大学理念的美国大学模式，在众多的美国大学中，胡适更赞赏和倾心以霍普金斯大学为代表的美国研究型大学。

总之，民国学者对西方大学的不同取向可大致分为"取西方各国大学之长""推崇以德国为代表的欧洲大学""取法美国大学模式"。这种划分更多的基于学者个人的思想与实践，从其更倾向于哪一国大学进行粗略的划分。这种划分与一定的历史条件、语境，学者个人当时当地的倾向紧密联系。在论述中，我们已经指出了同一阵营中的学者的不同取向，如兼取欧美国家之长的蒋梦麟、王宠惠与孟宪承之间的不同、推崇欧洲大学的傅斯年与常导之之间的差异；同时，我们注意了来自不同阵营的孟宪承、常导之在取法欧美国家中的共同思维理路。更重要的一点是，各国大学既有共通之处，又处在变化之中。从各国大学发展的历程看，这些国家的大学存在相互学习、借鉴之处，

---

① ［美］劳伦斯·维赛（Laurence R. Veysey）：《美国现代大学的崛起》，栾鸾译，北京大学出版社2011年版，第78页。
② 周谷平在《中国近代大学的现代转型》（浙大出版社2012年版，第60—61页。）中指出，郭秉文在执掌南高和东大期间，课程设置与人才培养目标是以实用性和服务国家、社会为中心的；郭秉文的办学思想和实践中，体现了美国现代大学理念的实用主义价值观对其的影响。

而且每个国家的大学本身就具有多种形态。如劳伦斯·维赛提出德国对19世纪后期美国高等教育的影响，"这一时期美国高等教育中存在'一种'德国影响不够准确，在某个方面，德国能够吸引各种美国学者。因此大学预备学校里的古典培训能够激发旧式学院捍卫者的热情。对很多提倡自由文化的美国人来说，德国的哲学唯心主义具有更重要的功能——康德、黑格尔和歌德的老德国为不太亲英的人文主义者提供了强大的支持。但是还存在着另外一个德国——一个可以用来说明实用型大学的德国"[1]。这说明尽管美国在学习德国，但吸引美国学者的是德国大学的不同精神，存在着文化的德国、实用的德国和研究的德国。中国尽管在学习德国、美国，吸引他们的"德国""美国"也不仅仅是一种。

从本章所论来看，民国学者在对中国大学的批评与建议中表达出对西方各国大学的取舍，在对西方大学的取舍中表明他们对中国大学发展道路的选择。许崇清、常导之、傅斯年、金岳霖等对欧洲大学的研究高深学问、注重学术研究的推崇，指明了中国大学的道路就是学习欧洲，尤其是德国。其中，许崇清、常导之认为，中国取法欧洲大学就是迈向现代大学之列。孟宪承则融合英、德、美、意大利等诸多的资源，提出了现代大学理想。在他看来，中国大学未来发展道路就是以现代大学理想为导向的现代化。当然他与常、许等人的现代化是有区别的。郭秉文、胡适则深受美国大学模式与理念的影响，他们两人之间也存在一些细微差别，前者更倾向于威斯康星式的美国大学，后者更赞赏以霍普金斯大学为代表的美国研究型大学。从将大学作为学术研究的机构上，胡适与傅斯年等人似乎有着更多的共同兴趣与一致的方向。罗家伦、罗廷光等人的中国大学发展路向则基于中国现实需要和民族需求，参照西方大学的经验，旨在取得民族性与世界性之间的平衡。同时，放宽视野，不局限于本书所论，民国时期庄泽宣的"新教育中国化"、张伯苓的"土货化"的提出，虽然从理论上并不排斥西方各国大学之经验，但在实践中往往容易局限于本国国情，更

---

[1] ［美］劳伦斯·维赛（Laurence R. Veysey）：《美国现代大学的崛起》，栾鸾译，北京大学出版社2011年版，第137页。

多彰显中国民族本身的特性,忽略了大学本身应有的普遍性。从民国学者对中国大学发展道路的规划中可以看出他们的分歧。这种种道路相互关联,又各有偏重,实际反映的是大学教育的普遍性与特殊性之间的矛盾与张力。这一矛盾和张力始终伴随着中国高等教育的发展历程。虽然说中国教育现代化,并不等同于欧化、西化,但是由于西方高等教育在当时乃至现在,确实在很大程度上代表了大学的普遍性,故中国高等教育现代化必然要借鉴西方;同时,每个国家都有自己特殊的历史和传统,如何在继承中国优秀传统文化中达到世界一流,这仍然是一个具有现实意义的重大问题。

第四章　西方传统与现代大学理论的引进与接受

如前所述，中国在引进西方高等教育知识的过程中，呈现了零星介绍、系统描述和学理探讨的三重维度。可以说，学理探讨类高等教育知识的引进体现了民国时期借鉴西方高等教育层次和水平的提升。鉴于学界已有成果集中于论述西方教育理论在中国的传播及影响，而从高等教育层面阐述西方大学理论在近代中国的引进历程的研究鲜少，因此本章首先分析近代中国引进西方大学理论的历程，之后重点讨论分析中国学者对艾略特、纽曼与弗莱克斯纳大学理论的引进与接受情况。纽曼的《大学的理念》、弗莱克斯纳的《现代大学论》可以说分别代表了西方的传统与现代大学理念，而艾略特的《大学管理学》则从现代大学运行的视角全面分析了大学管理中的诸多问题，因此本章将其概括为"西方传统与现代大学理论"。

第一节　近代中国引进西方大学理论的发展历程[①]

中国较大规模地引介西方大学理论是伴随着中国兴办新式教育，尤其是兴办高等学校的实践而展开的。为了较完整地呈现这一历程，此处将研究上限移至1901年"清末新政"，以1949年民国结束为下限。根据引进西方大学理论的内容，可将引进历程分为以下四个阶段：

---

① 鉴于此部分中涉及的部分重要的大学理论将在后续章节具体讨论，因此本部分从略。

一　萌芽期（清末至民国初年）

清末新政背景下开启的教育改革，为西方大学理论的导入提供了契机。当时国内面临着兴办新式学堂、建立学校教育制度等前所未有的新任务，故唯有寻求、借鉴西方的经验方能应对此新局面。因之这一时期对外国学制、各级各类学校的介绍成为本期导入西方教育的重点。《教育世界》（1901—1908）和《万国公报》（1868—1907）成为这一时期传入西方高等教育的两大重要载体。《教育世界》以译介日本教育，尤其是日本教育法令和学制为主，涉及高等教育的有：帝国大学令、女子高等师范学校、各种学校教授细目、学科及程度规则。同时，《教育世界》介绍了欧美国家教育制度的情况，专门针对大学主题的就有：欧洲大学制度述略（第76、78、79号）、法国高等学校学科课程（第93至96号）、美国诸大学视察记（第129、130、132、137号）、法国大学之女学生（第49号）、记各国女子高等教育（第50号），等等。① 以林乐知为代表的传教士，借助他们对西方高等教育的了解和在中国办教会大学的经验，20世纪初以《万国公报》为主要媒介，陆续介绍了一些世界著名大学的资料。如1900年1月至4月，《万国公报》连载了四期《美国太学考》，通过与欧洲英国、德国的高等教育比较的形式，介绍了美国高等教育发展史和现状——包括哈佛大学、耶鲁大学、普林斯顿大学、哥伦比亚大学等，涉及了大学类型、学校管理、经费来源及管理、课程设置、教学方法、教师聘用及待遇、教师和学生、人数比例、学籍管理、考试制度、毕业文凭、对贫困学生的助学金制度、校舍的修缮等多方面内容。此后，《万国公报》又发表专文介绍世界一些名牌大学，如英国的牛津大学、美国的哈佛大学、芝加哥大学、法国的巴黎大学、德国的柏林大学等情况。②

这些对西方高等教育法令、制度乃至著名大学办学实践的介绍，

---

① 金林祥、张蓉：《〈教育世界〉与西方教育的传入》，《河北师范大学学报》（教科版）2000年第4期。

② 孙邦华：《万国公报》对西方近代教育制度的植入，《北京师范大学学报》（人文社会科学版）2002年第3期。

为当时中国兴办新式高等教育提供了参考，一定程度上推动了中国近代高等教育的发展。当然，受多种主客观因素的限制，尤其因新式高等教育兴办的急迫性，无论是国人还是传教士对西方高等教育的介绍，大多以办学实践和制度层面为主，而鲜少涉及思想层面。值得指出的是，蔡元培1910年翻译的《德意志大学之特色》是此期较早介绍德国大学"教学与科研合一"特色的文献，特别是大学为决定国家民族命运之关键的论述，对蔡元培影响至深，成为他日后大学理念的基础，① 并随着蔡元培回国主持北大改革影响了中国大学的发展。

二 发端期（民初至20世纪20年代中期）

民国初年至20世纪20年代中期是大学成立和发展期。大学教育的起步与发展，对西方高等教育理论提出了需求，关于大学如何运行和管理的需求首当其冲。艾略特学说尤其是他的大学管理学就在这一阶段导入中国。此外，徐甘棠、余裴山等通过《论大学教育》②、《哈佛大学校长洛维尔氏对于教育之新观念》③ 的译文介绍了劳威尔（Abbott L. Lowell，又译"卢维尔""洛维尔""罗维尔"）在哈佛大学的改革及其大学教育思想。

中国学界对艾略特和劳威尔大学理论的介绍，更多地是为了解决中国大学如何管理的实际问题，很大程度上与其"哈佛大学校长"之管理身份有紧密关系。应该指出的是，由于民初高等教育机构处于逐步建立和完善的时期，西方高等教育自身的理论发展还在形成过程中，受这种母体的发展状态与受体的客观需要的制约，这一阶段还未形成以西方高等教育理论为专题的系统传入，各国大学思想之某些成分更多地依附或隐身于对各国教育制度或大学特色的介绍背后有所显现。由于此类文献较多，在此仅举数例。比如，曾留学日、美等国的王宠惠总结到："一言以蔽之曰，四国大学教育之趋向，德法在养成

---

① 陈洪捷：《蔡元培对德国大学理念的接受——基于译文〈德意志大学之特色〉的讨论》，《北京大学教育评论》2008年第3期。
② 卢维尔：《论大学教育》，徐甘棠译，《新教育》1919年第2卷第2期。
③ 余裴山：《哈佛大学校长洛维尔氏对于教育之新观念》，《世界教育新潮》1919年第42—44期。

科学家 scientific man，美则在养成实际家 practical man，而英则在养成君子人 gentlemen。"① 赴德考察的王仁燨、顾树森反复强调学术自由为德国大学之特色："德国诸大学，既以标榜学问之自由研究而起，故特色甚多。学问研究之自由，即其特色之一。""学术之自由研究，实为德国大学之根本所在。"② 通过这样的文字，一定程度上增进了中国学界对德国等各国大学教育的目的或大学功能的了解。

三 高峰期（20世纪20年代中期至30年代中期）

这一时期，随着西方各国高等教育制度和理论的不断丰富，中国高等教育办学实践的积累和一批高学历留学生归国，"高等教育"逐步从那种大教育中分离出来，成为一个相对独立的言说领域。西方大学理论的引进，无论是从规模上，还是从理论代表性方面都达到了一个新的层次：一是西方大学史上的两大经典理论——纽曼和弗莱克斯纳的大学思想导入中国。二是美国自由教育代表赫钦斯和迈克尔约翰的大学理论传入中国。三是霍尔（Granville S. Hall）、威尔铿斯（E. H. Wilkins）、拉斯基（Harold Joseph Laski）、罗素（Bertrand Russell）等一批著名教育家、心理学家等人物的大学思想也在此期集中传入中国。如，《罗素论大学教育》、《霍尔论大学教育》、《拉斯基论英美大学教育》、《大学教育新论》等。此外，中国学者对劳威尔等大学思想予以继续介绍，出现了《罗维尔与美国大学教育》等相关论文。

四 转折期（20世纪30年代中期至40年代末）

赫钦斯等人的大学理论集中于20世纪30年代导入，有些延伸至本阶段。本期新导入的大学理论当推王承绪译介的《奥德加论大学的使命》③，而占据本期主体的则是德国费希特（Johann G. Fichte，又译"菲希特"）及其《告德意志国民书》。20世纪30年代中后期国难日

---

① 王宠惠：《英美德法大学教育之比较》，《学生会会报》1915年第1期。
② 王仁燨、顾树森：《德国教育新调查》，上海商务印书馆1917年版，第158—159页。
③ 王承绪：《西班牙学者奥德加论大学的使命》，《东方副刊》1947年第20期。

深的背景下，中国学者向外寻求资源时，德国在民族危亡之际的做法成为激发国人的参照，因之费希特《告德意志国民书》大量导入。关于费希特告德意志国民的演讲，在学界几乎达到了人尽皆知的地步。据表4-1的不完全统计，先后有张浣生、萧冠英、杨丙辰、马采较为全面地翻译了此次演讲，摘录和转载的更是不计其数。此外，从文本上看，当时学者对威廉·冯·洪堡（Wilhelm von Humboldt，又译"恒保特氏"）大学思想的系统介绍和研究较少，目前所见为对洪堡国家理论的译介。① 这一阶段关于哈佛大学校长柯南特（又译"康能脱""哥南特"）个人自传及大学思想也得以零星传入中国。②

表4-1　　　　　　　　　　费希特大学思想的导入

篇名	作（译）者	来源	刊期
菲希特之教育思想	吴家镇	明日之教育	1932年第1卷第3期
菲希特十讲：告德意志国民	张浣生	救国周报	1932年第2—4期
菲希特告德意志国民演讲录要	不详	江西教育旬刊	1933年第5卷第1期
菲希特思想之体系	黎寒村	前导月刊（安庆）	1936年第1卷第3期
节录 菲希特对德意志国民演讲词		四川教育评论	1937年第1卷第5期
告德意志国民书	费希特著 萧冠英译	新宇宙	1935年第1卷2期；1936年第3卷第9、10期
忠告德意志民族	杨丙辰译	中德学志	1940年第2卷第2、3、4期
菲希特的生平与学说	马采	时代中国	1943年第8卷第4期
新书介绍：告德意志民众书	菲希特著 马采译	图书月刊	1944年第3卷第2期

---

① 田：《恒保特（Humboldt）氏論國家之本質》，《東北大學週刊》1928年第51期；罗鸿诏：《德国国家理论之史的发达（续）：四、Humboldt》，《社会科学论丛》1929第1卷第4期。

② 康能脱博士（James B. Conant）卡洛夫：《怎樣造就一個科學家？美國哈佛大學校長致愛好科學的青年之一封公開信》，《学生杂志》1947第24卷第3—4期；于宙：《哈佛大學校长柯南特》，《廣播週報》1948年第85期；彭光毅：《科学不灭 哈佛大学校长哥南特博士在该校理事评议会演说之一节》，《科学时报》1935年第2卷第6期；《哈佛大學校长柯南特：美國著名化學家》，《新闻资料》1946年第125期。

第二节　实用主义影响下的艾略特的大学管理理论的引进

查尔斯·W. 艾略特（Charles W. Eliot，1834—1926，又译"埃略特"）是美国现代最伟大的教育家之一，被罗斯福总统誉为"共和国第一公民"。他1834年出生于波士顿，1853年毕业于哈佛学院，次年开始陆续担任哈佛学院数学助教、助理教授。1869年，艾略特出任哈佛大学校长。在40年任期内，艾略特通过实施一系列改革，把哈佛大学从"偏安一隅的传统学院发展成为世界顶尖大学"。他由此被誉为"哈佛历史上最伟大的校长"。[①] 民国时期，艾略特以"爱利渥特""伊略脱""爱里亚""伊利亚"等不同译名[②]出现在中国学人的视野中，艾略特及其大学管理学说被较为系统地导入中国。

一　艾略特来华：中国早期学界对艾略特的介绍

与对纽曼大学理念、弗莱克斯纳大学学说的译介相比，中国学界更早地注意到了艾略特，这与他本人来华有密切关系。外国著名人物来华，当时的报纸杂志往往都有介绍，或其传记，或其学说，或其在华活动，这种情况在杜威、克伯屈来华时达到顶峰。艾略特在1909年退休后，受卡内基基金董事会的委托，旅行考察世界各国，1912年3月到达北京，后又经香港到上海，然后北上。[③] 中国学界对艾略特及其学说的介绍集中在1912—1914年，而且刊登在当时著名的教育刊物《教育杂志》上，如《教育杂志》第4卷第3号，就有两篇关于艾略特的介绍，一是小传，一是演说。

[①] 刘正伟、卢美艳：《竺可桢对哈佛大学校长艾略特大学理念的接受与改造》，《高等教育研究》2018年第9期。

[②] 民国时期对外国学者有不同的译法，按照当今通行的译名，往往会遗漏文献。因此，了解民国时期对外国学者的不同译名具有一定的意义。

[③] 参考杨恩湛《美国大学教育家伊略脱小传》，《教育杂志》1912年第4卷第3号；太玄：《美国大教育家伊略脱传》，《教育杂志》1914年第6卷第10号。

第四章　西方传统与现代大学理论的引进与接受 / 97

表4-2　　　中国早期学者译介艾略特及其理论论文一览

序号	篇名	作（译）者	来源	刊期
1	美国哈佛大学总长爱利渥特对于日本教育之意见	贾丰臻	教育杂志	1912年第4卷第10号
2	美国大学教育家伊略脱小传	杨恩湛	教育杂志	1912年第4卷第3号
3	美国大教育家伊略脱演说词	杨恩湛	教育杂志	1912年第4卷第3号
4	实效教育论	哈华大学校长伊略脱著，钱智修译	教育杂志	1914年第6卷第1号
5	美国大教育家伊略脱传	太玄	教育杂志	1914年第6卷第10、11、12号
6	爱理亚氏之近世教育倾向论	任鸿隽译	新教育	1919年第1卷第4期
7	美国学校革新之意见	爱理亚著，徐甘棠译	新教育	1919年第2卷第2期

中国学人撰写或译介的艾略特自传或演说，使中国读者对其生平、事迹及教育主张有所了解。如徐甘棠称艾略特"高年硕德"，并将其担任美国"教育进步奋励会"名誉会长时对教育革新的意见译介出来，以期对中国教育改革有所助益。文中将当时美国学校大学物质上改良和进步之处概括为："（一）减少班中功课，缩小班中学生数。（二）加增个人工课。（三）减少读书，少用记忆。（四）以练习五官力为日中要务。教养儿童视察之力并叙述所见之能。（五）以儿童生活中事与工课连合，使知所学与一身有关系。（六）务令学生习得乐于诵读。（七）教授时使物事自然连贯成部，不令事物有单独之状。（八）令学生对于日课发生兴味，不必压迫，自能活泼。且学得合群同作之益。（九）学内激发争胜之心，一如游戏时两童子之竞力。（十）使学生练习考察证据，判断事实之才。（十一）注意学生之五官，不令离校时有耳目手足不灵巧者。"[①]同时指出，这些革新举措得到当时美国大多数教师、教员会和学校职员的认可并致力于在全国学校（包括小学、中学、大学和师范学校）同时推行。

[①] 爱理亚：《美国学校革新之意见》，徐甘棠译，《新教育》1919年第2卷第2期。

总的来看，这些译介者对艾略特非常推崇，称之为"大教育家"，如杨恩湛描述了自艾略特执掌哈佛大学以后，哈佛大学取得的重大进步："伊略脱博士美国大教育家也。三十五岁时，即被举为哈佛大学校长，任职四十年，辞职方今两年余耳。当其初任校长时，哈佛学生为数仅千人，教员不过六十人。校中经费约有二百余万圆。经其数十年之雄筹伟划，学生之数已达五千人，教员六百三十四席，经费增至二亿三千万，其进行发达之功效，与此可见。"① 然后，杨恩湛通过描写艾略特辞而不就驻英大使，英国驻美大使勃拉斯（平民政治的著者）将其推为"美国当代之第二伟人"，各国大学争授其名誉博士，德国、日本君王颁给勋章等各种事例，称赞他在才智、能力、公德、友谊方面的出类拔萃，美国人士无人能与之抗衡。②

杨恩湛的介绍塑造了一个闪着熠熠光辉的可望而不可即的伟人形象，太玄的介绍更为详细和平实，既展现了艾略特的丰功伟绩，也介绍了艾略特的生平、教育经历、执掌哈佛大学期间的改革措施③以及一生生活的磨难和哈佛大学改革曾面临的困境。太玄对艾略特的介绍在《教育杂志》三期连载，分为五章介绍了艾略特及其与哈佛大学的教育事业，分别是：伊略脱之为人及其事迹；伊略脱就任时之哈佛学校；伊略脱就任后之哈佛学校；伊略脱任期内的各学科程度的提高；伊略脱之教育说。

太玄认为艾略特作为美国新教育的建设家，不能不随时随事发表自己的意见，所以他的著作多半出自演说，后加以汇集出版，"玩其词旨，诚恳动人，又大率通论全局立言，能见其大不背于学理、不窒于实行"④。此段话反映了艾略特著作的两个特点，一是形式上，其著作大都为演说的汇集；二是内容上兼容学理和实践。这与艾略特本人长期担任哈佛大学校长有关，其管理者的角色使其不可能完全从自身或他人关于大学的那种理念出发，而要兼顾实际需要。如弗莱克斯纳

---

① 杨恩湛：《美国大学教育家伊略脱小传》，《教育杂志》1912年第4卷第3号。
② 杨恩湛：《美国大学教育家伊略脱小传》，《教育杂志》1912年第4卷第3号。
③ 该文提到1867年艾略特受任哈佛大学校长，是错误的，应为1869年，在任期间是1869—1909年。
④ 太玄：《美国大教育家伊略脱传》（续），《教育杂志》1914年第6卷第12号。

激烈反对的学分制和大学推广教育，前者正是艾略特始创，关于后者艾略特推行了暑期学校①。美国学者维赛对艾略特发展哈佛大学研究生院的一段颇能说明此问题，维赛认为尽管艾略特本人不赞成科学和研究生，但是为了使哈佛大学跟上时代的潮流，哈佛大学开始发展研究生教育，并且在其任上，哈佛的研究生院超过了霍普金斯，成为美国最大最受人尊敬的研究生院之一。"公平地说，从艾略特那方面来说，哈佛研究生院的成立更多是为了要让学院跟上时代潮流而不是基于对研究的深层热情。"②

太玄此文指出了艾略特著作中的代表作，"其撰著中可首举者，则有教育改革论、美国共和观念、大学管理法诸书"③。

二 何炳松、谢冰对艾略特《大学管理学》的译介

中国学者对艾略特《大学管理学》④的系统译介当推何炳松和谢冰。1920年何炳松在《新教育》第3卷第3期，以"美国大学"为题，翻译了艾略特的《大学管理学》一书，该文分美国大学董事部、美国大学教员团、美国大学校长及大学管理、美国大学学生、美国大学毕业生五个部分，共42页。同年，在《教育丛刊》发表了《美国大学教授法》（第1卷第4集）共8页。

谢冰的译本《大学之行政》，1928年由商务印书馆出版，根据谢冰所言，这本书是他在1926年秋冬之际，利用在沪江大学讲学的空闲时间而译。介绍这本书在很大程度上是想让国内大学管理者了解什么是真正的董事会，以解决当时中国大学办理不善的问题。"书中于大学之教授管理法言之甚详，而于管理机关之董事会，尤三致意焉。我国近来大学勃兴，北之北京，南之上海，为大学荟萃之所。国立私

---

① 虽然艾略特和弗莱克斯纳是两个时代的人物，这样的比较似乎有失妥当，但笔者主要是就学分制和推广教育说明两位学者的不同观点。
② ［美］劳伦斯·维赛（Laurence R. Veysey）：《美国现代大学的崛起》，栾鸾译，北京大学出版社2011年版，第99页。
③ 太玄：《美国大教育家伊略脱传》（续），《教育杂志》1914年第6卷第12号。
④ 太玄所说的艾略特的代表作"大学管理法"即"University Administration"，当时的中国学者有不同的翻译，如谢冰将其译为《大学之行政》。为行文方便，笔者将其统一译为《大学管理学》。但在涉及具体人物时采用其译文。

立,无虑数十校,以人材经济之不充,组织之不备,较之美国大学,盖有望尘不及之慨。"谢冰指出了中国大学董事会存在的问题:虽然1924年教育部颁布了《国立大学校条例》,希望通过网罗国内教育家、实业家组成董事会,辅助校长治理大学,但是其结果,一是大多数校长不愿实行,二是即便勉强实行的大学,其董事大都不能尽其责,甚至因董事问题引起校内纠纷。私立大学的董事会"恒喜罗致名流政客、达官贵人、富贾大商,……以为夸耀,其人与学校既非有相互之关系,安望能热心任事哉?故我国大学之董事会,以视美国大学之董事会,名同而其实大异"[1]。如果说,中国大学董事会制度存在的问题是谢冰翻译此书的大背景,那么,谢冰与艾略特的会晤及艾略特的建议则是谢冰翻译此书的直接促动因素。谢冰在1923年夏天曾当面会晤艾略特,作过短期的谈话,艾略特将哈佛大学的成功归为董事会的功劳,并建议中国大学应仿行美国董事会制,指出实行这一制度的关键是董事会人选问题。董事的必要条件之一就是有责任性,否则只是"尸位而已"。谢冰认为艾略特之语切中中国之弊[2],于是就有了谢冰译的艾略特一书,对美国大学董事会、教授会、教授法、毕业生进行了全面的介绍。

对比何炳松和谢冰的译介目的,他们都是为了给中国大学教育提供参考。不过,前者作于中国准备大面积地学习美国大学之前,所以何炳松译文的参考价值是一种预期的(提供一种可能的选择)、广泛的(并不针对中国大学的董事会制度,而是中国大学的整个发展)参考;后者作于中国全国仿效美国大学董事会制度(教育部颁布了《国立大学校条例》,已经成为一种政府章程)之后,所以谢冰的译文旨在纠正中国学美过程中的错误,其参考价值是有针对性的、纠正性质。

对照艾略特的原本,比较何炳松和谢冰译本,整体而论两者都文字上比较通畅,基本将美国大学管理中的各方面呈现出来,在部分地方有差别,为了体现这一点我们在下面内容中,交互采用两人的译文。

---

[1] [美]伊利亚(Charles W. Eliot):《大学之行政》,谢冰译,商务印书馆1928年版,序言第1页。"序言"时间是1926年12月。
[2] [美]伊利亚(Charles W. Eliot):《大学之行政》,谢冰译,商务印书馆1928年版,序言第2页。

他们对美国大学董事会①是很全面的。首先，介绍了董事会的人数、任期以及董事职业背景的变化，体现了工商阶层势力的崛起，"美国大学管理机关，通常称为董事会（Board of Trustees or Regents）。私立大学董事会会员，多系终身职；省立及市立大学董事会会员，有一定之任期，期满则改选。会员之数多少不等，有七人或九人者，有二十人、四十人，或四十人以上者。私立大学能选择少年为董事，且可使久任其任。又当选择之时，不受政治、商业及阶级等之影响；此点较公立大学为优。近年来美国省立市立大学中，政治关系虽日渐减少，而农商等阶级势力尤不可侮，往往为所牵制焉"②。艾略特认为，董事会的人数以七人最合适，七人即具有职业代表性，而且议事效率高，"董事之数，最好七人。盖人数既寡，可以圆桌而谈，既具有各种不同之意见，又无空谈废时之流弊。办理事务，必能敏捷。而且既有七人，则各种职业，大致均可代表矣"③。哈佛大学就是实行七人董事会制度，"美国大学管理机关最良者，当推哈佛大学董事会。会员七人，遵守一六五〇年特许状之规定而行，其职权至今未变"④。

其次，从教育背景、职业威望、热心公益、善断能力等方面介绍了大学董事应具备的资格，"董事应以有固定之职业，曾受高等教育，而又热心公益者充之。其人必于教育及社会问题深感兴趣，又必知教育与实业有密切之关系；而实业之发达，有赖于教育，又其人必于自身之职业，卓然有所树立，为见知者所信，又须有善断之才。盖学校有事，往往取决于董事，而其事未必为董事经验所及，故董事应详究其情实，而表示正当之意见也"⑤。美国的州立大学，往往以公职之人

---

① 谢冰译为"董事会"，何炳松译为"董事部"。——何炳松翻译的时间较早，国内实行此制者很少，还没有形成统一的说法，谢冰翻译时国内大学采用此制者日渐增多，而且教育部也有了对此制度的规定，逐步统一为"董事会"。
② ［美］伊利亚（Charles W. Eliot）：《大学之行政》，谢冰译，商务印书馆1928年版，第1页。
③ Charles W. Eliot：《美国大学 美国大学董事部》，何炳松译，《新教育》1920年第3卷第3期。
④ ［美］伊利亚（Charles W. Eliot）：《大学之行政》，谢冰译，商务印书馆1928年版，第4页。
⑤ ［美］伊利亚（Charles W. Eliot）：《大学之行政》，谢冰译，商务印书馆1928年版，第1—2页。

加入董事会，为当然会员，如省长、大法官、农务厅长等，此例始于哈佛大学。艾略特认为这种办法，在新成立之殖民地或州，行之原无不可，但对于历史较久的省，"殊非良制"，因为这些公职人员大都有其他任务在身，且管理学校也不是他们所擅长之事。不过对于人数较多之董事会，这一弊端可以免除，因人多不能经常召开大会，一般将内部事务交给少数专家管理，这些公职董事只是名义上的董事①。对于私立大学董事为终身职，且其董事每有选任年龄与己相仿者之趋向，这样容易造成董事会尽操于年老人手中的问题，如果能遇改选之时，审慎地选择少年补充缺位，则可以免除此弊。实际上，董事会会员的任期，虽可以终身，一般也没有我们想象的那么久。任职最长和最短的，均是少数人，艾略特统计哈佛大学自1792—1893年，全体董事会会员37人，平均任职时间为11.7年。②

最后，详细译介了董事会的权责。经营校产、管理捐助、校款的支配、大学教职员的选聘及薪俸标准、教职员养老金的发放、大学学费的制度、扩充学校经费、与大学所在地的沟通与服务、学校卫生、学校建筑、大学教职员任期规则、教授会及其他学术团体组织之职权规则、校长、主任、职员职权范围、学期假期规则、图书馆、科学馆管理规则等等，涉及了一所大学运行的方方面面，而且对每一职责的重要性、注意事项、可能遇到的问题，都细加说明。私立学校经费问题是学校生存的根本，所以对校产基金的存放非常重要。此处介绍也甚为详细："私立学校董事会，以管理校产为最繁难之事。""学校庶政之措置，及基金之存放，自有会计负其责；然必赖财政委员为之辅助。故当选择董事之时，对于可备会计顾问者，应加意之也。"③ 艾略特将校款投资的经验总结为两个要点："第一，投资种类应多而可靠，如抵押，公司股票，铁路股票，电报、电灯、电话等公债券，地产股

---

① ［美］伊利亚（Charles W. Eliot）:《大学之行政》，谢冰译，商务印书馆1928年版，第2页。
② ［美］伊利亚（Charles W. Eliot）:《大学之行政》，谢冰译，商务印书馆1928年版，第2—3页。
③ ［美］伊利亚（Charles W. Eliot）:《大学之行政》，谢冰译，商务印书馆1928年版，第4页。

票及地产等。有私立大学数处投资于地产,因城市勃兴而获利不资者,亦有因办理困难,收入无定而反对投资地产者。至于农产,不甚可靠。投资于典押者,至今仍不甚风行。第二,投资的地区最好限于本地。盖本地情形,最易熟悉,亦且便于研究也。"① 总之,投资的种类应多样,这样大学收入不会因工业情况的变更而大起大落。

　　大学经费的分配使用也是大学管理中的重要问题之一,直接关系到学校的平稳运行和大学质量的不断提升。董事会或代行董事会职权之委员会决定大学经费的分配和使用。这里应注意的问题有二:一是当注意于薪水与其他费用之比例。二是注意于薪水等级的规定。薪俸的标准根据大学所在地的经济情况、教员的等级、资历、生活环境而不同,董事会应认真研究。大致而言"初任教员一年为期,薪俸较低,其数约敷独身者安居城乡之用也。任职数年以后,进为讲师,任期不定,应给以较高之俸,并于一定年限之内,每年加俸若干,如以三年为期是也。此人若克尽厥职,学校续聘,则进而为助教授,其薪俸应以能养赡其妻及子女二三人为度,而奢侈及娱乐之费不与焉。助教授应有任期,如以五年为期是也,期满续聘,仍为助教授;但薪俸应酌加。第二次期满,乃为正教授,此时骎乎四十之年矣。正教授为终身职,薪俸较助教授尤高,而已四倍初任教员之数。以后徐徐增加(如每五年加一次)至最高级而止。受最高级俸者,恒乎在五十或五十五岁之间。但正教授亦有较年少者:或则因其学问超越恒流,或则因讲座有变迁及设置,补充之机会较多也。凡初任教员,在一学校服务,其阶级如此。"② 为了吸收优秀人才服务大学,董事会须根据其成就、学识以及社会环境的变迁,确定聘任的等级和薪俸等级,这实际是董事会最紧要却最难的任务。艾略特认为,大学职员的薪俸应高于同级别教员。"职员薪水,大半视其在校资格如何,可与教员同其等级。唯为职员者,智识欲望,不能如教员之满足;所享例假,不能如教员之期长;与学生之交际,不能如教员之密切;故职员之位置,还

---

　　① Charles W. Eliot:《美国大学 美国大学董事部》,何炳松译,《新教育》1920 年第 3 卷第 3 期。
　　② [美] 伊利亚 (Charles W. Eliot):《大学之行政》,谢冰译,商务印书馆 1928 年版,第 6—7 页。

不如为教员者为佳，而谋充者盖寡。故职员之少年有志者，其薪水应较同等教员之薪水为高。"①

大学学费标准的制定也是大学董事会的重要责任之一，"决定学费，多寡之间，斟酌尽善"。尤其是私立学校，以学费为大学维持费的一部分。如果学费过高，则能入学者少，使平民弟子止步于大学之门。艾略特认为，完备之大学，应多设津贴学额或免费学额，以补助优良学生；设半工半读制，帮助学生完成学业。

艾略特认为扩充学校经费应从三个方面入手：一是向社会及时公布学校的经费状况，让公众了解学校的需要；二是向社会展示学校的办学成绩，使投资人乐于投资；三是确保投资人的资金安全和受益。"董事会当研究扩充学校经费之法，其在私立大学，所需捐款甚多，因捐款多，方足以维持旧设之科，计划新设之科也。凡捐款之用途，必如捐款人之志。其保管也，必安全而信实，以此成绩宣示于人，则人乐于输将矣。此募捐最有效之法也。故每岁之决算、资产之状况，董事会应尽量公布，而学校之需要，亦可借以传达于众焉。"② 对于州立大学而言，应结合当地社会发展的重点行业，服务于当地社会、经济，这样可以引起一般社会对学校的注意，借此推广学校事业。如该州在农林工矿方面有特别之发展，董事会即当就此方面有所尽力，有所贡献。米基根大学③、威康新大学④、米内索达大学⑤、伊利诺依大学⑥、密索利大学⑦、康塞斯大学⑧、加利福尼大学，都是先例⑨。

虽然大学应当尽力扩充经费，但并不是对所有的捐款都来之不

---

① Charles W. Eliot：《美国大学 美国大学董事部》，何炳松译，《新教育》1920年第3卷第3期。
② ［美］伊利亚（Charles W. Eliot）：《大学之行政》，谢冰译，商务印书馆1928年版，第8—9页。
③ 即密歇根大学。
④ 即威斯康星大学。
⑤ 即明尼苏达大学。
⑥ 即伊利诺斯大学。
⑦ 即密苏里大学。
⑧ 即堪萨斯大学。
⑨ ［美］伊利亚（Charles W. Eliot）：《大学之行政》，谢冰译，商务印书馆1928年版，第9页。

第四章　西方传统与现代大学理论的引进与接受　　105

拒。艾略特指出，董事会应当认真考虑捐款的接受问题，以下三种情况不能接受捐款，"有种捐款势难收受者，如捐款之目的不能永久，或又不与董事部以变通之权者；或收受捐款之影响及于宗教及思想自由者，或因收受捐款而大学自身反不能不多费者"①，比如接受一座宏大校舍却没有维持费，不如收受较小而附有维持费者。有三种情况的一种，就应断然拒绝，否则须修改条件，使上述三种危险不致发生。

作者特别指出了州立大学经费分配中应注意之处。因为州立大学的经费是由州议会分配，但是议会对于各大学内部不尽熟悉，所以应该以大学董事意见为准。这就要求学校董事熟悉学校工作的现状与未来规划，并通过听取校长、主任、教授会等意见，然后交各科决定办理。"但无论为规则所定，抑为习惯所许，既交各科，董事即不应干涉，亦不应再行使此项职权，惟有时不妨发表非正式之意见而已。各科以多数取决，……如重大事件，少数会员发生异议，不妨正式提出与董事会。"②

大学教师事关整个大学的声誉和质量，董事会与教职员之间的关系，不同于普通公司董事与公司职员之间的关系。"董事会对于大学任用的教职员，应有尊敬态度。第一，大学董事不尽教育专家，其管理大学之得法否，全视教职员对于董事部之感情如何。第二，学问专家，不可多得，一旦有缺，访聘甚难。董事部之计划虽长，将有无人实行之患。第三，专门学者之造就，非旦夕可冀，断不能如市中百货横陈，可以随时购买，故有经验之董事，每能了然于大学教职员之重要，以敬礼相加。并设法使一般社会均有尊重师资之态。"③艾略特也指出了实业家充任董事在聘任教师方面的局限性，"实业中之人充任大学董事者，其经验虽富，不尽均可适用于大学之中，例如商界中人，每以为出价甚高，必得佳品，此则商业上之观念，而非所以管理

---

①　Charles W. Eliot：《美国大学　美国大学董事部》，何炳松译，《新教育》1920 年第 3 卷第 3 期。
②　[美] 伊利亚（Charles W. Eliot）：《大学之行政》，谢冰译，商务印书馆 1928 年版，第 13—14 页。
③　Charles W. Eliot：《美国大学　美国大学董事部》，何炳松译，《新教育》1920 年第 3 卷第 3 期。

大学也。大学中之必需品，有非可以金钱购买者矣。教员之同情、善意、学问、沉毅等，又岂金钱所可交换者耶"①。

美国大学董事会的"至难之问题"，就是如何使大学成为一个具体的组织，下与中学沟通，上与专门职业有适当的联络。现在美国大学的发达，没有一定的计划，只是自然发展的结果。刚开始称之为大学（College），后来产生了包含实用学科、职业学科在内的专门学院，前者如农学和工程，后者包括法科、医科、牙科、药科、财政科、商科、神学科。专业学院入学程度较低，不必预备，即能入学。此等学生程度甚差，遂为大学②学生所轻视。这种学校是由无系统的学校合并而成，很明显不是大学。将其改组为真正的大学，是董事会的责任。改组的第一步，就是添设高级科目，让已经取得学士学位的人入学，毕业后授予硕士或博士学位。这样做有经费等诸多困难，想办理有方"非识见高远、判断敏锐之董事不可"③。

可以说何炳松、谢冰对艾略特之大学董事会的介绍，涉及了大学的各个方面，而且从每个方面的重要性、注意之点等分析得非常详细，这里容易给读者带来一种印象，"董事会"的管理范围过于宽大，似乎事无巨细都要过问。不过，文中也提到董事会可以将众多的职责委托给其他团体，以分担其职责。其中一个重要的团体就是教授会。

艾略特认为，大学学科分化的情况下，大学董事和大学的各科教授都只能精通一两门学科，这种情况下要想办理好大学，必须有赖于教授会，充分发挥各科大学教授的作用。教授会是决定教育政策的重要机关。董事会董事固然是品学兼优之人担任。但是对于各学科未必擅长，所以教育政策的规划执行，"全赖大学教授会"④。大学一般有五科，文理科、神学科、法科、医科、应用科学（含农学、工程学）。

---

① Charles W. Eliot：《美国大学 美国大学董事部》，何炳松译，《新教育》1920年第3卷第3期。
② 从艾略特所论，这里的"大学"，其招生对象是经过文理学院的学习，具备文学士或理学士的资格的学生。这样的大学是具有研究程度的学院。
③ ［美］伊利亚（Charles W. Eliot）：《大学之行政》，谢冰译，商务印书馆1928年版，第16—17页。
④ ［美］伊利亚（Charles W. Eliot）：《大学之行政》，谢冰译，商务印书馆1928年版，第33页。

第四章　西方传统与现代大学理论的引进与接受　/　107

这五科性质各不相同，其中文理科范围较大，其中各教授对他系科目，"恒止擅长一二"。

艾略特进而从大学教授会成员的职称要求和年龄结构等方面论述了教授会的组织原则。首先职称上，教授会应以教授、助教授及长期教员为限。为什么排除了其他教员呢？一是，"如助教授与教员均加入教员会议，则人数既多，对于大学政策之决定，若辈均有左右之势"①；二是，这些助教教员，一般均处在试用期，入校历史短，经验不足，是否终身担任教职，也不能确定，将一校的政策置于他们手中，于理不公，于势至危。②其次，年龄结构上要能兼纳年轻人的思想，"教员团中，应有青年志士，能代表教育界之意见及感想者。负管理之责者亦然"③。教授会新老的更替与学校规模大小有密切关系。规模较小的学校旧教员更迭少，新教员补充难，各科教师更新速率相对较慢。规模较大的学校经常从这些小学校聘任成绩卓越的教员，这实际在一定程度上解决了小规模学校教员年龄结构趋于老化的问题。

对于大学教师的学缘结构，艾略特认为只聘用本校毕业生，有一定的益处，但专用本校毕业生，则外来人才不能吸收，也有流弊。他提出了大学校补充教师三法：一是聘用本校毕业生；二是延揽他校成绩卓著的教员，其年龄在 25—45 岁为宜。艾略特指出，根据各国经验，这是人一生中能力最强盛的时期，虽然也有例外，但"若弃其常规，用其例外，危莫大焉"④。三是延聘才学卓著，智识超越之人为教授，此类教授初任时即为终身职。⑤

---

① Charles W. Eliot：《美国大学 美国大学教员团》，何炳松译，《新教育》1920 年第 3 卷第 3 期。何炳松在本文末尾对"教员团"的翻译加以说明："英文 Faculty"一字，汉译甚难。如译为教员团，微嫌太泛，译为教员会，又嫌太实。其性质适介于两者之间。窃意译为教员团较妥。读者以意会之可也。（见第 400 页）
② ［美］伊利亚（Charles W. Eliot）：《大学之行政》，谢冰译，商务印书馆 1928 年版，第 35 页。
③ Charles W. Eliot：《美国大学 美国大学教员团》，何炳松译，《新教育》1920 年第 3 卷第 3 期。
④ ［美］伊利亚（Charles W. Eliot）：《大学之行政》，谢冰译，商务印书馆 1928 年版，第 40 页。
⑤ ［美］伊利亚（Charles W. Eliot）：《大学之行政》，谢冰译，商务印书馆 1928 年版，第 37 页。

大学校长或聘任委员会聘任新教员时，应注意考虑以下几点：以前在学校的成绩，在他校教授的成绩，在各种学会的活动，有无著作，品性如何。至于最近流行的证明书和介绍书，并不重要，因为这些介绍书为应酬之作，无关宏旨，出具的证明书，也是举长避短，所以不如舍书面文件，亲自与其接触为好。随着各种专业学会的成立，每年举行年会时是大学教授考察会员的学业、聘任教师的好机会，"于此最应注意"①。艾略特十分强调"接触"的重要性，不仅对新教员如此，对青年教员也是如此。他一再强调青年教员的选任，应让教授、副教授、长期教员担任，因他们与其接近，比较了解。若校长董事，接触少而且每次时间过短，未必详知。对于适合授予终身教职的条件，艾略特也有其特有的"经验"，结婚后志向稳定，适合考虑授予其终身教职。②

艾略特直接指出了投身教育界的青年应有的认识，"美国之青年从事于教育界，必将一切财富奢侈之念，屏除净尽。此种生涯，所可愉快者，不过一定之收入，终身之职业，有长期之休假，可以养憩身心；有学问之讨论，可以增进智识；并有友人之好，图书之乐而已"③。美国大学教师的收入，不像德国大学教师丰厚，也没有其他行业收入高。艾略特指出美国大学教师的薪俸，有过低之嫌，难以满足智识阶级的需要，教师加薪是大学应当考虑的首要问题。但是，他也强调教师职业，绝非金钱所能引诱。

以上部分从其内容而论，主要是论述大学教员的选择。这似乎并不是在讨论"大学教授会"。实际上，考虑到教授会的组织成员包含了长期教员、助教授和教授等，考虑到一个教员通向助教授、教授的成长历程，那么就可以理解对大学教员的选择就是为大学教授会选择成员，对教授会的候选人进行资格把关。

---

① ［美］伊利亚（Charles W. Eliot）：《大学之行政》，谢冰译，商务印书馆1928年版，第36—37页。
② ［美］伊利亚（Charles W. Eliot）：《大学之行政》，谢冰译，商务印书馆1928年版，第40页。
③ ［美］伊利亚（Charles W. Eliot）：《大学之行政》，谢冰译，商务印书馆1928年版，第38—39页。

第四章　西方传统与现代大学理论的引进与接受　/　109

　　在对成员的选择进行论述之后，艾略特才进入到教授会的职务这一主题。"大学各科，由教员团负其管理之责。入学资格的规定、各系课程的配置、教员学生之应付，上课时间之限制，学位条件之规定，管理学生之负责，是也。"① 每科设主任一名，书记一人，并可以将训练管理的事宜委托给常任委员。但是如果涉及财政问题，比如提高入学程度、延长或缩短毕业年限、添设科目等，应当和董事会协商，得到同意后，再行公布。②

　　艾略特指出了教授会与董事会之间应该遵循的一个习惯，"凡本科教员团多数决议之意见，既经提出于董事部以后，该科教员之不同意者，不应以私人资格，私向董事部或董事个人再行陈述。果少数意见有表示之必要，则应由该科教员团提出之。遇到重大事件发生，尤应尊重多数之意见"③。这不仅是教授会责任心的根本体现，也直接影响到教授会的信用和威信。教授会有各种职责，大致如下：

　　一是监督各系，使其均衡发展，审定并向董事会提交各系的意见，不经各科的许可不可直接向董事会提出；研究各科的教学事项，提出建议。

　　二是规定学生的周课时，考察各科教师的教授法。学生周课时的多少，不仅各科不同，即使同一个学校也有差别，如本科和研究生院的就不同。而且周课时的多少并不代表一门课程的难易程度，每周 15 小时的功课，可能比每周 10 小时的功课容易，这与教师教学的标准有关。所以各科的上课时间，只有各科教授会有能力规定。④ 教授法上，各科可对教师的教授法在相当限度内进行考察。教师有选择教授的自由，一般各科不予干涉，但是若教师的工作流弊明显，各科教授会均有过问之权。这并不妨碍自由，是用以纠正

---

①　Charles W. Eliot:《美国大学 美国大学教员团》，何炳松译，《新教育》1920 年第 3 卷第 3 期。
②　[美] 伊利亚（Charles W. Eliot）:《大学之行政》，谢冰译，商务印书馆 1928 年版，第 41 页。
③　Charles W. Eliot:《美国大学 美国大学教员团》，何炳松译，《新教育》1920 年第 3 卷第 3 期。
④　Charles W. Eliot:《美国大学 美国大学教员团》，何炳松译，《新教育》1920 年第 3 卷第 3 期。

畸轻畸重之弊。①

　　三是向董事会推荐各科教授。这在以前作为一种习惯，董事会往往会接受各科教授会的推荐。因为那时各科人数少，科目简单，教师相互熟悉，推荐往往得人。后来，科目极广，一科之中，一系的教师对于其他系之人不甚了解，所以各科教授会的推荐仅是一种形式。校长、教务长或董事提出人选，然后与有关之各系教授商讨而定。②

　　四是负责大学学生的训练。各科各系的训练方法未必相同，但主旨同一，即重视舆论的力量。对于违反的学生采取警告、停学、开除等措施。这种方式非常有效，违反者甚少，因为美国学生将受大学教育作为一种高贵的特权。"训练者，何也？即不藉强力而以舆论为后盾之管理法也。学校之舆论，在乎教师、学生和毕业生。……学校所用之罚，先之以警责，不听继之以停学，不听则终之以出校，如是而已。其文纲甚疏，而其效力甚大。盖世人皆视如入学为人生之权利，出校门则无异剥夺其权利矣。"③ 艾略特根据美国大学的经验，认为训练最重要的原则，大概可归纳为：嫌疑者不能作为犯规者；没有定罪的，不能随便行使惩罚；不应让学生作证人，不得向特别学生刺探犯规学生之消息；不得公布犯规学生的行为与缺点；学生坦白且与事实相符，应容纳。学校管理者应当明白，即使学生犯了欺诈盗窃之罪，只要怜悯之心处理，学生无不悔过自新。盖学校以德治教育学生，所以其规则及方法应公平而合理。④

　　五是服务当地的社会。州立大学各科之职务与私立学校略有不同，因为州立大学负有对州的责任，所以对中小学教育、公共事业均须有所尽力。如各科随时考察附属学校之成绩、开设初等教育科

---

　　① ［美］伊利亚（Charles W. Eliot）：《大学之行政》，谢冰译，商务印书馆1928年版，第42—43页。
　　② ［美］伊利亚（Charles W. Eliot）：《大学之行政》，谢冰译，商务印书馆1928年版，第43页。
　　③ ［美］伊利亚（Charles W. Eliot）：《大学之行政》，谢冰译，商务印书馆1928年版，第44页。
　　④ ［美］伊利亚（Charles W. Eliot）：《大学之行政》，谢冰译，商务印书馆1928年版，第44—45页。

第四章 西方传统与现代大学理论的引进与接受 / 111

目等，以使小学教员随时来听讲、常到各会各校公开演讲、受邀服务于州内各种委员会。当然私立大学也逐步受到这种影响，注重校外推广工作，"其始私立大学教员仅潜心讲授，以学校推广部之工作，让诸他人。其后知学校之发达，间接直接有赖于自他之尊重，及全社会之好音，故暑假期内往往开设神学科、文理科之暑期学校、简易师范科，及神学医学讲演科，而其他公共事业，亦颇有大学教授参与"。①

六是保存学生档案。"各科应将学生之经历，在校之成绩，登记而保存之。此后授予学位，给予荣誉，均可以此为根据。此项记录，本应世世勿失，但现今各大学能如此者不多也。"②

以上就是各科教授会的职责。艾略特指出执行这些职责，各科应经常集会，考察各项工作的开展情况，调查各职员各委员的报告，讨论各项改良的提议。社会方方面面的变化往往影响大学，教授方法和教授范围也日新月异，各科应随教育环境而进步，这是需要随时开会加以讨论的。"教育计划、方法、材料等之必须时时改善，大学内各教员均应如是。凡一教授年年用同一之讲义，则听者将为之生厌。初任教员一年以后，仍不改进其前一年之成法，则升任无望。夫科者，教师集合之团体也。教师如仅以日常事务委诸主任书记或委员之手，而无所提议，无所谈论，则其科必不发达，在教育界上不能占重要位置矣。故观其科之精神，而知其学校之良楷，校长主任之能力不足恃也，董事会之热心不足恃也，毕业生之勇气不足恃也；所恃者，惟科之精神。"③ 强调各科教授会的精神是大学办学优良的标志，大学教师应积极参与各项事务。通过各科教授会，不仅使得教师之间相互了解，增进感情，而且校长和各科主任可借此考察各个教师的特质，为合理公平地选任人才提供有效的方式。"各教师可因此互相认识，互

---

① ［美］伊利亚（Charles W. Eliot）:《大学之行政》，谢冰译，商务印书馆1928年版，第45页。
② ［美］伊利亚（Charles W. Eliot）:《大学之行政》，谢冰译，商务印书馆1928年版，第45—46页。
③ ［美］伊利亚（Charles W. Eliot）:《大学之行政》，谢冰译，商务印书馆1928年版，第46—47页。

相谅解，增进友谊，交换智识，实其大目的也。而且同堂谈论之余，各人之性质毕现，孰则热心，孰则否；有长于观察，辩才无碍者，有阙于条理，论断不当者；亦有貌若谦退，而勇于任事，口若悬河，而羌无实际；且呐呐言或屡中，嚣嚣者意转不诚，未可以一概而论，等量而观。人之不同，各如其面，为校长或主任者，于此时悉心考察，俾与各人之才性知无遗蕴，实当务之急也。至各科人数较多者，组织委员会之人选，亦为要务，非于其人知之有素者，选择不易公平也。凡选择主任、书记，应取其有行政之手腕者。"①

民国初年至20世纪20年代中期是中国大学成立和发展期。大学教育的起步与发展，对西方高等教育理论提出了需求，关于大学如何运行和管理的需求首当其冲。艾略特学说尤其是他的大学管理学就在这一阶段传入中国。艾略特的《大学管理学》对董事会、教授会的叙述分析，是非常详细的，有时似乎过于琐碎。但其所述每一件事情都是大学管理中必然遇到的问题。本书结合他自身管理大学的经验而写，所以读起来论调不高，通俗易懂，而且非常实际、操作性强。在中国大学纷纷学习美国、管理上采取董事会制度时，艾略特《大学管理学》的译介无疑为大学学人，尤其是大学管理者提供了一本详明的指导手册。无论对学校资金的筹集、还是资金的增值、捐款的接受、经费的分配、扩充学校经费的办法，都为中国大学筹措、使用、管理大学经费提供了参考；至于对大学教授会的种种分析，选择大学新教员的渠道和标准、教授会的职责范围，可以让读者了解到美国董事会和教授会之间的关系，进而可以与德国大学教授会对比研究。

第三节　纽曼传统大学理念的引进与接受

纽曼（John Henry Newman，1801—1890）是19世纪英国维多利

---

①　[美]伊利亚（Charles W. Eliot）：《大学之行政》，谢冰译，商务印书馆1928年版，第47页。

亚时代著名的神学家、教育家、文学家和语言学家。他 15 岁进入牛津大学三一学院学习,担任过牛津大学奥里尔学院(Oriel College)院士。纽曼曾是国教会牧师,但在 1845 年皈依了罗马天主教。他于 1851 年接受邀请担任新成立的都柏林天主教大学的校长,在这个岗位工作了 7 年。为纽曼赢得声誉的是他的《大学的理念》(又译《大学的理想》,The Idea of a University)。

纽曼及其《大学的理念》在大学思想史上的地位举足轻重。这从当代一些著名教育家对其的评论中愈可得到彰显:"纽曼是自由大学家喻户晓的上帝"[1] "在纽曼以后的所有关于大学教育的论著都是对他的演讲和论文的脚注"[2] "在高等教育哲学领域的所有著述中,影响最为持久者或许当推红衣主教纽曼的《大学理想》。"[3] 当然,纽曼及其《大学的理念》的"光辉"是一个跨越时空的历史语境下的问题,将其放在 20 世纪 30—40 年代的中国重新加以认识,或许能发现别样的意义。本节立足于民国学人导入的纽曼大学教育思想的文本,分析其导入的路径与内容,揭示民国学界对纽曼传统大学理念的吸收特点及其背后的影响因素。

一 文学之导入:纽曼大学教育目的的引进

查阅当时的书籍和著述,目前笔者所见对纽曼《大学的理念》的关注大致有 15 篇译文(见表 4-3)。为了凸显当时中国学人导入纽曼大学思想的原貌,表中作译者均按照原文献所示标出。从中可以看出,除直接使用纽曼的英文名之外,常见的翻译有亨利纽曼、约翰刘曼、牛曼、纽曼、约翰亨利等不同译法。

---

[1] Peter Scott, *The Crisis of the University*, London: Croom Helm Australia Pty Ltd., 1984, p.5.
[2] 殷企平:《纽曼大学观探微》,载陈学飞《中国高等教育研究 50 年》,教育科学出版社 2000 年版,第 1913 页。
[3] [美]约翰·S.布鲁贝克:《高等教育哲学》,浙江教育出版社 1987 年版,第 137 页。

表4-3　中国学者译介纽曼"大学教育的目的"的论文[1]

序号	篇名	作译者	来源	刊期
1	大学教育之目的	John Henry Newman，絜非译	国立中央大学学生会刊	1930年第1期
2	大学教育底目的	J. H. Newman 著，陈化奇译	安徽大学周刊	1933年第二届毕业纪念刊
3	大学教育的目的	亨利·约曼著，台建一译	国文学会特刊	1934年创刊号
4	大学教育的目的	约翰刘曼原著，李应武译	新世界	1934年第47期
5	君子解	英国 J. H. Newman 原著，缪青萍译	江苏学生	1934年第4卷第2期
6	大学教育的目的	（英国）牛曼著，辛村译	大学新闻（北平）	1935年第2卷第21期
7	大学教育的目标	Nebrman[2]，J. H. 原作，梅劭孚译	南风（广州）	1936年第12卷第2—3期
8	大学教育的宗旨	BY John Henry Newman，华中君译	孤鹜月刊	1936年第2期
9	大学教育的目标（中英文对照）	Newman, J. H. 著，范孙译	英文自修大学	1940年第2卷
10	大学教育的目的（中英文对照）	Newman, J. H. 著，康译	吾友	1941年第1卷第99期
11	大学教育的目的	大枫译	吾友	1943年第3卷第32期
12	君子人与，君子人也！	John Newman 著，海冈译	中华基督教卫理公会通讯	1944年复刊23—24
13	大学教育的目的	John Henry Newman 著，沉雷译	北方杂志	1946年第2期
14	大学教育的目的	J. H. NeWman 著，岚西译	相辉校闻	1947年第12期
15	大学教育的目的	约翰亨利著，孙耀华、马成龙译	三林中学校三七级毕业纪念刊	1948年6月

上述15篇文献均以翻译的形式介绍纽曼关于大学教育目的或君

---

[1] 此外，民国学人也介绍纽曼的学前教育思想。如《英国纽门氏对于学龄前儿童健康教育之意见》，镜涵译，转引自生兆欣《二十世纪中国比较教育学史》，高等教育出版社2011年版，第68页。

[2] Nebrman，原文如此。

子的思想。其中，13 篇文献标题集中于"大学教育的目的"，个别译文用"宗旨""目标"表述。从译文内容来看，导入的文献一是凸显了纽曼坚守自由教育的理念和培养通才的传统，"大学教育之道就是社会生活之道，它的目的就是适应社会。一方面它既不能把它的目标集中在专门的职业方面，另一方面也不是创造英雄和天才们的"。① 二是点明了纽曼大学教育的目的是绅士，指出了绅士的基本特征。在回应社会上要求实施专业教育，培养实用型人才的基础上，纽曼指出："倘使现在一定要把大学教育规定一个实用上的目的，那末我说，就是社会上好的份子之养成。"② 社会上的好的分子实际就是纽曼在他著作中反复提到的"绅士"。三是体现了纽曼注重智力训练的思想。"大学底训练是达到伟大而平凡的目标的一种伟大而平凡的手段，它的企图在于提高社会智力之水准，在于养成公众底意志。"③

此部分英文字数将近三千、大概一页，而纽曼《大学的理念》达到四百多页。可以看出，民国学人导入的分量与原书篇幅的巨大差别。经笔者仔细查阅，除《君子解》《君子人与，君子人也！》外，其余 13 篇译文均翻译自该书第一卷《大学教学》的第七章（"从与职业技能的关系看待知识"Discourse VII Knowledge Viewed In Relation To Professional Skill）中的第 10 节的绝大部分。为什么这些译者不约而同地选择了这一节内容，为什么都选择了第 10 节中的后半部分而没有将本节全译？陈化奇在译文开篇的说明，为解答上述问题提供了线索，揭示了这些译者导入此部分的缘由："此文原见纽曼《大学之理想》一书，书为彼一八五四年至一八五七年任爱尔兰杜布林大学学长时之演讲录，内中各篇均为有力之作。译文系据《大学英文散文选》所选入者，通篇除首尾外，皆对称之句，文笔紧凑，并有韵节，

---

① J. H. Newman：《大学教育底目的》，陈化奇译，《安徽大学周刊》1933 年第二届毕业纪念刊，第 43 页。
② J. H. Newman：《大学教育底目的》，陈化奇译，《安徽大学周刊》1933 年第二届毕业纪念刊，第 43 页。
③ J. H. Newman：《大学教育底目的》，陈化奇译，《安徽大学周刊》1933 年第二届毕业纪念刊，第 43—44 页。

迻译为难。"① 这些译者之所以不约而同地选译同一节，是因为他们看到的英文本就是这一节内容，而且他们所用的版本很可能都是来源于《大学英文散文选》。至此，我们可以说这些译者对纽曼大学教育目的论的导入，与其说是出于对大学教育目的的教育学关注，不如说是大学生外语和外国文学学习的需要。这一点从译文的刊物来源可得到进一步确证。如《安徽大学周刊》作为大学校刊，主要刊登本校师生撰写的论著、译述、文艺、杂记、调查、批评等文章；《国文学会特刊》，是河北省女子师范学院学生作品集，内容以文学作品为主，并刊载一些时事政论、教育方法、教育改革的论著；《英文自修大学》则是一种自学辅导刊物，为中英文对照，内容有各类英文文章及英文语法、学习体会、国内要闻等。《吾友》以大中学校学生为读者对象，该刊文学艺术占刊物一半以上之篇幅；《北方杂志》作为综合性月刊，主要涉及报告、小说、杂文、通讯、短论、新书介绍、翻译、散文、来件、特辑、独幕剧、歌曲等文艺性主题。由此可见，这些杂志的作者群和受众主要以大学生群体为主，且主要关注文学、英语学习等主题。此外，从纽曼《大学的理念》一书所具有的文学价值也可以得到佐证，即外国大学文理学院都要学习纽曼此书。当然这里并不排除个别大学生在这样的《大学英文散文》的学习中，将其作为大学教育理论来看待。②

二 教育学之导入：纽曼大学教育思想的绍介

据笔者目力所及，民国时期对纽曼大学教育思想的整体译介有两篇文献——《英国大哲学家纽曼的教育思想》和《英国大哲学家纽曼的教育学观念》，是 1934 年名为青志的作者分别在《北辰杂志》第 6

---

① J. H. Newman：《大学教育底目的》，陈化奇译，《安徽大学周刊》1933 年第二届毕业纪念刊，第 43 页。

② 当时北师大教育系大三的学生，在《我国大学教育的检讨》一文中，论及大学的理想是制造高等游民吗，曾引用了罗素、怀特海、迈克尔约翰、劳威尔、威尔逊、纽曼等人论大学教育的言论。关于纽曼的是："大学应切实发展学生的智能，务使其能理解一切问题，探求真理，获得真理。（见 On the scope and Nature of University Education）" 见徐国启《我国大学教育的检讨》，《师大月刊》1937 年第 32 期。这里，说明当时纽曼 1852 年版的《大学教育的范围与性质》在中国学界已经引入。

卷第 7 期和第 8 期发表的。《英国大哲学家纽曼的教育思想》一文中，对纽曼的生平、担任都柏林大学校长及辞职经过，纽曼的演讲与 Idea of a University 的重要价值等均有介绍。

特别值得注意的是，文献中提到纽曼天主教主教的身份对其教育思想底色的影响，"他的教育思想在英国当时是独树一帜的，无论是在教育原理上、方法上，都与其他教育思想家的主张有所不同。他是天主教中一位主教，所以他当然要以天主教的教义，作为教育精神上的基本原则。他既然以天主教的教义为最高原则，那么他的教育思想和教育制度当然与任何其他教外的教育思潮有差异"①。"我们为明了纽曼的教育思想，应先认定他是宗教家，他的一切教育思想是根据天主教的教义。"②《英国大哲学家纽曼的教育学观念》一文指出，纽曼"以为大学的使命有五，第一为学问之保存与传达，第二为职业的训练，第三为科学的研究，第四为人格的教养，第五为知识之普及。第四与第五种目的在纽曼说起来就叫'哲学教育观'。他对这第（笔者注——根据上下文意思，应无第字）二项是极重视的。而欧洲的许多大学都忽视了以后两项的重要使命，偏重到第二和第三项目的上了，这是纽曼的教育观与当时许多教育观的特异点"③。可惜的是，从当时中国教育学者对纽曼大学思想的接受来看，这一点似乎被遗忘了。

总之，文学和教育作为纽曼大学理论导入的两条路径，集中于 20 世纪 30—40 年代，为中国学界了解和认识纽曼大学教育提供了基础。

三　取舍之间：民国学人对纽曼大学理论的吸收与忽略

纽曼大学理论导入到中国之后，其思想体系中哪些成分被吸收，哪些成分被忽略呢？我们可从教育家的言论以及当时民国大学的实践加以分析。

从教育家的言论方面来看。孟宪承在论证现代大学的理想之一"品性的陶镕"时，引用了 1852 年纽曼之言，"假使给我两个大学：

---

① 青志：《英国大哲学家纽曼的教育思想》，《北辰杂志》1934 年第 6 卷第 7 期。
② 青志：《英国大哲学家纽曼的教育思想》，《北辰杂志》1934 年第 6 卷第 7 期。
③ 青志：《英国大哲学家纽曼的教育学观念》，《北辰杂志》1934 年第 6 卷第 8 期。

一个没有住院生活和导师制度而凭考试授予学位的，一个是没有教授和考试而只聚集着几辈少年过三四个年头的学院生活的，假使要我选择其一，我毫不犹豫地选择后者"。① 林语堂曾提到，研究教育的人只要能将三篇文献精读体会，胜于留学三年，其中之一就是纽曼的《大学的理念》②。郑晓沧③在论述英国大学理想时，指出，"英国钮门氏（Gardinal Newman）与其所著 The Idea of a University，除阐述大学教育之意义外，对 Gentlemen 亦曾为申其涵义"④。并指出英国的绅士正对应于中国的"君子"。1945 年，竺可桢在日记中写道："阅纽曼著关于通才教育之解释。谓大学教育之目的在于造成英国派式之君子而非一个基督教徒或宗教家，大学所教乃理知而非道德。南宋朱陆之争，朱主张导学问，陆主张导德。故陆九渊笑朱晦庵诗：'简易功夫终久大，支离事业竟浮沉。'纽曼以为大学正可将各家之意熔为一炉而贯通之，而其理即在其中矣。"⑤ 从这些学者对纽曼《大学的理念》只言片语的引用之中可以看出，他们对纽曼大学教育思想的接受，主要集中于其对绅士、自由教育、学院制、导师制等方面。

民国大学实践中与纽曼大学思想之契合处也基本如此。从纽曼捍卫的西方几百年来的自由教育的传统而言，从《大学的理念》的

---

① 孟宪承：《大学教育》，商务印书馆 1934 年版，第 4—5 页。
② 林语堂：《哥伦比亚大学及其他》，《论语》1932 年第 5 期。
③ 郑晓沧（1892—1979），中国近现代教育家。原名宗海，浙江海宁人。1912 年毕业于浙江高等学堂，1914 年北京清华学校毕业后即赴美深造，获威斯康星大学教育学士、哥伦比亚大学教育硕士学位。1918 年返国，先后任南京高等师范学校、东南大学、中央大学教育学教授、教育学院院长，1929 年后长期在浙江大学任教，创办该校教育系。译作外国教育名著多种，如《柏拉图、亚里士多德、昆体良、卢梭论教育》等。（见顾明远等：《教育大辞典 10》，上海教育出版社 1991 年版，第 273 页。）
④ 郑晓沧：《大学教育的两种理想》，《国立浙江大学日刊》1936 年第 26 期。
⑤ 竺可桢：《竺可桢日记（第 2 册）》，人民出版社 1984 年版，第 863 页。从中可看出竺可桢对纽曼学说的选择与理解。实际上，纽曼培养的是一个基督教化的绅士，而非竺可桢理解的完全脱离宗教的君子。这里还提示我们，竺可桢阅览了纽曼的《大学的理念》是在 1945 年，说明他对纽曼学说的关注与纽曼《大学的理念》的推出跨越了将近一百年。而竺可桢在 1936 年出任浙江大学校长，这说明他在浙大推行通识教育的最初外来影响并不是纽曼，而是更多来源于劳威尔的影响。因为竺可桢 1910 年前往美国伊利诺伊大学攻读农学，1913 年入哈佛大学专攻气象学，1918 年取得博士学位回国。他就读哈佛大学时，正是劳威尔出任校长，将选修制改为"集中与分配制"。1945 年，竺可桢先后阅读纽曼《大学的理念》、哈佛大学出版的《自由社会中的通识教育》，这些进一步加强了他推行通识教育的决心。

思想背景因素考虑——英国牛津大学古典教育观念，从自由教育蕴含的各种要素而言——学院制、寄宿制、导师制，从其大学培养的绅士而言，纽曼大学理念在思想上激发了民国部分教育家的兴趣与政府行动：余家菊对牛桥大学学院制的导入与赞赏①，张仲述（时任教务长）将清华大学课程分为"普通训练"与"专门训练"，并试行英国"导师制"的小规模尝试②，张彭春指出牛桥导师制对中国大学精神上的启发与制度上的不可为③，民国大学界通识教育与专业教育之争以及大学各学院共同必修课的出台，中等以上学校导师制的试行，如此等等，在某种程度上与纽曼捍卫的自由教育传统形成了跨时空的回应。从目前文献资料来看，虽然不能说这些思想与实践受到纽曼大学思想的直接影响，但这些讨论与实践都逃不出其所奠定的基本范围。

民国学界对纽曼大学理论忽视之成分主要体现为：

首先，译文内容只是对大学教育目的的单方孤立论述，而忽视了纽曼对大学本质的规定。换言之，对纽曼大学教育目的的理解，实际离不开他对"大学是什么""大学的职能"的界定。纽曼把大学界定为"传授普遍知识的地方""它以传播和推广知识而非增扩知识为目的"④，这种界定直接影响了其关于大学培养目的的规定，进而影响其整个大学思想。

其次，排斥纽曼大学思想之宗教成分，将"绅士"片面等同于中国的"君子"。如上所述，无论是郑晓沧将纽曼笔下的"绅士"直接等同于中国之"君子"，竺可桢强调纽曼塑造的是"英国派式之君子"而非"基督教徒或宗教家"，抑或其他学者对纽曼色彩的"绅士"的无视或存而不论，都体现了当时学界对纽曼式绅士之宗教成分的排斥。而这一点恰恰是纽曼大学理论的核心所在。沈文钦指出，纽曼坚持博雅教育的目的旨在养成绅士，是一个基督教化的

---

① 余家菊：《英国教育要览》，中华书局1925年版，第185—186页。
② 孟宪承：《高等教育的新试验》，《新教育评论》1926年第1卷第26期。
③ 张彭春：《英国大学教育与中国大学教育之比较观》，《统一评论》1937年第4号，第1—5页。
④ 约翰·亨利·纽曼：《大学的理想》，徐辉等译，浙江教育出版社2002年版，第1页。

绅士；纽曼所谓的"博雅知识"和"普遍知识"概念，其目的是捍卫古典学和神学的地位，这是《大学的理念》一书最主要的写作意图。①

再次，忽视了"真理"才是纽曼大学理念所依据的最高核心概念。这不仅导致了对绅士的认识局限于表面特征的认识，而且难以认识到"普遍知识"所特有的纽曼色彩，容易将其等同于"自由知识"。王晨指出，根据纽曼著作，大学是国民追求"真理"的中心，要追求"真理"，就要有"理性"和"道德"，"理性"可以交给教育，"道德"交给宗教。但即使如此，在理性的教养上，也要从包括神学等一切学科的"普遍知识"开始，因为"为了真正拥有真理，我们必须掌握真理的全部"。"纽曼所指的真理是终极存在的真理，也即上帝的真理。""这种真理既是一个大真理（上帝本身就是真理），也是包罗万象的真理，包括可见的物理世界和不可见的精神世界的各种真理。要想到达这种统一于上帝之下整体的真理，就必须认识真理的全部。纽曼这种真理统一的意识是导致'普遍知识'观念的直接思想基础。"② 只有掌握"真理"才能成为真正的绅士。

综上所论，民国学人对纽曼大学理论的接受并没有完全触及其核心思想。从这个意义上来讲，对纽曼大学理论的接受是被肢解（片段的导入）的、剥离式（纽曼作为红衣大主教对终极真理的追求）的选择与吸收。

四　特定时空的文化过滤网：纽曼大学理论被选择吸收的原因探析

制约纽曼大学理论的核心理念被中国学者认可的根本原因，要从其内容本身及中国当时大学发展的现状和需要处去寻找。文化涵化理论认为，输入的外来文化特质是被接受还是被排拒，主要由其对文化

---

① 沈文钦：《西方博雅教育思想的起源、发展和现代转型：概念史的视角》，广东高等教育出版社2011年版，第281—282页。
② 王晨：《热闹之后的冷观察——纽曼大学思想核心概念之意义重置》，《教育学报》2007年第2期。此文对纽曼大学理念的"真理""理性""道德""绅士""普遍知识""自由知识""自由教育"等核心概念及其相互关系等有深入探讨。

接受者的效用和适应性而决定。① 这里的适应性包括自然环境和人文环境（政治、经济、教育和社会状况以及价值取向、道德观念、宗教信仰、风俗习惯等）。纽曼的大学理念与当时民国大学教育的整个环境和社会状况是不相适应的，而且这一理念在总体上也不符合当时中国学者的需要，难以发挥效用。具体来说：

第一，民国大学中盛行的两大模式和理念分别是注重学术研究的德国大学模式与注重社会服务的美国大学模式（相对而言）。留德的蔡元培与留美的郭秉文等人通过自己的各种渠道塑造了德国和美国大学模式对中国的吸引力。而纽曼旗帜鲜明地反对大学开展科学研究，坚持将教学作为大学的唯一职能，这与中国大学场域内的主导话语权是格格不入的。这无形中影响了中国学界对其理念的关注。

第二，纽曼大学理念的核心是"真理"，作为终极存在的真理，是上帝的真理。在他看来，大学作为获得"普遍知识"的场所，必然包含神学这一知识的分支。这就意味着接受了纽曼的大学理念，就需要接受神学在大学的合法位置。而且，从纽曼的"真理"的终极特质出发，神学必然在大学所有分支中占据主导地位。姑且不论当时的中国学者是否认识到这一层面，纽曼作为红衣大主教的身份及其对神学作为大学分支学科的论述，不仅与蔡元培的"以美育代宗教"的思想是不相容的，而且与民国时期高等教育界的现实安排大相径庭。当时中国的公立大学、私立大学都不允许开设神学科。即使教会大学在20世纪20—30年代的非基督教运动、收回教育权运动的影响下，在教育部要求教会学校注册立案的强制性法令规范下，学校也不得实施宗教教育，开设神学科。这成为纽曼的大学理念没有直接在民国教育界得到广泛宣传、产生影响的重要原因。

第三，就中国学者个人而言，其对西方大学理论、制度的内在关注是中国的大学教育。因此外来理论能否帮助当时的学者诊断中国大学教育的问题，或建议中国大学教育的改进方向，这成为学者

---

① 黄淑娉、龚佩华：《文化人类学理论方法研究》，广东高等教育出版社1996年版，第224页。

个人选择、导入外来学说的重要理由,也就是文化涵化中提到对接受者的效用问题。正如上述,民国大学的模式和理念可以说主要是融合德国和美国大学的资源,开展科学研究,同时推广社会服务。纽曼的大学理念并不能帮助学者对中国当时大学模式或理念进行进一步确证,证明其正当性或者不合理性。纽曼的大学理念即便可从理论上否定德美大学模式,但是当时的中国并不能也不会退回到纽曼提倡的大学只以教学为职能,注重"普遍知识",神学占据重要地位的状态。

第四节 弗莱克斯纳现代大学理念的引进与接受

亚伯拉罕·弗莱克斯纳(Abraham Flexner,1866—1959),是20世纪美国著名的高等教育批评家和改革者,也是20世纪对美国高等教育产生重要影响的人物之一。1884—1886年在霍普金斯大学读书。弗莱克斯纳在1908年出版了他的第一本著作《美国的高等教育》(The American College),因此而使他第一次引起公众的关注。该书批评美国的高等教育依赖于授课,而不是小班教学及实践动手教学,由此引起了安德鲁·卡内基(Andrew Carnegie)的注意,后者当时正热衷于改革医学院。1910年,他受美国卡内基教学促进基金会委托,对当时美国和加拿大的医学培训状况进行调查,并发表了题为《美国和加拿大的医科教育》的调查报告,在这份报告中,他提出了有关医科教育改革的若干重要建议,其中包括将医学院的数量从155所减少到3所。他提出的大部分建议后来被采纳,从而促进美国医学培训机构的层次有了显著的提高,并确立了医科训练的严格标准。据介绍,弗莱克斯纳的教育成就相当广泛,他甚至办过中学,担任过新泽西普林斯顿大学高级研究所主任以及美国通识教育委员会秘书等职务。[①]

---

① 关于弗莱克斯纳的介绍,主要参考了弗莱克斯纳著,徐辉、陈晓菲译《现代大学论—美英德大学研究》的"译者前言"部分,和巴菲特思想网(www.Buffettism.com),原文网:http://www.buffettism.com/forum.php?mod=viewthread&tid=9042。

1930年，弗莱克斯纳的《现代大学论——美、英、德大学》①一书出版。该书系统论述了他的现代大学观，集中体现了他的高等教育思想。

一 热情之关注：民国学者对弗莱克斯纳《现代大学论》的导入

从笔者掌握的资料来看，民国时期对弗莱克斯纳（又译"佛烈思纳""佛莱森"）教育思想的导入主要集中于其医学教育思想和大学教育思想。医学教育方面，仅有唐哲译介的弗莱克斯纳《世界医学研究馆鸟瞰》一文。据译者介绍此文是弗莱克斯纳所著的《世界医学教育》一书中的一章，它详细介绍了世界各国医学研究馆的情形，如柏林的传染病研究馆、巴斯德研究馆、李士特研究馆、洛克菲勒医学研究馆等。之所以在此处介绍此篇文献，一是为了完整地展现中国学界对弗莱克斯纳教育思想导入的情况，二是该文主题虽聚焦于医学领域，但也能反映弗莱克斯纳对教学和研究、教学机构与研究机构两者关系的看法。这与其对大学职能的论述是一脉相承的。如"在德国各医科大学内，早已认教学与研究为大学教育之两个同样的重要工作，而在大不列颠、法国及美国则大学医科仅趋重于教学，以研究为其副属任务或个人私事，此种现象，直至最近，仍未改旧观，但近世之医学，亦如其他科学，有突飞之进步，吾人已公认只有专门的科学的工作不已始得产生有效的进步的教育"②。很明显，这里体现的教学和科研为大学的两个重要职能的观点，以及推崇德国大学而批评美国大学的态度，与弗莱克斯纳在《现代大学论》中的主张是基本一致的。

---

① 弗莱克斯纳此书的英文名是 universities, American, English, German, 直译为《美、英、德大学》。民国学者林语堂、陈孝禅等一般用此译法。现在一般翻译为《现代大学论：美英德大学研究》。可见，[美]弗莱克斯纳：《现代大学论：美英德大学研究》，徐辉译，浙江教育出版社2001年版。这可能是基于弗莱克斯纳在本书开篇所说，本书讨论的是现代大学。确实，德国模式可以作为现代大学的开端，而弗莱克斯纳在以德国模式为榜样的霍普金斯大学学习，重视大学的学术研究，从这个意义上讲，该书命名为现代大学是顺理成章的。

② Flexner, A.：《世界医学研究馆鸟瞰》，唐哲译，《同济医学季刊》1931年第1卷第4期。

表 4-4　中国学者对弗莱克斯纳《现代大学论》的导入

序号	篇名	作（译）者	来源	刊期	译介方式
1	欧美大学之比较及我国高等教育问题	常导之	教育杂志	1928 年第 20 卷第 8 号	引用
2	新刊介绍与批评：universities，American，English，German	陶孟和	国立武汉大学社会科学季刊	1931 年第 2 卷第 3 期	书评
3	大学教育	孟宪承	商务印书馆	1934 年	引用
4	美国的大学教育	谭允恩	教育研究（广州）	1934 年第 56 期	节译
5	佛烈思纳论美国大学教育	陈孝禅	教育研究（广州）	1935 年第 64 期	翻译
6	英国的大学教育	陈孝禅	新宇宙	1936 年第 3 卷第 2 期，3—4 期	翻译
7	现代大学之理想	陈孝禅	教育研究（广州）	1937 年第 76 期	翻译
8	德国的大学教育	陈孝禅	文明之路	1935 年第 21、22、23 期	翻译
9	哥伦比亚大学及其他	林语堂	论语	1932 年第 5 期	节译
10	现代大学的理想（未完）	寿昌	建国月刊（上海）	1933 年第 9 卷第 1 期	翻译
11	现代大学的理想（续）	寿昌	建国月刊（上海）	1933 年第 9 卷第 2 期	翻译
12	现代大学教育的观念	Flexner, A. 周逸节	人物月刊	1936 年第 1 卷第 2 期	翻译
13	佛莱森现代大学的理想	寿昌	中国学生（上海 1935）	1935 年第 1 卷第 11 期	翻译
14	佛莱森论现代大学的理想（续上期）	寿昌	中国学生（上海 1935）	1935 年第 1 卷第 12 期	翻译
15	佛莱森论现代大学的理想（续十二期）	寿昌	中国学生（上海 1935）	1935 年第 1 卷第 13 期	翻译
16	佛莱森论现代大学的理想（续十三期）	寿昌	中国学生（上海 1935）	1935 年第 1 卷第 14 期	翻译
17	佛莱森论现代大学的理想（续十四期）	寿昌	中国学生（上海 1935）	1936 年第 2 卷第 7 期	翻译
18	佛莱森论现代大学的理想（续上期）	寿昌	中国学生（上海 1935）	1936 年第 2 卷第 8 期	翻译
19	佛莱森论现代大学的理想（续上期）	寿昌	中国学生（上海 1935）	1936 年第 2 卷第 9 期	翻译

从表 4-4 中可以看出，民国学人对弗莱克斯纳教育思想的导入主要聚焦于他的《现代大学论》。1928 年 5 月，弗莱克斯纳应邀在牛津就大学问题作了三次演讲，《现代大学论》（英文名为 Universities, American, English, German, 又译《美英德大学》）即在此基础上扩充而成。该书作为大学史上的经典著作，集中体现了其现代大学理念，一经推出，立刻引起中国学者的热切关注，学者纷纷以各种形式导入这一经典著作，主要有常导之、孟宪承的引用（1928，1931），陶孟和的书评（1931），林语堂的节译（1932），谭允恩的节选（1934），寿昌（1933，1935）、陈孝禅（1935—1937）和周逸节（1936）的翻译。学者对弗莱克斯纳《现代大学论》的热烈关注与对纽曼《大学的理念》的冷淡形成鲜明反差，呈现出以下特点：

1. 及时与滞后。弗莱克斯纳的《现代大学论》酝酿于 1928 年，出版于 1930 年。常导之 1928 年就介绍了该书中美国大学的部分内容。1931—1937 年其他学者以各种形式导入这一学说，体现了导入的及时性。纽曼《大学的理念》在 19 世纪 50 年代和 70 年代相继出版，学界对其的导入却是在 20 世纪 30 年代和 40 年代，说明在很长一段时间中国学界没有关注到纽曼及其著作。

2. 多样与单一。民国学者对《现代大学论》采用了多种导入方式——书评、翻译、引用、节选等，既体现了导入者本人对弗氏现代大学理念的不同接受方式，又从不同侧面推进了民国学界对这一学说的了解。陶孟和的书评有助于对该书整体内容的把握；林语堂的论文有助于了解弗氏笔下美国哥伦比亚大学博士论文、函授课程等情况；孟宪承、谭允恩对弗莱克斯纳学说的选择与引用，体现了对弗氏观点的批判性采用；陈孝禅系列译文使读者能深入研读弗氏现代大学学说。而学界对纽曼的《大学的理念》之导入则局限于三千字片段翻译、只言片语的评论与两篇文献的介绍。

3. 热烈与冷淡。常导之、陶孟和、孟宪承、陈孝禅等中国近代教育界、心理学界的知名人物与商务印书馆、《教育研究》（广州）等强势媒体对弗氏及其著作的联合关注，掀起了一股研究弗氏的热潮。而纽曼大学理念的导入者集中为大学生，又无强势传播平台介入，显出学界对纽曼的冷淡。

4. 全面与单一。从译本导入的内容和完整性来看，弗氏《现代大学论》着重论述了现代大学理念、美国、英国、德国的大学。陈孝禅的系列译文从篇幅上覆盖了本书至少三分之一的内容（见表4－5）。尤其是现代大学理念章除了陈孝禅译本外，还出现了寿昌的两个版本、周逸节版本，应该说多版本较大程度地推动了弗莱克斯纳大学思想的传播。而学界仅以千余字译介了纽曼关于大学教育目的的论述。

表4－5　　弗莱克斯纳《现代大学论》各版本章节篇幅统计　　单位：页

章节＼版本	弗氏原本	徐辉中译本	陈孝禅译本
第一章现代大学的理念	36	29	20
第二章美国的大学	182	163	35
第三章英国的大学	84	73	29
第四章德国的大学	59	52	22
合计	361	317	106①

总之，导入方式、导入者和媒介的影响，大量内容的译介，这些因素共同促成了弗莱克斯纳现代大学论在民国时期作为被关注的热点学说导入中国。那么，这些学者导入了弗莱克斯纳现代大学论的哪些内容，对其做出了什么样的取舍与评价。这就要从其导入的内容本身中去寻找。

二　差异化选择：弗莱克斯纳《现代大学论》的多样评价

民国学者对弗氏《现代大学论》的热切关注，并非对其理念的认可和无条件接受，而是形成了多样化的选择。既凸显了导入者个人教育背景、学识素养对外来学说过滤与筛选的影响，又在很大程度上代表了中国学者在美国化大学教育的现状下的反应与取舍：吸收了弗莱克斯纳对美国大学的批评部分，而相对忽视了作为其精华的现代大学"理念"。产生这一结果的重要原因之一，就是民国学者对弗氏大学理

---

① 陈孝禅的译文《英国的大学教育》属于连载形式，目前只有其中的两篇，但在第二篇文末明确写明"未完"，说明还有关于《英国的大学教育》译文，但是目前笔者未找到相应文献。

论之引介，更多地受到中国传统文化中之经世致用精神的影响，以"用"为目的译介研究弗氏学说。

1. "最近评论三国大学最透辟详尽的著作"。常导之、林语堂等高度称赞弗氏一书。常导之引用弗氏之语判定美国大学的现状，"北美合众国之大学现状，可由美国洛克费勒教育董事部……Dr. Abraham Flexner 在英国（本年五月）一篇讲词中见之：美之大学不能挽回颓风，反而专力'投合公众之好尚，不管他是好的或坏的'。有一个规模很大的州立大学，其 B. A. 学位的课程内，把零星广告、商业函牍、印刷校对等等都算在内。……我们就他的职务看，准知道他决不是过激论者，但是他郑重地说：'这一类的东西，全然不配叫做教育'"①。常导之旨在借其美国权威教育家的身份力证中国大学不应当以美国为榜样，而应当取法以研究高深学问作为大学理想的欧洲大学。林语堂认为弗氏之书是"最近评论三国大学最透辟详尽的著作"②，读了此书，英美大学的情况就会了然于胸。但林氏并没有介绍该书"现代大学的理念"章，而是译介了"美国的大学"章的部分内容。他认为弗氏所说不仅都是"内行话"，而且还表达了公众共同的声音。林氏主要从四方面揭示美国大学的"惊人事实"：一是美国大学毕业生的知识零碎化；二是博士论文没有学术水准；三是博士论文写作程序化；四是哥伦比亚函授学校招生广告化。③ 林氏所论是"醉翁之意不在酒"，意在揭示美国大学存在的问题，以此警醒中国当时的留美教育和仿美、学美的中国大学。

2. "极有刺激性的"著作。陶孟和是最早以书评对弗莱克斯纳《现代大学论》进行介绍的中国学者，认为"这本书实在是一本极有刺激性的"④。他介绍此书的动机是为改进当时中国"破落"的大学教育提供参考。陶孟和将弗莱克斯纳提出的大学理想总结为教学与研究，明

---

① 常导之：《欧美大学之比较及我国高等教育问题》，《教育杂志》1928 年第 20 卷第 8 号。
② 林语堂：《哥伦比亚大学及其他》，《论语》1932 年第 5 期。
③ 林语堂：《哥伦比亚大学及其他》，《论语》1932 年第 5 期。
④ 陶孟和：《新刊介绍与批评：Universities, American, English, German》，《国立武汉大学社会科学季刊》1931 年第 2 卷第 3 期。

确指出弗氏对大学研究职能的强调:"在现代只有讲授而无研究,不是理想的大学。"① 他进而指出,根据弗氏大学理想,专门技术、专门职业、普及或通俗教育,都不是大学应该举办的,应该另设机关或学校办理。现代大学也不应该设置宗教、教育、商业、新闻、家政、图书馆等科目。之所以有以上的意见,与弗氏的大学教育目的有直接关系:弗氏认为,"大学所造就的并不是专门技术的或事务的人才,乃是有训练的思想、丰富的知识的判断能力"②。而这种情况却大量存在于当时的美、英(尤其是美国)大学中。弗氏强烈批评这一状况,体现了将大学定位于研究高深学问、注重培养理性的理想。陶将弗氏对美国大学的批评归纳为"大学"一词的滥用、学分制度的问题、学科的杂乱和大学的推广服务,总的体现为美国大学的商业化和职业化。③ 与其他学者的译介相比,陶孟和部分揭示了弗氏的大学"理念",但还是最看重弗氏此书对中国当时大学制度的参考与警醒之用。

3. 批判地引用弗莱克斯纳现代大学论。孟宪承等立足于自身学术立场,将弗莱克斯纳学说纳入自己的著作与论文中。他对弗氏言论的引用主要是服务于构建自己的"现代大学的理想和组织"的需要,故对弗氏之说肯定、否定兼具。他将弗氏"专业"的三个标准概括为:"要有深博的文化的基础""要有精敏的智慧的创获""要有高尚的利他的精神"。④ 孟反对弗氏将美国大学商业、教育、家事、新闻等列为低级职业,认为它们完全符合其高级专业的前两个标准——"文化的基础"与"智慧的创获"。至于利他与否,与社会结构有直接关系,不能作为划分专业和职业的标准。他引证弗氏对德国大学论断来支撑自己的观点:现代大学任务之一是教学。孟宪承将弗氏的学说服务于构建自身现代大学体系的需要,似乎是一种纯学术研究,而不关涉当时中国大学教

---

① 陶孟和:《新刊介绍与批评:Universities, American, English, German》,《国立武汉大学社会科学季刊》1931年第2卷第3期。
② 陶孟和:《新刊介绍与批评:Universities, American, English, German》,《国立武汉大学社会科学季刊》1931年第2卷第3期。
③ 陶孟和:《新刊介绍与批评:Universities, American, English, German》,《国立武汉大学社会科学季刊》1931年第2卷第3期。
④ 孟宪承:《大学教育》,华东师范大学出版社2010年版,第14页。

育的实践。但《大学教育》诞生的背景①及章节安排清晰展现了学术与教育需求的互动，反映了孟对弗氏学说的关注在很大程度上是为了解决当时中国大学教育存在的问题，其"用"之目的还是十分明显的。

4. 无声的反抗。谭允恩对弗氏学说的介绍，源于《教育研究》（广州）1934 年出版的"各国大学教育专号"。谭允恩分别选择了两位美国学者对美国大学教育的论述，以"所为学术机构之美国大学"为标题，对弗氏的大学学说进行了介绍。不过，这一部分只有两页（全文共 25 页），占总篇幅不到十分之一。而以"美国的高等教育"为题，对克拉伦斯·谢德的介绍达 23 页之多，可见他对美国高等教育的介绍主要以后者为主。谭允恩介绍弗氏的观点主要有：大学根本上是一个学术机关；教学和研究是大学的职能；有些美国大学毫无学术标准；对美国大学中的师范、商业、新闻、实用艺术、旅店管理等学科以及函授学校持批评态度；所有的大学都设有等于中等学校的学院等等。谭允恩对弗氏与谢德学说分量悬殊的引用，似乎表达了对弗氏学说的无声反抗、对谢德观点的认可。他介绍弗莱克斯纳学说的一个可能原因是弗莱克斯纳学说在中国学界的巨大热度。如前所述，1931 年、1932 年先后有陶孟和的书评和林语堂的介绍；另外，策划"各国大学教育"专号的《教育研究》（广州）杂志，其前任主编庄泽宣和当时主编崔载阳都十分关注弗莱克斯纳的《现代大学论》，催促陈孝禅将其全部翻译出版。谭允恩本人也可能自己看到了弗氏的原著。总之，就是在这种环境下，谭允恩介绍了弗氏大学学说的少量内容。

综上所述，尽管陶孟和、林语堂、孟宪承、谭允恩导入弗莱克斯纳现代大学论的缘起不同，对其学说的吸收有别，接受中的态度有异，但他们的一个共同点就是，导入的内在动因是对当时中国大学教育的不满及其未来走向的思考。陈孝禅对弗氏《现代大学论》的导入、吸收与扬弃更是充分彰显了这一共性。

---

① 1932 年 7 月，就高等教育发展中出现的具体问题，上海各大学联合会发起召开了全国高等教育问题讨论会，孟宪承作为浙江大学的唯一代表出席会议。会后，商务印书馆邀请其撰写《高等教育》一书，孟宪承于次年 12 月出版了他的专著——《大学教育》。见张爱琴：《会通中西 融贯古今——孟宪承教育思想研究》，博士学位论文，华东师范大学，2009 年，第 133 页。

三 忽视"理念":陈孝禅对弗莱克斯纳《现代大学论》的选择与吸收

陈孝禅对弗氏《现代大学论》的引入源于林语堂的启发。从陈对该书的评价、《现代大学论》各章节译文发表的次序、翻译理由的自白,到他推荐的研究美国大学教育的三本经典著作,再到译文中对原书内容的取舍,都充分体现了陈孝禅对弗氏《现代大学论》的选择与吸收:他吸收了对美国大学的批评部分,而相对忽视了弗氏学说中的现代大学理念。这与他导入该学说的内在动因有直接关系。

(一)陈孝禅引入弗氏《现代大学论》之缘起与内在动因

陈孝禅应当是从林语堂的《哥伦比亚大学及其他》一文首次得知弗莱克斯纳《现代大学论》。该文也直接导致陈孝禅对弗氏一书的阅读、翻译。林语堂评价弗氏一书,"书第一章为'大学之理想',可与 Cardinal Newman: The Idea of a University 及 Woodrow Wilson: My Idea of a University 并读。我想研究教育学的人,若能把这三篇精读体会,胜于留学三年研究教育测验多多了"[①]。林语堂推荐的三本大学教育的经典著作及其"胜于留学三年"的巨大效用,给陈孝禅带来极大刺激。他自言,自己正好是将宝贵时间消磨于教育,并企图留学三年研究教育测验的人,对于林的"隆重的启示",十分上心,将其推荐的三本书一口气读完,但是他得出了与林不同的结论。陈认为纽曼和威尔逊(Wilson)的书"不会给我的需求",陈虽自责"没有精读体会",但也责怪林说话"太不经心"了。陈认为只有弗莱克斯纳的书,尤其是关于美国大学的一篇,"紧紧地抓住我的灵魂,这是一篇研究美国大学教育的杰作"。紧接着,陈也推荐了三篇研究美国大学教育要精读体会的文献:J. Mckeen Catell: University Control, Thorstem Veblen: The Higher Learning in America, Upten Sinclair: The Goopse-steps[②]。

[①] 林语堂:《哥伦比亚大学及其他》,《论语》1932 年第 5 期。
[②] 陈孝禅:《佛烈思纳论美国大学教育》,《教育研究》(广州)1935 年第 64 期。卡特(J. Mckeen Catell, 1860—1944),美国著名心理学家。凡勃伦(Thorstem Veblen, 1857—1929),美国经济学家,制度学派的创始人,著有《美国高等教育》(The Higher Learning in America)。辛克莱尔(Upten Sinclair, 1878—1968),美国小说家。

陈孝禅对弗莱克斯纳一书的翻译，应当开始于1933年。他在1935年发表《佛烈思纳论美国大学教育》译文时，文末曾说"美英德大学论一书，承林语堂先生的启示，庄泽宣先生的鼓励，崔载阳先生的督促，经已译竣，二年于兹矣！现校订完毕，不日刊行，顺附片言，用示歉意。"① 按照陈孝禅的说明，应该出版了《美、英、德大学》一书的中译本，但是笔者目前并未找到这本书。所幸的是，陈孝禅将翻译的相关章节先后在《教育研究》（广州）、《文明之路》、《新宇宙》等刊物发表。

　　我们知道，弗氏《现代大学论》第一章就是"现代大学的理想"，其次才是美、英、德的大学。陈孝禅读完后高度评价此书，认为尤其是关于美国大学的一篇，更紧紧地抓住他的灵魂。这里已经初步流露出他对弗氏此书各部分的一种倾向与取舍，即忽视其理念篇，而看重美国大学章节。到后来，陈孝禅各篇译文的相继推出（美国—德国—英国—现代大学之理想，见表4-3），首先翻译发表了美国大学部分，这既是他最服膺弗氏美国大学章的合理发展，又进一步彰显了他对美国大学章节的看重。

　　陈孝禅为什么重视美国大学章节，为什么它满足了他的需求。这章的内容在陶孟和、林语堂等人的介绍中已有所展现，该章集中体现了弗莱克斯纳对美国大学的批评。陈孝禅看重的是该章对美国化的中国大学的警醒作用与学术整顿的参考价值，体现了陈导入弗氏学说的内在动因："我介绍这本书的理由说来不外：第一，美国的教育，正是我们所仿效的，我希望我们的教育家在搬运抄袭之余，一思其结果；第二，中国大学教育，现今正面临着严重的问题，整顿学风如果可能，而且不完全委之于军警的话，则学术的整顿，未始不是一面可照的镜子。第三，中国整个的教育制度，现在尚在美国化的进程中。教育的研究，中毒尤深，而本篇对于教育研究的抨击，尤不遗余力。"② 可以说陈孝禅主要从中国搬运抄袭美国教育的背景出发，从中国大学教育面临的现实问题出发，希望通过介绍弗氏对美国大学的批

---

① 陈孝禅：《佛烈思纳论美国大学教育》，《教育研究》（广州）1935年第64期。
② 陈孝禅：《佛烈思纳论美国大学教育》，《教育研究》（广州）1935年第64期。

评，从学术上为整顿、改造中国大学提供思想资源。

陈孝禅推荐的研究美国大学教育的三本经典著作，其凸显的旨趣也再次印证了上述所论。这三本书[①]：一是卡特（哥伦比亚大学的心理学教授）的《大学管理》，该书1913年由纽约科学书局出版，它"叙述各大学管理的情形，后批评大学管理的得失"。二是凡勃伦的《美国高等教育》，"Veblen是鼎鼎大名的经济学家，上面一书的副标题是'商人操纵大学的备忘录'。1918年出版。分八章，以经济的立场批评美国的高等教育，颇有精彩之处"。三是小说家辛克莱尔，"他的书副标题是'美国教育的研究'，1922年出版，重版五次。序言说：'我们的六十万青年，细心地而且故意地受教，不教你聪明，而教你愚蠢；不教你公正，而教你贪污；不教你自由，而教你隶属；不教你友爱，而教你憎恨'。在第四章说'美国的教育制度，不是以增进人类幸福为目的，乃完全为维持少数的资本家，而进行的一种阴谋'。这本书专讲美国大学教育怎样接受资本家的支配"[②]。三位各自领域鼎鼎大名的人物，分别从心理学、经济学、文学的立场批评美国大学教育与研究。可以说，他们所论与弗氏一书的美国大学部分一道构成了陈孝禅论证美国化的中国大学存在问题的有力依据。

（二）陈孝禅译文内容的删节与省略——以"美国的大学"章为例

如表4-5所示，陈孝禅通过四篇文章完成了对弗莱克斯纳一书的翻译。从篇幅容量上看，陈孝禅翻译的所有文章加起来总共106页，而弗氏英文本是361[③]页，徐辉的中译文是317页。考虑到徐

[①] 除陈孝禅外，孟宪承与陶孟和也关注了凡勃伦、辛克莱尔的言论。孟在其《大学教育》介绍了两者的观点；陶孟和则比较了弗莱克斯纳和辛克莱尔对美国大学批评中根本态度的不同，"辛克莱尔所攻击的完全是美国资本主义的压迫大学教育；痛骂财阀及其在教育界的走狗们，同时揭穿不少他们的丑行"，弗莱克斯纳则"根据自己所认定的大学的理想，评陟现在美国各大学学科的不当，专注大学制度而不涉及人的问题""严刻的冷峻的批评之中而不失君子的风度，确实难能可贵的"。陶孟和：《新刊介绍与批评：Universities, American, English, German》，《国立武汉大学社会科学季刊》1931年第2卷第3期。

[②] 陈孝禅：《佛烈思纳论美国大学教育》，《教育研究》（广州）1935年第64期。

[③] 全书共381页，正文361页，最后一部分为索引。

的中译本是对弗氏原著的全部翻译，所以可以断定，陈氏的这些文章并非对弗氏一书的完整翻译。这种省略在各章节间又有差别，这从表4-5各版本的章节篇幅可以看出：现代大学的理念省略最少，德国次之，英国又次之，美国大学省略最多。为什么他看重的美国大学省略最多？这要从其译出的与省略的内容中去探寻线索。

表4-6　陈孝禅和弗莱克斯纳"美国的大学"章内容比较表①

陈孝禅的节目及省略	弗氏的节目内容	弗氏的内容主题
二②、美国教育是混沌的世界，大学是社会的反映	第1节 美国社会和大学的现状	1—3节为界定自己所论述的美国大学，它的成就，它的问题
三、美国没有大学的理想	第2节 美国大学已经取得的成就	
四、定型的美国大学	第3节 批评的要点——美国大学中一种正确的价值观未能得以保持	
五、大学的范围	第4节 对本书中讨论的美国大学的界定	4—12节为一个主题，美国大学学分制及问题，部分美国大学抵抗的倾向及原因
六、中学实情	第5节 美国中学的学分制课程及程度	
一节省略	第6节 美国大学学分制的表现	
七、哥伦比亚大学的教育轮廓	第7节 哥伦比亚大学学分制课程	
八、芝加哥大学，威斯康星和哈佛合并省略	第8节 芝加哥大学学分制课程	
	第9节 威斯康星大学效仿学分制课程	
	第10节 美国大学的其他问题，如对体育活动的迷恋	
九、荒谬的学分制	第11节 美国部分大学努力于学术工作的措施，但总的来说美国大学毕业生素质低下	
十、出风头与学问之堕落	第12节 分析了学分制与美国人生活的格调和精神有关	

---

① 弗氏原书中每一节只是依照Ⅰ、Ⅱ、Ⅲ、Ⅳ、Ⅴ……编号，每一节并没有标题，表格中"弗氏的节目内容"是笔者根据相应节目内容的概括；而陈孝禅的译文中每一节都有标题，标题是陈孝禅对每节内容的概括。

② 陈的译文中"一、前言"旨在说明翻译弗氏一书的背景、原书的成书及原书的序言。

续表

陈孝禅的节目及省略	弗氏的节目内容	弗氏的内容主题
十一、研究院的功过（graduate schools）	第13节是研究生院，这是作者批评较少的部分	13—17节为一个主题，主要是对美国大学研究院（所）的叙述和批评
一节省略	第14节是医学院	
十二①、教育研究院	第15节是教育学院	
十三、研究所	第16节是研究所及其问题	
一节省略	第17节什么是"研究"	
一节省略	第18节美国大学服务性活动的总的看法	18—22节为一个主题；主要是对美国大学推广教育和函授教育的描述和批评，22节是总结性的
十四、哥伦比亚的扩充班和家居研究室跳跃式省略	第19节哥伦比亚大学的函授部	
十五、芝加哥大学的家居研究部	第20节芝加哥大学的函授部	
一节省略	第21节哥伦比亚和芝加哥大学的坏榜样	
一节省略	第22节是对18—21节内容的总结性批评	
十七、家事教育的现象跳跃式省略	第23节家政科学学院	23—27节为一个主题，23—26节都是作者对服务性学院现状的叙述与批评，27节是总结节
十八、教育的花样合并省略	第24节是美国大学新闻学院的课程；第25节是美国大学的商学院；第26节哥伦比亚大学的视力测定课程随着纽约州的法律的开设及变动；康奈尔大学的四年制的饭店管理专业	
一节省略	第27节美国大学服务性活动的总的批评	
一节省略	第28节是对前面所有对美国大学各方面的批评的说明	
一节省略	第29节美国大学的组织和管理	
一节省略	第30节美国大学学生游学几乎不存在	
十九、学生之粗滥跳跃式省略	第31节以上各种教育实施的后果，美国大学中真正接受自由教育和高级教育的学生很少	

① 在陈孝禅译的《佛烈思纳论美国大学教育》原文中标序错误，应为"十二"，后以此类推。

第四章 西方传统与现代大学理论的引进与接受 / 135

续表

陈孝禅的节目及省略	弗氏的节目内容	弗氏的内容主题
二十、大学的经费 跳跃式省略	第32节 美国大学经费匮乏，有限的捐赠用到了大学不应设置的科系和研究所	
二十一、教授的薪俸 跳跃式省略	第33节 美国大学的基础在人才，而因为教授待遇低下，大学往往吸引不到有才华的教授	
二十二、大学之改造 跳跃式省略	第34节 作者对美国大学的改进意见	

如表4-6所示，陈孝禅译文的省略主要有三种：一是一节省略，省译了全部一节的内容。二是跳跃式省略，这种省略比较复杂，以一节为例，可能省略其中一段，也可能省略的是一段中的部分，还可能是省略几大段。比如第5节，陈孝禅主要是翻译了前三分之一的内容，省略了后面的部分；第19节，陈孝禅就省略了本节开头的一段，以及第二段中部分内容。三是合并省略，如他将弗氏原书的第8、9、10节组合为单独的一节，分量也大大减少，其翻译的内容是第8节第一段的开头一小部分，第9节第一段的半部分、最后一段的两句话，第10节的大多数。他的译文段落组织与原书也不同。实际上合并省略内包含了跳跃式省略。

那么，其省略了哪些内容呢，是重要的部分吗？从表4-6可以看出，他的"一节省略"中虽然也有部分是描述美国大学种种问题的例证（如第14、21节），如果说，这样的例证旨在强化作者的观点，从某种意义上可以省略的话，那么有很多节是弗氏总结性的节目，省略之后就难以体现弗氏的论点和本章的精华，这些节目如第18、22、27、28节；有些节是弗氏对关键问题的观点，如第17节，对什么是研究的界定。

为了突出省略带来的问题，我们将其省略的内容部分举例如下：

弗氏第二章的第17节，是对研究的界定。弗氏首先排除了不是研究的种种情况，"收集信息——即使是精确的信息——不是研究。收集大量的描述性材料—在家政学、社会科学和教育学领域这种做法相当普遍——不是研究。未经分析的和无法分析的资料，不管收集得多么巧妙,都不构成研究。报告不是研究,检查不是研究。女售货员、速记员、女招待、院长、破产者和诉讼当事人富有同情心的叙述,学校制度,教育系学生的喜怒哀乐,招生中怀疑学生是更爱父亲还是更爱母亲,有没有图表、曲线和百分比,这些也都不是研究,在美国以外的任何其他地方也都不会称之为研究"。"那么什么是研究?虽然学术合作也是一种旨在获得真理的努力,不能被排斥在外,而研究不是通过雇佣他人而是个人独自作出的静悄悄的和艰苦的努力。这种旨在获得真理的努力是目前人的思想在一切可利用的设备与资源的帮助下能够做得最艰难的事情。课题必须是严肃的或具有严肃的含义;目的必须是没有私利的;不管研究结果对财富、收入或物欲的影响多么大,研究者必须保持客观的态度。"[1]

第22节是弗氏对美国大学推广教育和函授教育的总的批评——美国大学的致命缺点在于不能分清学术的和浅薄的东西,大学对社会的参与和服务并没有错,但一定要在遵循大学职能的前提下,在高度的理智水平和无私的目的的基础上进行,"美国的问题不是存在崇尚实利主义的典型的小城镇观念,这种观念在任何国家存在。美国教育的致命伤在于知识界不能和不愿对真正的和浅薄的东西做出区分,在于将本应展示学术优势的机构降格为专卖药贩子的水平。……诚然,大学也许太遥远、太封闭、太学术化。但美国仍需要理解:只有服从教育的职能,只有在一个高度的、无私利的理智水平上,参与才会是有益的"[2]。

第27节是在对第23—26节的新闻、商业学院现状的批评基础上,弗氏的总答复。弗氏通过设问与反问的方式表达了自己的观点,弗氏说设想去考察1940年或1945年,那个时代杰出的记者和商人的学历,"他们会是新闻或商科技术学校的毕业生,还是虽然没有受过任何类似对付今天各种问题的培训、但却受过教育、能够运用所有智慧和以广博的视野处理所在时代不断变化之问题的人才?这两类人

---

[1] [美]亚伯拉罕·弗莱克斯纳:《现代大学论——美英德大学研究》,徐辉等译,浙江教育出版社2001年版,第107—108页。
[2] [美]亚伯拉罕·弗莱克斯纳:《现代大学论——美英德大学研究》,徐辉等译,浙江教育出版社2001年版,第133页。

第四章 西方传统与现代大学理论的引进与接受 / 137

中，谁对美国文明的贡献更大？在他们的个人生活中谁能代表更丰富的文化成果？"[1] 弗氏的回答已经蕴含其中，没有受过商业、新闻等技术"培训"的学生，因为他们受过"教育"，他们能够运用智慧，以广博的视野、去解决不断变化中的问题，这类人才对美国文明的贡献更大，他们的个人生活更能代表更丰富的文化成果。当然这里要注意的是，在弗氏看来，商业、新闻等学科本来就不应纳入大学，所以开设了这类学科的大学，在未来这些领域的竞争中，并不比没有开设这些学科的大学占据优势，反而处于劣势。但是一所大学如果开设了医学、法学等弗氏认可的专业，在未来律师、医学的领域中肯定比某个培训实用性人才的学校占优势。

对于弗氏对美国大学各个方面的严厉批评，我们在阅读时会发出这样的疑问，这一切都是真的吗？美国大学真如弗氏揭示的那样一无是处吗？如果不是，为什么只描写了美国大学之众多问题，它的成就呢？28 节作为对以上所有对美国大学批评章节的总结，恰恰可以回答我们的疑问，却被陈孝禅省略了。弗氏本人也意识到了读者可能的疑问，"也许会有人指责我描述的画面过于灰暗"，他再次肯定了美国大学在历史上和国际上所取得的成就，"我多次强调美国存在一流的学者和科学家——其人数比以往任何时候都多——而且他们在努力进行享有国际声望的工作。我也一直在强调我们对现代学科——如经济学、心理学、政治学和教育学——所作贡献的创造性和重要性"。弗氏进而说明为什么用了更多的篇幅讨论错误的、受误导的和短视的方面，"因为只有我们除去坏的事物，才能有效地发展好的事物。一个四分之三美丽芬芳、四分之一杂草丛生的花园，会是一个非常糟糕的花园。人们会羞于展示它，因为花园里面应该没有杂草。杂草不仅不雅观，而且会占领并摧毁花园。大学里也不应该有任何杂草。……我很直率地批判了荒谬的事情，因为它们应该被根除。如果我不提供大量的例证，读者就不会理解我到底在说什么，或不会理解事情到底有多荒谬。对美国的学术进步，或美国大学中的学术进步我毫无疑义。

---

[1] ［美］亚伯拉罕·弗莱克斯纳：《现代大学论——美英德大学研究》，徐辉等译，浙江教育出版社 2001 年版，第 155—156 页。

学术在不断进步——按我们的意志发展：兴趣和忠诚既不会被贫困所吓倒，也不会为混乱所阻碍。但我们有理由创造更为有利的条件——有利于个性发展，有利于建设性的交往，有利于进行合作，有利于维护学术标准。在这些方面我们远未尽心竭力，这一真相必须尽人皆知"①。这一回答强调了三层意思：首先，美国大学存在的问题即使只有四分之一，也必须将其铲除，因为坏的事物具有无限蔓延性，任其发展必然危害到剩余的四分之三好的事物；其次，一般人羞于揭露美国大学存在的问题，所以作者承担了这个责任；最后，只有大量的事例才有说服力，才能使得公众认识到问题的严重性。弗氏希望美国大学在追求学术的道路上做到尽善尽美。

　　以上都是陈孝禅省略的一节的内容，我们可以看到这样的省略带来的问题。实际在跳跃式省略中也有一些重要观点被忽略：19节的开头说明了为什么有些美国大学履行大学所谓的"服务性"职能，甚至将自己称为"公共服务"机构呢，其中一个重要的理由就是"州立大学不得不使自己显得'有用'——或者它们认为自己的确有用——以向平民大众证明它们有理由存在，因为它们的收入取决于州立法机关的拨款"②。这里弗氏还引用一个美国大学校长的观点用来表明自己对这种服务职能的评价，"大多数美国人的确把教育视做商业财产，而不是把教育看做是进入理性经验的快乐的通道，或通晓人类历史精华的活动。他们不是把教育作为一种经验而是作为一种工具加以重视。可能美国人以这种方式看待一切事物——不是从事物自身的理由，而总是出于某种眼前的利益……。从来没有一个民族如此不关心过去，甚至如此不关心现在，而至多把它们看做是通向能够带来财富、动力与物质进步的明天的石阶。所有这些都既有积极的作用，也有消极的作用"③。这基本反映了弗氏的态度，大学推广教育和服务性

---

① ［美］亚伯拉罕·弗莱克斯纳：《现代大学论——美英德大学研究》，徐辉等译，浙江教育出版社2001年版，第156—157页。
② ［美］亚伯拉罕·弗莱克斯纳：《现代大学论——美英德大学研究》，徐辉等译，浙江教育出版社2001年版，第111—112页。
③ ［美］亚伯拉罕·弗莱克斯纳：《现代大学论——美英德大学研究》，徐辉等译，浙江教育出版社2001年版，第112—113页。

活动，并没有考虑大学教育自身的目的，是将这种教育作为一种工具服务于社会的、商业的利益。第19节省略的第二段内容是关于哥伦比亚大学函授部。弗氏指出美国确实有一些才华横溢的、勤奋的年轻人能通过这种推广课程获得知识和技艺，但是他认为只有满足以下条件才能达到目的："学科必须有重要价值的；学生必须是有能力和严肃的；教师必须是高质量的，并受到严格的防止剥削的保护。"[①] 但就弗氏对美国大学推广教育的了解和观察来看，没有一所大学遵守这些条件。陈孝禅将此内容省略了，直接进入了哥伦比亚大学招生的实例叙述。实际上，弗氏下面的内容正是围绕学科没有价值、学生资格不够且不严肃、教师质量的问题等方面展开的。

可以说，陈孝禅翻译"美国的大学"章中的保留与省略，再次说明了其内在动因影响了他对弗氏现代大学论的取舍。他翻译出来的节目主要是弗氏对美国大学各个方面的批评，他之所以重视这些节目内容的翻译，而忽视弗氏批评背后所持的现代大学理念，与他译介弗氏一书的动机是一致的，即警醒美国化的中国大学教育。弗氏对美国大学的批评，在相当的程度上是对中国大学教育的批评。弗氏作为美国高等教育的大家，其所论具有权威性，进一步证明了仿美的中国大学问题的存在。从这个意义上，我们可以说，陈孝禅根本上关心的是效仿了美国的中国大学教育，而不是弗莱克斯纳的现代大学理念。

（三）从陈孝禅"现代大学的理想"译文看其对弗氏现代大学理念的把握

我们提到，弗莱克斯纳的《现代大学论》吸引陈孝禅的是美国大学部分，认为他相对忽视了弗氏的现代大学理念。对此，也许有人会提出质疑：陈孝禅毕竟翻译了"现代大学的理想"，而且与其他各章相比，省略得最少。我们认为，全书的整体翻译受到了友人的催促（庄泽宣、崔载阳），更多基于出版与学术完整性的考虑。这一因素与上述内在动因相比居于次要地位。这一点，从他对弗氏现代大学理念的理解与把握上也可略窥端倪。

[①] ［美］亚伯拉罕·弗莱克斯纳：《现代大学论——美英德大学研究》，徐辉等译，浙江教育出版社2001年版，第114页。

下面分别以对大学与社会的关系、大学的职能等为例进行说明。

弗氏指出，第一章《现代大学的理念》，是他在纽曼的《大学的理念》的基础上，加入"现代"一词而得名。为什么增加"现代"一词呢？

弗氏原文：

> In inserting the word "modern" I am endeavouring to indicate in the most explicit fashion that a university, like all other human institutions—like the church, like the governments, like philanthropic organizations——is not outside, but inside the general social fabric of a given era. It is not something apart, something historic, something that yields as little as possible to forces and influences that are more or less new. It is, on the contrary——so I shall assume——an expression of the age, as well as an influence operating upon both present and future. I propose to elaborate this point of view and, as I proceed, to ask myself to what extent and in what ways universities in America, English, and in Germany have made themselves part of the modern world, where they have failed to do so, where they have hurtful concessions, and where they are wholesome and creative influences in shaping society towards rational ends. ①

陈孝禅的译文：

> 在引用"现代"两字来解释大学，也像其他人类团体，如教会、如政府、如慈善机构，并不是在时代之外，而是在一般社会机构之内。不是有些单独的，有些历史的，有些不很受新势力的影响的。反之，即是——我的假设——时代的表现，正在和现在未来的运行所受的影响一般。我想努力按照这个观点循序讲去，

---

① Flexner Abraham, *Universities, American, English, German*, New York etc.: Oxford University Press, 1930, p. 3.

第四章　西方传统与现代大学理论的引进与接受　/　141

自问美英德三国的大学，自成为现代世界的一部分，范围多大、方向如何，失败在何处，错误在何处，尖锐的社会走向合理的标鹄，所有创造的影响，又在何处。①

陈孝禅此处的译文似乎每个单词都知道其的基本含义，而且过分受这种含义的局限，所以其译文意思上很模糊，不通顺，有些地方省译，如第一句，应翻译为"我之所以插入'现代'一词，是力图以最为直截了当的形式表明……"，陈译为"在引用'现代'两字来解释大学"，就是省译了很多信息。这样和上文连接不上，因为上文说本章的标题对纽曼《大学的理念》的书名进行修改而成，这种修改的地方就是增加了"现代"一词，下文就要交代为什么增加这样一个词。由此导致，在陈的译文中下一句的主语没有了，这就是被其剪接到了第一句之末的"大学"。然后弗氏说，"大学像其他人类组织——如教会、政府、慈善组织———样，处于特定时代总的社会结构之中而不是之外。"陈对这句话基本是翻译了，没有省译，但是翻译的有问题，"并不是在时代之外，而是在一般社会机构之内"。实际上特定时代和总的社会结构（the general social fabric of a given era）是 inside 和 outside 共同的定语。这样的翻译可以算作不妥当，但大致的意思读者还能体会。整个下面的翻译就很难理解其意思了。我们来看看徐辉的译文"大学不是孤立的事物，不是老古董，不会将各种新事物拒之门外；相反，他们是时代的表现，是对现在和未来都会产生影响的一种力量。我将对这一观点进行阐述，并在阐述的过程中弄清楚：美国、英国和德国的大学在何种程度上并以何种方式与现代世界融为一体，在哪些方面脱离社会，在哪些方面作出了有害的让步，又在哪些方面是理性社会形成过程中有益而积极的影响力量。"②这样基本就能反映弗氏对"现代"大学和时代、社会的基本关系的观点，大学本身作为社会机构的一部分，就在于其随着时代变化而变化，其中有些变

---

① 陈孝禅译：《现代大学之理想》，《教育研究》（广州）1937年第76期。
② ［美］亚伯拉罕·弗莱克斯纳：《现代大学论——美英德大学研究》，徐辉等译，浙江教育出版社2001年版，第1页。

化是有益的，有些是有害的。那么大学怎样才能做到明智的变化呢？

弗氏原文：

> I have spoken of the intelligent modification of universities—of their modification in the light of needs, facts, and ideals. But a university should not be a weather vane, responsive to every variation of popular whim. Universities must at times give society, not what society wants, but it needs. Inertia and resistance have their uses, provided they be based on reasonable analysis, on a sense of values, not on mere habit.①

陈孝禅的译文：

> 大学的需要、实际和理想的变迁，前面已经讲过，而大学不必做一个气候的信号，和流俗的怪想相吻合。大学要及时给予社会，不是给予社会以欲望（wants），而是给予社会以需要（needs）。惰性和抵抗力各有各的用途，如果有合理的分析的话，自当以价值观念为基础，而不当以唯一的习惯为根据。②

徐辉的译文：

> 我已说到大学的明智的变化——根据需求、事实和理想所作的变化。但大学不是风向标，不能流行什么就迎合什么。大学应不断满足社会的需求，而不是它的欲望。只要以理性分析和价值判断为基础，而不仅仅依赖于习惯，那么惰性和阻力也有特定的用处。③

---

① Flexner Abraham, *Universities, American, English, German*, New York etc.: Oxford University Press, 1930, pp. 5–6.
② 陈孝禅译：《现代大学之理想》，《教育研究》（广州）1937年第76期。
③ ［美］亚伯拉罕·弗莱克斯纳：《现代大学论——美英德大学研究》，徐辉等译，浙江教育出版社2001年版，第3—4页。

第四章　西方传统与现代大学理论的引进与接受 / 143

陈孝禅这节的翻译意思基本是明确的，也就是基本把握了弗氏的观点，大学给予社会所需要的，而不是它所想要的，它们之间的区别以理智判断和一定的价值观为标准。

那么按照弗氏的现代大学理念，大学应该具备哪些职能呢？

弗氏原文：

suppose we could smash our exiting universities to bits, suppose we could remake them to conform to our heart's desire, what sort of institution should we set up. We should not form them all like—English, French, American, German. But, whatever allowance we might make for national tradition or temperament, we should see to it somehow that in appropriate ways scholars and scientists would be conscious of four major concerns: the conservation of knowledge and ideas; the interpretation of knowledge and ideas; the search for truth; the training of students who will practise and "carry on". I say, to repeat, the major concerns of scholars and scientist. Of course, education has other and important concerns. But I wish to make it plain at the outset that the university is only one of many education enterprises. It has, in the general educational scheme, certain specific functions. Other agencies discharge or should discharge other functions. We shall see whether universites now discern and discharge their special functions or they meddle with functions which do not constitute their proper business.[1]

陈孝禅的译文：

假如可以把现存的大学打个粉碎，假如现存的大学符合我们的心意，那么我们将来要建立怎么办的大学呢？我们不必苛求英美德

---

[1] Flexner Abraham, *Universities*, *American*, *English*, *German*, New York etc.：Oxford University Press, 1930, pp. 6–7.

各国的大学尽属相同。可是无论怎样允许,总须将大学造成民族的成训或民族的气质。我们可以看出学者或科学家,纵有特殊的办法,必觉悟大学有保守知识和理想,解释知识和理想,探求真理,训练学生负责实行等四个主要的职能。这四个主要职能,又是交在学者和科学家的肩膀上。自然啦,教育还有其他重要的任务。我们先要明白,大学不过是诸种教育企业之一,普通教育机构各有一定的特别使命,各自进行。现在大学不管能否负起自己赋有的使命,或者有无僭越非于己事的业务,我们总得瞧一瞧。①

徐辉的译文:

假设我们可以打碎现有的大学,可以随心所欲地重建之,我们应该建立什么样的机构呢?我们不会把它们都建成一个样——都像英国的、法国的、美国的或德国的。但不管留多大的余地以考虑民族传统或性格的不同,我们都会注意到学者和科学家们主要关心的四件事情:保存知识和观念、解释知识和观念、追求真理、训练学生以"继承事业"。我重复一句,我所指的是学者和科学家"主要关心的事",当然,教育还关心其他重要的事。我想一开始说明,大学仅是众多教育事业中的一项。在总的教育计划中,大学有某些特定的职能,其他机构履行或应该履行其他职能。我们将会看到大学现在是否明确其特定职能并履行之,是否在瞎忙那些并不属于其特定职能的任务。②

弗氏在此处提到民族传统和性格,其意思是强调特殊性背后的普遍性,即一个大学虽处于特定的民族和国家之中,但大学的四项基本职能是普遍的。但是陈的译文恰恰相反了,强调了每一民族大学的特殊性,"可是无论怎样允许,总须将大学造成民族的成训或民族的气

---

① 陈孝禅译:《现代大学之理想》,《教育研究》(广州)1937年第76期。
② [美]亚伯拉罕·弗莱克斯纳,《现代大学论——美英德大学研究》,徐辉、陈晓菲译,浙江教育出版社2001年版,第4—5页。

质"。这样的翻译可以作为错译。

关于大学四项职能,前三项翻译基本合理,第四个"训练学生负责实行"意思不明,如果英文中的"practice"直接翻译为"实行"尚可理解,那么"carry on"一词呢?这一项职能是比较难译的,需要根据四项职能之间的关系和下文进行思考。陈的翻译明显是不妥的,他自己对此有认识吗?抑或时间限制,匆匆忙忙实在无暇细究这种小问题?至于"这四个主要职能,又是交在学者和科学家的肩膀上",更是不知所云,因为英文中的"I say, to repeat, the major concerns of scholars and scientist"没有一个单词具有"肩膀"的含义。其他诸如"纵有特殊的办法""教育企业"的翻译的不当,等等。

由于篇幅有限,不可能将其译文一一对比,总的来看,陈孝禅翻译中存在的问题是:一是错译,极端的是将作者的意思完全理解反了;二是漏译,与上文所说的那种大段省略的情况不同,这种漏译主要出现于句子中,导致意思不明确,不连贯。三是增译,有些就是脱离了弗氏原文,只是用自己的话进行了"概括"。

陈孝禅对弗莱克斯纳《现代大学论》的翻译,从其较为系统的、而且是目前所知的最早的翻译者的意义上说,我们应该肯定其首功,他的正确翻译自然能激发学者的思考,其翻译存在的问题或能促进其他学者对弗莱克斯纳学说的介绍;其次,他省略的部分有些是重要的节目,有些是一些旨在证明论点的事例,相对是不重要的;翻译的部分而言,有些较为准确地表明了弗氏的思想,有些表达模糊,有些完全错误。

四 文化过滤:弗氏大学理论被接受与排拒的内容及原因

文化涵化理论认为,在文化特质被传递的过程中,经历了文化接受一方的估价和转换,这些估价和转换总是与接受方的价值系统密切相关。文化传播是一个选择的过程,输入的外来文化被接受与否,主要由其对文化接受者的效用和适应性而决定。这里的适应性包括自然环境和人文环境。[①] 弗莱克斯纳学说中被接受与排斥的内容及原因,

---

① 黄淑娉、龚佩华:《文化人类学理论方法研究》,广东高等教育出版社 1996 年版,第 224 页。

要从当时的社会环境和教育环境、从该学说对导入者个人的效用等方面去寻找。①

当时的中国大学教育，经历了20世纪20年代的快速增长后②，到30年代，大学在逐渐走向成熟时大量问题也逐渐暴露。与此同时，在日本侵略步步紧逼的情况下，国家与民族的需求，使国人对中国大学问题的关注与讨论日益增加。"一方面，个人商讨大学教育的论文，随处可见。另一方面，团体论大学教育的集会，也屡屡举行。如上海大学联合会今年发起之全国高等教育讨论会，第九届中委会第三次全体大会关于大学的议决案，和教育部在召集的国立专科以上学校校长会议等等，莫不欲图对大学教育，加以充分的改进。即教育部近年对于大学教育，也整顿不遗余力。"③ 孟宪承的《大学教育》、《教育研究》1934年"各国大学教育专号"就是在这样的大环境中推出的。可以说，从个人到团体，从民间到政府都深感大学问题的严重性与解决的紧迫性。弗氏《现代大学论》是当时美国大学问题诊断与反思的产物，其精神与当时中国国内对大学批评与改造的路向完全一致、遥相呼应。此为该学说吸引中国学界的根本所在。就弗莱克斯纳学说本身而言，它有两个方面成功吸引了中国学者的关注。

第一是它对美国大学的强力批评。当时中国大学存在的重大问题之一就是美国化。所以弗氏《现代大学论》一出迅速吸引了部分学者的眼球，上述学者对弗氏学说的采用即是明证。它发挥了警告和震惊的作用，以刺激国内大学教育改革。林语堂和陈孝禅等有意选择了弗莱克斯纳对美国大学的批评，抛弃了或忽视了其"现代大学的理念"。

第二是它对德国大学理念与模式的推崇。弗氏认为大学是研究高深学问的场所，重视大学的科学研究，强调专业与职业的区别，主张

---

① 生兆欣也指出了"某种国外教育思想被引入到中国之后的生命轨迹，不仅仅在于其自身逻辑体系的合理性，更在于它是否合乎中国的需要。只有合乎接受国文化的价值预设和社会发展需要的思想，才能得到广泛传播。"参见生兆欣《二十世纪中国比较教育学史》，高等教育出版社2011年版，第77页。

② 从大学数量来看，1921年15所大学（公立4所，私立11所），1931年则有73所大学（公立36所，私立37所）；大学教师从1912年的229人增至1931年的6183人。见教育部编《第一次中国教育年鉴》，开明书店1934年版，丁编教育统计，第30—31页。

③ 崔载阳：《中国大学的问题》，《教育研究》（广州）1934年第56期。

学与术的分离，赞成大学与专门学校的两个相对独立的系统。这些观点与民国大学一部分学者坚守的德国大学理念和模式是相契合的。他认为宗教是有偏见的，所以不能立足于大学，这与蔡元培"以美育代宗教"主张是相通的，与当时中国的非基督教运动、教会大学注册立案等社会背景是相适应的。就上述维度而言，弗莱克斯纳与蔡元培都是德国大学理念和模式的支持者。联系到常导之、傅斯年等中国知识分子对德国大学理念的推崇，弗莱克斯纳的思想具备被他们认可的特质，他们与弗氏一样都尊德而抑美。

弗氏《现代大学论》被中国学界忽视的"现代大学的理念"亦可从当时中国大学教育的现实安排与政治民族需求中得到线索。就20世纪20—30年代中国大学教育的现状来看，他所反对的大学社会服务依然在开展，尤其是平民教育运动可以说将这一理念推行至极致。他所批评的农业、商业、新闻、教育、经济等各种学科在各大学纷纷设立。许多大学成立了教育学院。尤其是进入20世纪20年代末期，鉴于中国社会与经济发展的需要，外加美国大学模式的影响，专门实用学科获得了官方的扶持。国民政府对实用型专门技能的重视，对大学服务国家民族需要的强调，与弗莱克斯纳强调的专业与职业之别，大学与社会保持距离是有很大差别的。及至30年代日本的入侵与国难的爆发，大学与民族、国家更紧密地捆绑在了一起。至此，20世纪20年代大学服务社会与30年代大学挽救民族救亡在很大程度上结合起来了。可以说，弗氏反对的社会服务、实用科学等与中国的整个政治环境是抵触的，与当时的国家需要是冲突的，因而难以被政府层面采纳从宏观上对中国大学教育的实施产生影响。这也是为什么在民国30年代的整个大学教育实践中，我们难以听到弗莱克斯纳大学理念的强势声音。

但是，简单地说弗莱克斯纳对30年代的民国大学实践没有发生影响，也是有失准确的。弗莱克斯纳学说的一些理念在民国的法令、大学的实践与学者中时时能找到回响。首先，即使上述民国制定教育宗旨和大学的实施方针，虽然强调了大学实用人才的培养，但是"研究高深学术"在教育部历次颁布的大学法令中始终占据重要地位。其次，从实践来看，西南联大的许多教授在抗战中坚持开展学术研究，许多成果在当时达到了世界先进水平。最后，20世纪30年代对于大学教育方针的讨论，大致分为三种意见："有人主张大学应该以养成国家的实用主义人才为标准，有些人主张大学应该养成高深学问的人，亦有些人折衷两说，主张两者并重的。"① 弗莱克斯纳推崇德国大学理念，三派意见中后两种很容易在其学说中找到共鸣。比如，崔载阳认为，日本偏重养成国家人才，德国偏重造就研究学问的学者，英美等国两者并重。他指出，根据中国当时的民族需要，教育方针不宜偏于实用或研究的任何一方，"徒重实用则不特知识缺乏来源，而且实用本身亦将流为机械，殊失大学之本旨。徒偏研究，不但不能供应民族生活急切的需要，而且研究本身亦易流于空泛。惟有彼此协助，互相照应，从研究指示实用之进行，从实用以增加研究之需要，方为善策"②。

总之，评价弗莱克斯纳学说在民国大学界的影响，不能一概而论，应结合具体个人、大学、问题展开。比如对推崇德国大学理念的民国学者，我们可以说他们受他的影响大，赞同其观点，或者说他们与弗莱克斯纳在价值取向上是一致的；对兼取西方各国经验的学者，弗莱克斯纳学说既受其重视，又被其扬弃。对以满足民族需要为出发点，参照西方各国经验的学者，他们既能在弗莱克斯纳那里找到共鸣点，也发现其不契合处。从民国大学教育实践来看，弗莱克斯纳的《现代大学论》，本身代表了现代大学的一些本质要素，所以完全排斥或拒绝、否认他的学说是不可能的，同时中国基于自身国情民族需要，完全采纳也是不可想象的。

---

① 崔载阳：《中国大学的问题》，《教育研究》（广州）1934年第56期。
② 崔载阳：《中国大学的问题》，《教育研究》（广州）1934年第56期。

第五章　美国自由教育思想的引进与接受

西方自由教育（liberal education）的传统，在现代的转化过程中，其内涵已经发生了变化。美国语境中的自由教育和自由主义意识形态发生了联系，从美国独立战争开始，美国的自由教育更多地体现为一种公民教育和政治教育[①]。20世纪上半叶，在哥伦比亚大学、芝加哥大学、哈佛大学的引领下，美国兴起了一股自由教育和通识教育的运动。可以说，进入20世纪后，美国成为全球范围内通识教育思想与实践的重地，先后经历了选修与学分制、集中与分配制、经典名著课程以及《自由社会中的通识教育》等课程模式的变化。与此同时，中国大学经历了选修制与学分制的施行与批评、通才与专才的大辩论，可以说，这一时期的中国大学也在探索通识教育发展的道路与方式，在通识教育与专门教育之间摇摆、争论、摸索和试验。从现有材料来看，民国时期引入的西方自由教育思想中，几乎全部来自于美国。因此本章重点讨论劳威尔、迈克尔约翰及赫钦斯的自由教育思想，分析中国学界对他们自由教育[②]引进与接受的基本概况。

---

① 沈文钦将纽曼使用liberal education译为"博雅教育"，将美国赫钦斯等人使用的liberal education译为"自由教育"。沈认为，虽然纽曼和美国的赫钦斯等人都使用liberal education，但其内涵是不一样的。参见沈文钦《西方博雅教育思想的起源、发展和现代转型：概念史的视角》，广东高等教育出版社2011年版，第286—287页。实际上，具体到本文中，劳威尔、迈克尔约翰、赫钦斯，他们基于不同的教育哲学立场，其自由教育的内涵也呈现了各自的风格。

② 本书遵从历史语境中原有文献采用的提法。因为劳威尔、迈克尔约翰和赫钦斯等都是使用liberal education，所以本书各章节标题采用"自由教育"，以还原当时历史语境下的原貌。但是在中国学者的评论中，以及民国实践来看，又通常使用"通识教育"（general education）的提法。考虑到从19世纪中叶开始直到20世纪中叶，美国学界经常交换使用liberal education和general education，所以本书中的通识教育与自由教育是可以互换的。参见沈文钦《西方博雅教育思想的起源、发展和现代转型：概念史的视角》，广东高等教育出版社2011年版，第297—298页。

第一节　劳威尔自由教育思想的引进

劳威尔（Abbott Lawrence Lowell，又译"洛维尔""卢维尔""罗维尔"）1909—1933年任哈佛大学校长，他基于自身对大学目的和职能的理解对哈佛大学进行了一系列的改革。他的教育的作用、精英主义教育观、大学教育的目的、集中与分配制的课程模式、学生住宿制度等，集中体现了他的自由教育思想。民国学者徐甘棠的《论大学教育》、余裴山的《哈佛大学校长洛维尔氏对于教育之新观念》、来雁的《罗维尔与美国大学教育》导入了劳威尔的大学教育思想和实践，为民国学界了解、借鉴劳威尔的自由教育理念与实践提供了窗口，从中也看出了劳威尔对自由教育与专门教育[①]的调和。

一　精英教育观

徐甘棠的译文开篇即言"民政国之教育，可据两种眼光论议。（1）社会公有之福乐。（2）社会中个人之福乐。二者大体上本来相合。苟民政之希望真能实现，其事亦必如此。"[②] 实际是从民主政体国家的前提出发，论述教育的作用。这包含了译者的期望：中华民国作为民政国，教育上亦当有此作为。可以看出，劳威尔认为教育可以增进社会的福祉和个人的幸福，教育对社会和个人的作用在根本上是一致的。他同时指出，教育功能的实现途径是优秀人才的养成。这些人才也许能够自然成才，但是通过教育的方式，效率更高，效果更好。"欲求教育有此效果，殊属不难。社会之福乐须得修养良美之人才。彼能将天然利源、美术方法及文明缓进之种种利益，尽极大之量推广

[①] 中国学界一般将"通识教育"与"专业教育"作为相对词，"专业教育""专门教育"经常被互换使用。台湾学者黄坤锦指出，通识教育应是与专门教育相对，专门教育（Special Education）加上通识教育（general education）才是专业教育（professional education）。笔者认同这种观点，因此本书中采取"专门教育"的说法。但是在引用当今研究的相关材料时尊重原文用词，这也是本书中可能出现"专业教育"一词的原因。参见黄坤锦《大学通识教育的基本理念和课程规划》，《北京大学教育评论》2006年第3期。

[②] 卢维尔：《论大学教育》，徐甘棠译，《新教育》1919年第2卷第2期。

者。彼脑才敏捷，聪明四达，思想正直者，彼智识广博、兴味深永，能观察人类生命及生命问题者，皆造社会福乐之人也。此等人才苟无学校训导，或天资秀挺，或天然舒缓，或人事熏染，文教裁成，亦未尝不有所成就。特导以有条理的教育，则不特速而有效，苟无是者，且或有废材矣。"①

那么，大学教育哪些人呢？劳威尔的回答是中材以上之人。他之所以持此论，是基于他对大学教育性质的判断和精英教育观。其一，大学是讲习高级学问之所，所以并不是人人适合进大学，只适合中资以上子弟，"此种英俊子弟即与大学有直接关系者，盖大学为中资以上之人而设。其所讲习者，高级学问也"。这样大学可以在最短的时间内充分发展其潜力，"夫进步如其人所能之速，修才如其力所及之远，皆为其人应有之权利，教育家宜为考虑，并应重视"。② 其二，社会的进步更得益于中材以上之人。劳威尔认为，对社会造福极大者，尤在"干量伟巨之才"，所以应该专门为其设立学校，课程应该比现在更速，这样才能充分发挥天才之潜能，早日达到最高水准，造福社会。如果美国开设此种学校，此类人才的成就肯定比现在为高，对于个人、社会大众，其价值大增。对于有些论者的大学应该广收学生，不宜限定少数人的观点，他重申其精英教育的观点，"个人社会之利益，须得高材生极量纾发其天才方可，而教授之法最有功效者，全恃学生本身之性质与教习设施之得宜……余意大学苟顺其自然选高材生，设施教育，人数虽少，为益较大。凡专门学校虽程度不同，亦宜持此原理"。③

二 "对于各科具有常识而又专精于一科的人"

关于大学教育目的的论述，集中体现了劳威尔的自由教育思想，他说，"一种最完美的自由教育，是在养成对于各科具有常识而又专精于一科的人才。……对于一般学生在智识上的成就一点上有加以鼓

---

① 卢维尔：《论大学教育》，徐甘棠译，《新教育》1919 年第 2 卷第 2 期。
② 卢维尔：《论大学教育》，徐甘棠译，《新教育》1919 年第 2 卷第 2 期。
③ 卢维尔：《论大学教育》，徐甘棠译，《新教育》1919 年第 2 卷第 2 期。

励的必要"。① 从大学培养目标来看，学生仅仅在知识上获取成就是不够的，学生道德品格的养成也是非常重要的，知识和道德同时并举才能实现学生成才与社会受益的双重目标，"大学目的，在奖进智敏的坚忍的道德品行，并负学生长进、社会得益两种责任"。②

为了防止出现大学生对道德修养的忽视，劳威尔反复强调道德训练和智识养成的同等重要。"大学内，道德训练与文艺教导同一重要，修养道德全恃接触之风气，祖初之遗传，及大学树立之程度，果如评议家所议，大学不过为青年子弟四年消遣而无实益之地，则大学必为教育建设中之最劣陋者。处此勤奋之国中，不为需要物而为耗费品矣。反之，大学组成社会，使后生俊秀能于学中与机缘自由接触，又能乘之努力得大智识，良社交、健体魄。又习昔人已想已学已研究之道，能进其身入此大世界，则大学为一广大智海，激发勤敏之地必矣。"③ 劳威尔指出大学在智识和道德两方面的目的，20年来虽然不断进步，但"尚未到应至之点"，并从考试、课程教学、学生与教职员之间的接触等方面分析其原因，"其未到之原因，多数在考试之程度不能握要，又讲义虽佳，尚未快意。大学所最需要者为经受训练成才之人感引未曾训练不精者之效能。故学校宜注意学生个人，教员与学生之友谊，管理员与生徒之同情及不辍之合作，皆为最要。大学实行此种教育，教员部必须扩大与学生数有正比例方可。因此故经费必较已往者为多矣"。④

从学生求学的角度而言，大学是在学生才力允许的范围内，为学问本身而学，并不是为了个人所谓的兴味和未来职业的考虑而学，不汲汲于眼前所谓的实用，但相信其必有大用。"凡青年子弟应有聚会精神之习惯，应有牺牲性命趋赴主义之诚心，不必问何道最能快活，不必知现时读习与后事有何直接之关系，必学习勤奋，并不因结果合一己之行文，实因深信后果必良而努力。如此，方为真正之大学

---

① 来雁:《罗维尔与美国大学教育》,《华年》1933年第2卷第21期。
② 卢维尔:《论大学教育》,徐甘棠译,《新教育》1919年第2卷第2期。
③ 卢维尔:《论大学教育》,徐甘棠译,《新教育》1919年第2卷第2期。
④ 卢维尔:《论大学教育》,徐甘棠译,《新教育》1919年第2卷第2期。

生。"①"教员宜使学生深知大学功课绝非烦厌品,亦非游戏物,实为将来极有效用之习练,所得学位,其性质并非认可其人曾经入学,亦非装潢为美饰品,盖为获得睿智能力之凭证也。"②

徐甘棠译介的劳威尔对大学教育目的的论述,实际上在某种程度上回应了当时中国的大学教育问题。正如时人所批评的,大学生求学只是为了获得一纸文凭,将其作为曾受大学教育的装饰和炫耀;在求学中,就易避难,选择自己感兴趣的和毕业后好找工作的专业;大学成为制造高等游民的场所,大量学生消遣度日,毕业之后因没有一技之长又难以适应社会的需要,只是耗费社会财产而没有生产力。至于劳威尔揭示的学生在知识和道德上未合格的原因,与中国大学教学中的问题几近相同:教师与学生的接触只限于课堂,课后形同陌路,师生感情淡漠;教师所用讲义几年如一日,考试只是背课堂笔记等。

总之,道德训练与智识养成作为大学教育的重要目的,这一规定实际成为劳威尔实施辅导制、住院制的基础。只有这样才能培养他们的智识、熏陶学生的品德,实现大学的培养目标,实现教育的两大作用——增加个人之福乐、增进社会之福乐。

三 批评激发学生智识的错误导向:放任、利诱和兴趣

智识养成虽是大学教育的重要目的之一,但也是当时美国大学存在的最难解决的问题之一。然而当时美国大学盛行以放任、利诱和兴趣为方式激发学生智识能力,劳威尔对此逐一驳斥。对于如何激发学生勤奋学习,放任主义者的回答是教授只管认真教授,学习与否和学习的效果如何,责任全在学生,"以为高等教育学校,果能尽职教授,使学生得机缘修养脑才,则本分便已圆满。至于能利用机缘与否,责任全在本人,无关学校"。③劳威尔指出,此论用于专门教育阶段尚可,若用于大学本科学院,则不免过于自利,也不能鼓舞学生勤勉苦学。

---

① 卢维尔:《论大学教育》,徐甘棠译,《新教育》1919 年第 2 卷第 2 期。
② 卢维尔:《论大学教育》,徐甘棠译,《新教育》1919 年第 2 卷第 2 期。
③ 卢维尔:《论大学教育》,徐甘棠译,《新教育》1919 年第 2 卷第 2 期。

利诱主义者,则基于"学生者人也,人者自利之动物"的思想,以职业来诱导学生勤奋苦学,"苟能见所习之学课与本身前途确有关系,则断不愿轻鄙所学。……以为教育应显然趋向职业,庶得感诱之效力"。劳威尔从四方面反驳了这一方法,首先,大学生智识尚未成熟、经验不足,难以确定适合自己的职业。"学校生徒、大学学生多数不能决定事业。方其所学,履变宗旨,综观前后,亦不能谓此性之不善也。大学学生不自知何业为最宜,旁人亦不能代为取决。及其长成,智广识通,有内视之明,知一己之才量,有外察之听,感事业之吸力,然后择术亨达者,为多数矣。"其次,对不同的职业,相应的专业到底应该学习何种科目,众人难以达成一致意见。即使在大学学习了有价值的课程,也难以针对职业在专业上进行预备。"专门学支分派别,大学为之预备亦不同。比如料理专利特权之律师,须得物理之智识,此非代立契卷之律师所宜知。……常有大学时预备之学问价值极大,包容之范围甚广,而转不能合专门者,即对于将来欲执专门之大学生,亦不能遍举该科之学而示之也。"再次,对某一职业的专业基础课程也难达成共识。"何种学科为专门之极美基本,议者之意,多不同符。"以对律师职业的功课为例,一般将历史与法政作为律学最佳之预备;享有盛名的律师,却大力提倡文学为最佳;英国律师的养成所牛津大学则以文学为重,剑桥大学以算学为重,哈佛大学兼重文学和算学。最后,即使达成了共识的学科,学生未必能理解与认同,或学生单凭个人兴趣选择一些课程。"学科中有与将来职业关系极要,而学生多不见其关联之处耳,甚至专门学教授之科与将来职业之关系,学生多凭信仰而不由真知者。"[①] 以上种种所论表明,职业主义激发学生勤奋向学的理由并不充分。

劳威尔批评的另外一种激发学生智识能力的方法,就是由学生根据个人兴趣选择课程。该方法认为如果想让学生勤奋,必须使课程有吸引力。通常的做法是课程尽量简单,这样学生学起来轻松,免生憎恶心,大学任由学生选择其感兴趣的课程。这一方法的前提假设是"人性必勤奋于自择而荒废其所不爱"。作者认为,此理由不能尽事

[①] 卢维尔:《论大学教育》,徐甘棠译,《新教育》1919年第2卷第2期。

实,"学生不愿学某科或不能用力攻苦者,实由脑力无智敏之兴味。既不能极深研儿,遂转而习温和不难之科,读了无障碍之课耳。今根据兴味立说,其差误之处,犹之儿童喜糖果多而爱麦粉少,遂从而鼓舞使多食甜物而已。根据此理听学生自定学途,殊不足为生命之真道德预备,教育者不应教人专寻利己有味之事而放弃其余,实应收起兴味问题,用全力执行有益应为之事"。[①] 显然,劳威尔认为,任凭学生根据个人所谓的爱好兴趣选择课程是不合理的,而教师应该教会学生学习有益的、应为的东西。

劳威尔对上述放任主义、利诱主义、兴趣等激发学生智力能力的批评,实际是对艾略特时期确立的完全选修制的一种不满。他直言不讳地批评了艾略特选修制的松散,主张大学应鼓励学生刻苦学习而不是相反。而这一时期的中国,在五四新文化运动的影响下,对民主、科学的追求,对个性解放的大力宣扬,再加上杜威来华对实用主义教育的宣传,这一时期回国的留美生在美国学习期间经历了选修制的熏陶,如此诸多因素,使得尊重学生兴趣、个性的选修制迅速获得了学界和官方的认可。到1922年以美国为蓝本的壬戌学制的制定,选修制被作为法令确定下来。但是,在经历了各大学选修制的实施后,其带来的问题逐渐凸显,可以说,劳威尔早就以在哈佛大学的经验指出了选修制的弊端,为这一问题的解决提供了可资参照的方法。

四 集中与分配制、辅导制与住宿制

正是认识到依据学生兴趣选择课程的问题,劳威尔对哈佛大学的完全选修制进行了改革,转而实施"集中与分配制"。正如在来雁的《罗维尔与美国大学教育》中所述,他就任第一年就实行了"集中与分散"制。这种制度是学生在规定的16种选科内选择6科,例如经济或哲学,某一国或某一期的历史与文学。至于四种普通学科——文学、历史、科学或哲学——至少也要选读一科。这样,可使得学生得到一种"更广泛、更深切的教育"。现在美国有许多大学都采纳了这

[①] 卢维尔:《论大学教育》,徐甘棠译,《新教育》1919年第2卷第2期。

个计划①。但是来雁的介绍没有凸显出这种制度的含义和意义，实际上"集中"即是指学生从16门选修课中选择6门专业课程集中学习，以保证深入系统地掌握专业知识；"分配"就是通识课程，就是学生在自然科学、社会科学和人文学科三个不同的知识领域各选两门，以保证学生具有比较宽的知识面。其余的课程由学生自由选择。这样实际较好地处理了学生专业教育和通识教育的问题，因而美国其他大学也纷纷仿效。

劳威尔实施的辅导制，体现了他对放任主义的纠正。哈佛大学之前的考试都是由学生自己准备，但劳威尔认为"要使一个学生对于他所习的特殊学科有良好的成绩，显然是需要指导的。他陆续委派关于各学科的导师。这种辅导教学从大学二年级开始，每一学生可在规定时间内和他的导师作个别的研讨。这办法的目的并不在于使学生多受一些学问，却是要使他从各科所得的智识能融会贯通并加以整理罢了。在这种辅导制度下，会考在质的方面已有很迅速的进展。"②

如果说集中与分配制、辅导制度旨在从课程与考试方面培养学生的智识能力，那么住宿制则通过团体生活实现大学教育道德训练的目的。1914年他建立了宿舍多所，以供初年级寄宿。"每个宿舍内都有公共娱乐和会食堂。这种改革使各级学生间更能沟通声气，从前在旧制度下那些不喜交际和从远地来的学生都感觉孤寂，现在这个困难已没有了。"宿舍计划一度因经费支绌，推行中遇到了困难，直到1928年哈克纳氏（Edward S. Hardness）捐助一笔巨款，宿舍计划始得以顺利推行，哈佛大学学生分别居住的整个计划，也得以陆续实现。每一个宿舍都有餐厅、图书室和公共娱乐室，并有一位宿舍主任协同住宿的导师管理一切。那些对于宿舍计划感兴趣的教员更在各宿舍组织各种会社，并常在宿舍内与学生同食，使教员与学生间更有联络感情的机会。③

---

① 来雁：《罗维尔与美国大学教育》，《华年》1933年第2卷第21期。
② 来雁：《罗维尔与美国大学教育》，《华年》1933年第2卷第21期。
③ 来雁：《罗维尔与美国大学教育》，《华年》1933年第2卷第21期。

五　自由教育与专门教育的调和

从集中与分配的课程模式，可以看出，劳威尔自由教育趋向于与专门教育之间的一种调和。这在他与纽曼博雅教育思想的对比中更加明显，而与弗莱克斯纳具有更多的一致性。

劳威尔的自由教育与纽曼的博雅教育之间，既有共同点也有不同之处。他们都重视大学培养的人应同时具备理性与道德。但是纽曼把道德交给宗教来负责，他培养的绅士是一个基督教化的绅士。为了实现这样的目的，大学需要开设包括神学在内的各种知识，即"普遍知识"，其核心是神学、古典学和数学。可以说，纽曼博雅教育的学科是固定的。在劳威尔那里，实现自由教育的学科时时在变动中。这与他所持的大学学科设立的原则密切相关。他认为，大学学科的设立可以实现教育增进社会福祉的作用，设立学科通行的方法有二：一是欧洲大学已开设的学科，如律学、医学及最近的工程学、农学；二是适应社会经济的发展和新职业的需要，设立新的专业，"专门艺业发达，发生新职业，因其进步设新专门学以应之"①。可以看出，这与纽曼的博雅教育的核心学科已经有了巨大的不同。

劳威尔指出，以前通过学徒制获得经验技能以胜任某一岗位的时代已经一去不复返了。现在必须通过大学专门教育，方能胜任相关职业岗位，这成为他的集中与分配制的一大主要原因，通过一定的集中课程学生才能掌握专门知识技能以谋取职业。"八年以前，任事聪敏强力者，可以总管铁路，可以司理工厂，亦可以统治银行，惟今日皆已转用专门，非有此种学识之人，不能胜任愉快。旧式专门业曾用学徒法，濡滞迟缓，师傅徒弟并苦废时，今学校以文字教授，艺业之原理可以明了而省时。此法旧式专家初疑不善，及既经验，始知优胜。今日无复有人不入专校而径习工程于公事室、求医学于病院者矣。凡新立之专门职业，皆用此法。此大学所以有农学、森林学、商业管理学之设也。"② 社会上已有职业上千上万，新职业不断涌现，大学中都

---

① 卢维尔：《论大学教育》，徐甘棠译，《新教育》1919 年第 2 卷第 2 期。
② 卢维尔：《论大学教育》，徐甘棠译，《新教育》1919 年第 2 卷第 2 期。

要设置相应专业吗？对此，劳威尔提出以该学科的教学、研究、推广价值而定，"凡天然科学之施用，人类机关之建设，皆以其学有受发明、有任印布、有堪讲习之价值为根据。其学之应教授与否，全视此专门程度是否能得职位而定，一经查确，果宜教授，即为设教，此大学之天职也。且大学更宜注意于此等职务之机缘"。① 他认为，大学不能为了增广学校的名誉而开设不应开设的学科。提倡大学开设森林学，"此为服务②公众之事"，"凡国人真正之需求，常较易得之需求，为益更大"。③

劳威尔与弗莱克斯纳之间的共同点似乎更多。如他们都批评美国当时的大学，在"民主"的口号下，大学规模扩张，大量的学生进入大学，大学学科根据学生所谓的爱好和兴趣而设，批评学分制。他们强调精英教育，强调大学是学习高级学问的地方。在大学的职能上，两者都赞同教学和研究的职能。但是，在这些共同点背后，他们也存在一些差异：（1）虽然他们都不满当时美国大学教育的现状，劳威尔的改革指向是建立一种类似英国学院制的重在修养道德和智识养成的学院；弗莱克斯纳希望建立的是一种以德国大学为榜样的研究性质的大学。（2）他们重视大学的教学和研究职能，但是劳威尔出于对艾略特时期的纠偏努力，更突出教学的职能；弗莱克斯纳则更重研究，教学是研究的衍生职能；对于大学的服务职能，劳威尔更开放，弗莱克斯纳趋向保守，劳威尔在其任内新建的

---

① 卢维尔：《论大学教育》，徐甘棠译，《新教育》1919年第2卷第2期。
② 这里应当注意的是，劳威尔的大学服务、推广与威斯康星大学服务职能的差别：一、从大学招生的对象来看，威斯康星提倡在任何地方教授任何人任何知识，而劳威尔强调大学教育是针对中材以上的学生进行的，可以说前者提倡大众教育，后者坚持精英教育；二、威斯康星大学强调，所有学科的平等、强调学生学科与今后职业的关系，劳威尔则指出了社会职业成为学科、专业的标准，明确反对学校以职业感诱学生、反对依照个人兴趣选习课程，而强调对学问本身的热情追求和勤奋苦学。三、关于大学教授的兼职身份的不同观点，两者也是不同的。劳威尔反对请校外营业之人为大学教师，如律学必聘著名之律师，神学多请教堂牧师，医学必聘行世医士，认为这些专业人士以大学外的事业为主业，将大学教授作为副业，大都用闲暇时光来大学授课，无疑影响教学效果；进而提倡大学教授必须是专职教员，应给予其丰盛的待遇，而不准其逐业营利。而威斯康星服务理念之一就是大学教授服务政府和社会，既参与技术问题，也参与社会规划。
③ 卢维尔：《论大学教育》，徐甘棠译，《新教育》1919年第2卷第2期。

各种学院,大力发展和赞成的学科,如教育学、园艺设计、商业、金融都是弗莱克斯纳激烈批评的。可以说劳威尔的服务职能介于威斯康星理念和弗莱克斯纳之间,他既不完全拒绝大学的社会服务,又不是完全放开。三、虽然两者都认为大学是高级学问的场所,但他们对高级学问的认识显然是不同的。这点可从他们对大学学科的设置看出。如劳威尔认为,社会上新增职业,以前可以不经大学训练,现在不经大学训练则不能胜任。而在弗莱克斯纳观点看来,大学应该开设的学科还是老学科,认为社会上新兴的各种职业不能在大学占据一席之地。在维护古老学科的意义上,似乎弗莱克斯纳更趋向于保守,更倾向于欧洲古老的大学。

在某种意义上,可以说劳威尔是倾向于英国模式,注重发展本科教育,重视教学;弗莱克斯纳则推崇德国模式,注重研究生教育,重视科研。但是要注意的是,弗莱克斯纳和劳威尔都主张自由教育,又并不反对专业化,主张通识教育与专业教育的统一。考虑到劳威尔(1856—1943)和弗莱克斯纳(1866—1959)他们生活在几乎同一年代,他们当时面临的时代环境和教育问题具有同一性,也许正是这种共同的时代环境使得他们大学教育思想中有更多的一致性,而其他因素,如个人教育经历、个人职业(作为大学校长的劳威尔和作为学者的弗莱克斯纳对其大学思想和改革主张显然会产生影响)等也可以部分解释他们思想中的不同之处。

第二节 迈克尔约翰自由教育思想的引进

迈克尔约翰(Alexander Meiklejohn,1872—1964)出生于英格兰,1880年随父母移民到美国,1893年毕业于布朗大学,1897年在康奈尔大学获得哲学博士学位后,回到布朗大学任教,1901—1912年担任系主任。1912—1923年任阿姆斯特学院校长。20世纪20年代作为一名社会和教育的批评家,通过一系列巡回演讲,部分地为他赢得了全国的声誉,使他引起了当时《世纪》杂志编辑吉安妮弗兰克(Glenn Frank)的注意,后者1925年成为威斯康星大学校长,他带迈克尔约翰到麦迪逊,协助他对大学本科项目实施改革。试验学院就是这一改革的产物。试验学院 1927 年秋季招生，1932 年关闭，仅存在了五年。①

目前外国教育史和比较教育著作中对迈克尔约翰的介绍很少，实际上他在美国通识教育的发展过程中起到了一个过渡作用。迈克尔约翰的试验学院计划集中体现了他的自由教育思想与设计，虽然试验学院计划没有成功，但却为后来的学者留下了讨论与思考的空间。如同当代学界一样，民国时期对迈克尔约翰（又译为"梅柯约翰"）的关注也很少，至于其在威斯康星大学推行的试验学院计划，学界鲜少涉及②。

据笔者目力所及，民国时期对迈克尔约翰思想介绍主要为以下四篇文献（见表 5-1）。其中，*The Training of Teachers for the New Education* 由于属于《教育杂志》的新刊介绍栏目，因此只是简讯式介绍，未知具体内容。《教育为再建战后世界的重要因素：设立国际教育院建议书》主要介绍的是迈克尔约翰对于二战后和平世界的重建的主张。如他提出，计划任何国际和平与正义的时候，必须要考虑到经济、政治和教育三个因素，"一个统一世界的经济，必须要有一个世界的政府来管理，而这个世界政府又有一个基本的条件，就是必须要有一个统一的世界的教育制度"。并举例说明教育对政治制度的强大影响，"希特勒告诉我们，除非教育其人民为奴隶，然后独裁制度能够持久""除非教育其人民有自由，然后民主政治才能够持久"。③ 作者随后声明，其所提倡的统一是多样性的统一，"一个有多样性的秩序""一个经济秩序，一个政治秩序，一个教育秩序。这是一个单一

---

① Alexander Meiklejohn, *The Experimental College*, Madison : The University of Wisconsin Press, 2001, p. viia.

② 孟宪承在其《大学教育》中，从郑若谷《明日大学之理想》一书中转引了迈克尔约翰引用的威尔逊在普林斯顿大学推行宿舍计划的言论。《明日大学之理想》是郑若谷的一本论文集，书中收录了他发表在各个刊物上的文章，《大学教育的一个试验计画》即为其中一篇。

③ A. Meiklejohn：《教育为再建战后世界的重要因素：设立国际教育院建议书》，崇实译，《民宪（重庆）》1944 年第 1 卷第 6 期。

第五章　美国自由教育思想的引进与接受 / 161

的人类事业的互相依赖的三个形相"。① 从其论述中可以看出，迈克尔约翰十分看重教育对战后国际和平秩序重建的作用，因而倡导成立国际教育院。在其看来，当时联合国战后重建计划完全忽视了经济对政治、政治对教育的依赖作用，其计划有两个致命的危险，一是经济学家"孤独的计划一个经济的世界秩序，而不把这个经济的秩序放在一个适当的政治的世界秩序的管制之下"，二是政治学家"在计划创立和维持一个政治的制度的时候，每不把这个政治的制度建立在一个适当的教育的制度之上。"② 不避免这样的危险，政治和经济的改革都必将失败。应该说，此文反映了迈克尔约翰的教育思想，但从其刊载时间和平台来看，很明显与我国当时国内内战及民主宪政建设的政治议题密切相关。《民宪》（重庆）作为政治性刊物，存续两年时间（1944、1945 年），主要刊载有关"民主宪政"方面的论述，还发表少量关于经济、教育与妇女问题的文章，并刊登世界军事人物的材料。

表 5-1　　中国学者译介迈克尔约翰大学教育思想的论文

序号	篇名	作（译）者	来源	刊期	备注
1	《大学教育的一个试验计画》（未完）	A. Meiklejohn 著，郑若谷译	国立劳动大学周刊	1929 年第 2 卷第 11 期	
2	《大学教育的一个试验计画》（续）	A. Meiklejohn 著，郑若谷译	国立劳动大学周刊	1929 年第 2 卷第 13 期	
3	The Training of Teachers for the new education	Alexander Meiklejohn	《教育杂志》	1929 年第 21 卷第 7 期	原载于 Progressive Education, April, May-June, 1929.
4	教育为再建战后世界的重要因素：设立国际教育院建议书	A. Meiklejohn 著，崇实译	《民宪（重庆)》	1944 年第 1 卷第 6 期	原文载于《自由世界》，1943 年 1 月号

---

① A. Meiklejohn：《教育为再建战后世界的重要因素：设立国际教育院建议书》，崇实译，《民宪（重庆）》1944 年第 1 卷第 6 期。
② A. Meiklejohn：《教育为再建战后世界的重要因素：设立国际教育院建议书》，崇实译，《民宪（重庆）》1944 年第 1 卷第 6 期。

据上分析，可以说仅有的译介文献中，对迈克尔约翰大学教育思想予以较为系统的介绍的当推郑若谷，其翻译的《大学教育的一个试验计画》，篇幅近 20 页，从其导入的内容中展现了迈克尔约翰在民主社会的理想下，秉持自由教育的理念对大学各个层面的设计。

一　平民主义：使所有的青年同受自由教育

试验学院于 1927 年 9 月开始招生，招收对象是 120 名大一的学生。凡是大一的男生都有报名的资格①，如果人数过多，将按照尽量代表各级各类学生的原则进行选择，因为试验学院是对一般人的一种试验，不限于某一阶级某一类别。

注重学生的阶级和类别的代表性与迈克尔约翰信仰的平民主义有密切关系。他认为，平民主义的根本问题是如何使所有的青年同受自由教育。而在日常大学教育中，通常流行的观点是：大学生中有一部分缺乏思想的能力，难以通过教育的方法加以训练；他们可能有很强的动手能力，如有切实的思想对他们加以指导，他们就可以实行起来。迈克尔约翰认为，这实际是人为地将大学生分为"思想家"和"工作者"两大群体，这一作法是武断的、错误的，"他们是思想上的工作者，而我们是世界上的思想家。所以我们应受思想的训练，而他们应依其天性所定而从事于他们的活动。——这是一个没有证据的武断！"② 迈氏的理由是一个人对他人的观察很难精确，那些被指为没有思想能力的人，也许是因为没有合适的环境给其自由发展的机会。他也许此时此地没有思想的能力，并不代表彼时彼地也是同样。既然"我们不能断定那些人一定缺乏思想的能力，我们就得设法使一般人都有发展思想的机会。这就是我们试验学院的基本工作……现在我们的政府组织、道德标准以及社会关系都是建基在一种信仰之上，这种信仰即是肯定普通人有了解的能力：故在这类社会制度下的学校应努力发展人们的了解能力。平民主义的国家就有要求教师的权利，倘若

---

① 据文中所言，这是因为威斯康星大学只拨付了供男生住宿的宿舍。后期如果推广这个试验的话，自然应该包括女子。

② ［美］Alexander Meiklejohn：《大学教育的一个试验计画》（续），郑若谷译，《国立劳动大学周刊》1929 年第 2 卷第 13 期。

教师们不肯正当的切实的这样努力而便中止进行，那么他们的国家亦当有责备他们不负责任的威权。"① 大学必须认清这个大前提，不然就会违背平民主义的原则。为某一个阶级设立或尽力造成某种特殊人才的大学，是贵族主义化的教育，这种教育不应该存在于民主社会里。迈氏认为，站在平民主义的立场上，我们会问，有多少人能受教育，如何做到最好的教学。

他的这一立场与当时美国民主社会的追求是一致的。自由教育已经不限于少数人，已经成为培养自由民主社会中合格公民的教育，成为民主社会中每一个公民的权利。

二 以"文明之研究"为核心的"共同的课程"

为了实现这种自由教育，迈克尔约翰主张试验学院的课程应当是"共同的课程"。这一"共同的课程"与普通大学有根本的不同，充分体现了"共"（教师和学生一起）与"同"（学习同样的科目）的特性：试验学院只有必修课，没有选修课；与我们通常理解的必修课有所差异的是，这里的必修课是所有的教师和所有的学生研究同样的教材；而且这种必修课不致力于各门课程的本身的意义，而是追求一种内容上的完整性，"我们不愿意要设有各项课目以及选读与必修功课的分配，而是使全体学生都要学这同样的教材，全体教师教导同样的东西。在我们这个试验的伊始，就有人主张彻底的改造现行的课程表，以期实现我们的理想。……就是取一个文明史中的某种极重要的情节，拿来作一年或几个月研究的资料。例如说，黄金时代的雅典，或十九世纪中的英吉利，或在某特别地域内发生的产业革命，或十九世纪的美国，都可以作为我们长时期研究的对象。那末，对象决定之后，我们全体的师生都如上阵的队伍一样，一致从事于同样的工作；而我们所探求的，是一整个文明的精华，不是各门课目的意义"。② 可以看出，迈克尔约翰主张学习的共同课程，其核心内容就是对"文明之研究"，这种文明是人类的

---

① ［美］Alexander Meiklejohn：《大学教育的一个试验计划》（续），郑若谷译，《国立劳动大学周刊》1929 年第 2 卷第 13 期。

② ［美］Alexander Meiklejohn：《大学教育的一个试验计划》（未完），郑若谷译：《国立劳动大学周刊》1929 年第 2 卷第 11 期。

综合经验中"最显著与最有意义的某些情节",从这样的研究中师生可以把握一个时代文明的整体样貌、思想态度及其成功的经验与失败的教训,理解这一时代的文明对其后文明的影响。试验学院头两年的计划是师生共同研究二、三种伟大的文明,并比较其异同,以及它们与现代文明之相同相异之处。可以看出,迈克尔约翰既看重一个文明本身的历史延续性,也注意比较不同空间中各个文明之间的差异性。在研究方法上,他强调接触原始文献的重要性,认为无论研究哪一种文明,最首要的工作是通过研究那时代的文献来发现与理解该文明的重要表现及其意义[1]。按照他的整个课程设计,通过对不同时代文明的研究,美国人不仅学会如何思想、如何判断,而且以此达到圆满生活。照这样的计划,"我相信我们美国的青年就可以明白他之社会的地位、他的国人、他的国家社会,与他的世界"[2]。

在迈克尔约翰看来,共同课程不仅是自由教育的应有之义,也是构建一个学习的社会的关键所在。他认为,对于到底要设置一个什么样的课程体系这一至关重要的问题,当时大学教育管理者的态度是琢磨不定的,也并没详加考虑和研究。他认为,试验学院就是本着试验自由教育(liberal education)的精神,对此问题加以研究。他通过一连串的设问,表明了自己的主张,即试验学院的课程是一个必修的课程,而不是选修的课程;是一个所有学生都得学习的共同课程,而不是一个为不同的学生而设的不同课程;不是使得每一个学生或教师自由地选定课程并自由地研究,而是规定许多课程,要他们去研究,以表示他们为一个社会的成员。

实际上关于课程设置的观点,反映了自由教育与专业教育,培养通才与培养专才之间的争论。迈克尔约翰并不是绝对反对专业教育,他认为在大学后两年,学生通过选修自己感兴趣的课程,在学有专长的教师指导之下,可以成为某一门的专家。但是大学前两年的教育应当是自由教育,应当是致力于培养通才的,所以前两年的课程应该是

---

[1] [美] Alexander Meiklejohn:《大学教育的一个试验计画》(续),郑若谷译,《国立劳动大学周刊》1929 年第 2 卷第 13 期。

[2] [美] Alexander Meiklejohn:《大学教育的一个试验计画》(续),郑若谷译,《国立劳动大学周刊》1929 年第 2 卷第 13 期。

必修课，学生不能自由选修。迈克尔约翰对试验学院课程的规划与他的教育信念和当时美国大学教育的状况有直接关系。他认为，世界上存在有"一般了解"的东西，知识中的一切进步并不都由专家得来，世界上有很多问题无论何人、何种专家都应该研究。他也相信有许多兴趣和活动，一般青年都应该具备。① 在他看来，美国大学教育过于注重专业教育，而忽视了自由教育，"现在在研究学问上到专家的路是太容易了，所以专家的人数日渐增加起来，专家的成功既是来得那样迅猛与满意，遂致使我们喜成功的美国人为这种趋势所迷而不知决定去向。他方面呢，求了解一般学问的工作又是非常艰难，无论何人曾致力于此工作者，即被评为暧昧，不真确及缺乏科学的精密。但我以为前者是关于不重要的事物之成功的思想，而后者却是关于极要的事物之思想的不成功；在此两者之间，一般人鲜能决断去取，而我们应该选择哪一个呢？我以为这两种思想都是受过教育的人所应有的思想，如定要我去选择，我就非选择那最紧要的研究不可，因为主张一个自由研究的大学要在头二年中编制一个共同研究的必修课程，包含社会上人人所需要的各种基本学问，以便使人人因需要而来探求"。②

作为一个整体的知识，已经分裂为不同的学科，很难再重新关联起来，使其含有共同的意味。迈克尔约翰对此有充分认识，"这种工作非常艰难，但非做到不可"，"在这一点上，我们要本着无畏的精神，做一次大有价值的试验：即是为自由研究计，我们完全反对整部知识的破裂，而积极的主张恢复原状，要使个个学生所获得的不是此时代社会与个人生活之段片而是生活全部的了解"。③

三 "一个自动学习的社会"

试验学院的研究方法重学生自修、重研究精神的培养、重师生之间

---

① ［美］Alexander Meiklejohn：《大学教育的一个试验计画》（续），郑若谷译，《国立劳动大学周刊》1929 年第 2 卷第 13 期。
② ［美］Alexander Meiklejohn：《大学教育的一个试验计画》（续），郑若谷译，《国立劳动大学周刊》1929 年第 2 卷第 13 期。
③ ［美］Alexander Meiklejohn：《大学教育的一个试验计画》（续），郑若谷译，《国立劳动大学周刊》1929 年第 2 卷第 13 期。

的接触。在教学方法上,迈克尔约翰反对讲演法,提倡个别教授和集合讨论的方法,"在我们的试验学院内,我们决计要废去教室制度与讲演式的教学方法。我们所采用的,是合并二种研究的方法"。其大致做法如下:第一步,由教授指定相当的读物,给学生自由伸缩的研究,作为将来师生共同研究的根据。第二步,就是学生自寻读物,独立地阅读与思考。在这一过程中,"他必须学会怎样读书,要明白书的内容,要摘取书中的意义,并从书中所有的问题说明与问题解答上判断本书价值。这是学生自修的工作"。这是对劳威尔思想进一步的发展,劳威尔强调辅导与学生自修的并行,以达到少教多学。第三步,自修的工作完成之后,学生通过书面报告或者口头讨论的方式向他的教师报告自修的结果。这种讨论要有一定的性质和一定的次数,教师借这些讨论真正地了解他的学生。除了教师和单个学生的讨论,还有集合讨论的方法,即集合十人以上的学生作团体的研究,在这种讨论席上,教师或外来的学者并不作正式的讲演,而以谈话的方法来鼓励并指导大学讨论。① 总之,迈克尔约翰认为美国大学应当大力发展讨论式的教学方法,废止讲演式的教学,或化讲演式为谈话。

迈克尔约翰认为,大学教育的期望在于发展学生的智慧的活动,养成独立研究的精神。但他考察美国当时的大学教育,只是将学生作为被动接受知识的工具,"对于来接受大学教育的学生,我们似乎有很多有价值的东西要传授给他,这些东西看上去好像是一大批智的器具,完完整整的,他只须虚心接受,便有心得,便可拿去以装饰他脑海的空间"。② 这种大学教育极易养成学生智力上的依赖性,摧残了学生先天的智力与才能,影响学生对学问探求的态度。无论是"坏"学生对学问探求的冷淡态度,抑或"好"学生对学问的被动记忆,都有悖于对学生独立研究精神的培养。"在一般教师的领导之下,我们只看见莘莘学子很显明的假造'学问';所谓'坏的学生'对于学问的探求固然是漠不关心,即所谓'好的学生'也不过是尽力去吸收记忆

---

① [美] Alexander Meiklejohn:《大学教育的一个试验计画》(未完),郑若谷译,《国立劳动大学周刊》1929 年第 2 卷第 11 期。
② [美] Alexander Meiklejohn:《大学教育的一个试验计画》(未完),郑若谷译,《国立劳动大学周刊》1929 年第 2 卷第 11 期。

现行教育制度所强使他们吸收记忆的各种事实与意见。"①

他认为，坏学生的冷淡，好学生的驯服，都由于教育上的一个根本弱点而产生的，即缺乏研究学问上的动力（motivation）：一是学校没有提供机会或者营造一种使学生致力于学问研究的责任感；二是研究的对象脱离生活，学生缺乏研究的兴趣和动力。如何来医治教育上的这一根本弱点呢？他的回答就是"一个自动学习的社会"（A Learning Community）。"究竟怎样领导、刺激、压迫、或放纵学生的心智以达到活动与独立的目的呢？这自然要试用许多方法，而这些方法，以我看来，都似乎可以包含于'组成一个学习的社会'这一普通概念之内。我们希望能使个个学生都成为这个'学习的社会'的分子并且使他发觉在这个社会里其他的社员都是和他一致的进行着同样的工作，因而获得自动的鼓励。这种方法许多人或以为是奇怪无比的，而我们确认为是达到我们的理想的不二法门。"② 这个自动学习的社会，首先提供了致力于学问研究的公共氛围与机会，这种机会与氛围具有强迫性，"一个大学不但是一个良好的机会的地方，而且是一个强迫责任的场所；即是在这个大学中，学生不惟可享受相当权利，而并要担负许多应尽的义务"，"全体师生都抱着同样的目标并使无论何人不认定此目标者必觉其置身于此社会之外"。其次，这种学习的社会，在根本目的上是使学生成为自己的领导者，自动自主地探究学问，"使学生在造就他自己的教育上要自己领导自己。在这一个真确的意义上，我们做教师的就得以不肯领导的态度去领导学生（we hope to lead by refusing to lead）"③。

迈克尔约翰似乎想通过社会的这种氛围给人以一种不得不如此的压力，这样与其倡导的自由是矛盾的吗？这是不是另外一种形式的灌输。他对研究的理解更多是放在一种社会层面（比如强调研究不能脱

---

① ［美］Alexander Meiklejohn：《大学教育的一个试验计画》（未完），郑若谷译，《国立劳动大学周刊》1929 年第 2 卷第 11 期。
② ［美］Alexander Meiklejohn：《大学教育的一个试验计画》（未完），郑若谷译，《国立劳动大学周刊》1929 年第 2 卷第 11 期。
③ ［美］Alexander Meiklejohn：《大学教育的一个试验计画》（未完），郑若谷译，《国立劳动大学周刊》1929 年第 2 卷第 11 期。

离生活，否则学生缺乏研究的兴趣与动力）上，而不是将其作为师生个人自身独立地思考的过程。与劳威尔相比，他强调从学生内在兴趣与社会责任感内外两方面培养学生的研究学问精神。鉴于以往大学教育的冷漠或顺从都无助于社会、国家的发展与进步。他似乎在强调一种大学对社会的责任感，他希望培养的大学生是一种积极向上的、有着研究的精神、合作的态度，是社会的好公民。但是迈克尔约翰的大学与社会的关系是保持在一个适度的范围内，这从他关于团体生活的论述可以看出。

四 团体生活：住宿制与导师制

迈克尔约翰引用威尔逊之言指出，当时美国大学的宿舍安排及其功能都在形成大学学生的务外心理，使学生将学问作为外在的、被迫的东西，缺乏好学和研究精神，"把学生的理想、热心和社会态度从研究学问上引诱到别的事物上去，故他们好学的精神不如务外的心理，未毕业的学生在大学里边，就不把求学当作他的根本职业，而只一味热心课外活动，故一切学问都好像是强迫的与不欢迎的烦累，一切学问对于他不过是附带的东西。并且这种影响在学生与教师的关系上，也是很厉害的，在当时的情形之下，一般学生都与他们的教师即没有任何亲切的关系，而却与毕业的校友们异常接近；故往往学校的当局有所革新的设施，保守的校友们就利用同学接近与拥护他们的心理横加干涉，以至当局一筹莫展"。① 针对这种情况，威尔逊在普林斯顿大学建立了学生宿舍和导师制，旨在通过这种制度，使得师生过一种共同的团体生活，进而对学生的学习兴趣产生影响，学生在教师的引导下改变务外的心理，对学问发生兴趣，养成好学的精神。"在这所房子里边，学生和教师既同是一个社会的社员，过着共同的生活。教师遂可根据对于学生的相当了解并本着亲密的友爱来领导他们向着光明的路上走去，其结果必有可观。"② 试验学院的教师由来自于本校

---

① ［美］Alexander Meiklejohn：《大学教育的一个试验计画》（续），郑若谷译，《国立劳动大学周刊》1929 年第 2 卷第 13 期。
② ［美］Alexander Meiklejohn：《大学教育的一个试验计画》（续），郑若谷译，《国立劳动大学周刊》1929 年第 2 卷第 13 期。

各学院的教师兼任。但是他们三分之一的时间属于大学,三分之二的时间属于试验学院。试验学院的师生比较高,以保证师生间的充分的接触①。

五 联合教学

联合教学就是要改变各位教师自行其是的教学,破除专业间的壁垒,教师们应彼此相知,在共同的作业和共同的思想下团结合作,以实现试验学院的任务和理想。迈克尔约翰认为,为了实现上述目标,必须采用"小的大学"制度,限制教师的人数;教师的人数少,彼此容易团结,兴趣也易一致,这对于试验学院的前途有很大利益。"在我们的学院里所用的教学方法,应是自由教学的方法(liberal teaching),而自由教学的第一原则,就是教师们自由结合的团体本身必先包含相同的兴趣与思想而始能教学成功。但现在一般教师都是各行其志,而仅在互相不加干涉的意义上联合起来,这是现在教学方法上的最重要的困难。我们欲免去这种困难,就要首先把我们的全体教师变成一个极密切的共同作业的团体,并使个个教师都知道别人在做什么,都明白大家均在参加工作,而自己的努力也和别人一样的概是这种共同作业的一面。""他们须能把他们的分门研究合并而为一种共同的探讨。""我们或者觉着思想考察都可以各行其志独立的做到,但是我们的生活是不可以分开的,……故思想欲求有裨于生活,就非破除各种分门别类的障碍不可。"②

他对教师们所致力的这种共同作业有很高的赞许,认为作为教师再没有什么比这种工作有高尚的意义和实利的价值,教师们可以从中获得许多有价值的经验;同时,他也指出了教师担负责任的重大,因为教师决定了未来的美国青年所思考的对象及其思维的深度,因之决定了他们能否担当起未来的工作。

如同上述对共同课程的分析,他对试验学院计划的各个部分面临

---

① [美] Alexander Meiklejohn:《大学教育的一个试验计画》(未完),郑若谷译,《国立劳动大学周刊》1929年第2卷第11期。
② [美] Alexander Meiklejohn:《大学教育的一个试验计画》(续),郑若谷译,《国立劳动大学周刊》1929年第2卷第13期。

的困难有充分的认识,但这不能掩盖他的整个计划中处处流露出的乐观态度、执着的追求和必胜的信心,有一种舍我其谁的气概!"现在求取知识的方法,不属于共同作业的性质,而是分门别类的专攻,并且已有了惊人的成绩。故在这现状之下,我们所主张的共业似乎难以办到。但是我们不灰心,而且更须努力以求贯彻,如果大家都能彼此相知,都能异口同声地发问:'我们把什么教给下一代的青年'?都能切实合作,我相信我们的主张是可以实现的。""所以我们可以归结起来:如果有人说,'那是办不到的',我们就要答复他说,'那是必须办到的'。我深相信,我们负有自由教学的责任的教师们定能保持其共同作业的精神,排除障碍以图我们的梦想。'有志者事竟成',我们应该格外努力了。"①

迈克尔约翰对试验学院的改革设想与计划反映了他对美国社会和教育的整体思考:一是威斯康星的计划是平民主义的,它要注意各级各类的学生,是一个"全民化的社会";二是该计划是以自由教育的假定作根据,注重整个文化的研究。他认为,社会上所有的人,不管其职业为何,要想达到圆满的生活,就应和其他个人具备相同的基本知识,然后才能合作,才能营造共同的生活。他将此点看作试验学院计划的"根本精神"。三是将试验学院放在威斯康星大学之内,也是为了营造一种社会生活的氛围,"在小学院里可以养成统一的精神以及各种亲切的关系,感情深厚,共同研究的兴味必浓"②;试验学院放在大学的好处是,学生可以充分利用这些图书馆和实验室等工具以发展他们的思想和充实他们的生活。小的学院与大的大学结合,师生俨然是生活在一个社会之内。迈克尔约翰认为,通过试验学院这种社会化的生活的尝试,可以解决现代社会中的一个"最严重"的问题,即"在现在极复杂的社会里,我们应如何结合团体,并使这些团体具备各种有意识与价值的社会活动,及由这些活动中产生和别的团体的正当关系。——这是多么紧要的社会问题。我们

---

① [美] Alexander Meiklejohn:《大学教育的一个试验计画》(续),郑若谷译,《国立劳动大学周刊》1929 年第 2 卷第 13 期。
② [美] Alexander Meiklejohn:《大学教育的一个试验计画》(续),郑若谷译,《国立劳动大学周刊》1929 年第 2 卷第 13 期。

不敏，却想来解决它。"① 四是教育上的种种问题来源于社会，所以教育上改革的成功根本上依赖于社会的改革。他指出试验学院的计划并不是解决当时教育制度上所有问题的万能灵药，世界上也没有这种灵药。美国教育尚处在初期，故其缺点与错误很多，"但是这些错误不是教育本身的错误，而是由于现代社会的情形，所以如果要彻底纠正当今教育的过失，就非得把现代社会的各种问题同时解决不可，教育与社会须切实合作起来，我们的生活始可以达到比较美满的境地"。② 五是试验学院计划的前提，或者说他所依据的信仰，也反映了迈克尔约翰重视教育对社会需要的满足。他认为，美国当时社会对各个种族、阶级、信仰的青年提出了同样的要求，即具备某一领域的专门知识和技能，是远远不够的，还须具备更重要的东西，比如"充分发展的心力、既博且深的知识、敏锐的判断、欣赏的能力、同情的心理，以及对于人生意义与价值的认识——这些是现代青年所应有的，他们尽可有种族上、信仰上或社会地位上的差别，而这个世界与时代所需要他们的，都是一模一样。我们的青年应该了解他们所处的世界就是他们自己的世界，他们要认识别人也正如别人要明白他们一样"③。可以说，这种种特质正是他心目中受过自由教育的人应该具备的素质。他认为，美国当时的教育制度确实没有适应时代的要求，其原因是没有合适的教学方法与相当的课程。

总之，迈克尔约翰的试验学院计划，秉承民主主义社会的理想，以自由教育为出发点，通过共同课程、团体生活、联合教学、讨论式教学的方法等等，旨在培养一个好学的、具有研究精神的、智力上和道德上充分发展的个体，培养一个社会成员共同的认知，打造社会成员共同的知识结构和背景，以达到对一个社会的共同认识。他关于试验学院招生对象的规定、对教育与生活、学校与社会之间关系的论

---

① ［美］Alexander Meiklejohn：《大学教育的一个试验计画》（续），郑若谷译，《国立劳动大学周刊》1929 年第 2 卷第 13 期。

② ［美］Alexander Meiklejohn：《大学教育的一个试验计画》（续），郑若谷译，《国立劳动大学周刊》1929 年第 2 卷第 13 期。

③ ［美］Alexander Meiklejohn：《大学教育的一个试验计画》（续），郑若谷译，《国立劳动大学周刊》1929 年第 2 卷第 13 期。

述，都表明他受到了当时美国主流的教育哲学——实用主义教育哲学的影响；而他的共同课程、自由教学、"文明的研究"，又说明他试图反抗或突破实用主义对大学教育的影响。他这种对大学改革的计划，既是试图对美国大学教育存在问题的纠正，同时也反映了美国当时大学教育的趋向，即在专业教育大肆扩张的情形下，重新注重自由教育的意义。在美国高等教育史上，迈尔克约翰的改革，可以说上承劳威尔在哈佛大学的改革、下接赫钦斯在芝加哥大学的改革，他们在精神上是一致的，他们都强调自由教育的意义，都重视通过这样的自由教育（共同教育）来培养学生之间共同的文化语言，沟通不同系科和专业的人。不过与劳威尔相比，迈克尔约翰在课程上的改革更为彻底，因为劳威尔的集中分配制，实际上兼顾了通识教育与专业教育，而迈克尔约翰则推行了一种完全破除专业界限的"文明的研究"课程；与迈克尔约翰相比，赫钦斯的自由教育似乎走得更远，因为前者只是在大学前两年推行共同课程，后者则企图囊括整个大学四年的课程。①

第三节　赫钦斯自由教育思想的引进

赫钦斯的自由教育思想是在劳威尔、迈克尔约翰、弗莱克斯纳等人思想基础上的发展，是对当时实用主义影响下美国大学教育存在的各种问题的一种学术回应。他的自由教育思想受其永恒主义教育哲学的影响，崇尚古典学科和古典名著，沉浸于永恒的理念和永恒的人性，使得其容易固守传统而显得保守。这成为他的学说与其他人不同的重要原因之一。

一　赫钦斯及其自由教育思想

赫钦斯（Robert Maynard Hutchins，1899—1977），是20世纪美国最有影响的教育家之一，永恒主义教育流派的代表人物。他早年就读于耶鲁大学，历任耶鲁法学院院长（1928—1929），芝加哥大学校长（1929—

---

① 这里要注意的是，迈克尔约翰主张平民与贵族的对立，这点上与杜威相同，但主张自由教育、共同课程、构建社会成员的共同经验，是与赫钦斯相同的。

1951)。著作有《不友善之声》《美国高等教育》《为自由而教育》《民主的困境》《教育的冲突》等。赫钦斯是当代西方自由教育的主要倡导者之一。他反对大学过分专业化，强调学生的心智训练，强调名著学习的重要意义。在担任芝加哥大学校长期间，他积极引进名著学习课，推动大学机构重组，捍卫学术自由，在当时实用主义盛行的美国高教界引起了很大的震动。赫钦斯的高等教育思想集中体现在他的《美国高等教育》[①]（The High Learning in America）一书中，该书于1936年出版。

赫钦斯认为，大学是人格完整的象征、保存文明的机构和探索学术的社会；大学是独立思想和批判的中心；在大学的职能上，他认为，在"威斯康星理念"的冲击下，社会服务职能的出现冲击着传统的大学价值观念，功利主义和实用主义等价值观念在美国大学中占据主导地位，致使不少大学背离大学传统的职能。在赫钦斯看来，大学职能就是教学、科研和领导教育发展。关于大学教育的目的，他批评美国工业化的背景下，美国大学教育的职业化、专门化和非智力化的趋向，提出大学教育的目的在于发展人的理性，养成智性美德，实现最高的智慧及最高的善，从而培养出"完人"。[②]

赫钦斯在批评美国当时大学教育的基础上，提出了一个以名著阅读为核心的课程体系，以此来构建大学不同科系、不同专业的共同文化语言和共同的精神文化基础。他认为，大学各系科如果没有"共同教育"也就没必要存在于一个大学之内，"共同教育"的内容应该属于"永恒学习"的范畴，也就是说它的内容并不是现代人在现代社会的特殊问题，而是人类之为人类永远需要探讨的永恒内容和永恒问题，这就是他探讨的所谓"共同人性"（common human nature）以及"本族群的属性"（the attributes of the race）。而这种永恒性研究，其精华首先体现在西方文明自古以来的历代经典著作中。因此，赫钦斯主张，美国现代大学"共同教育"的基本内容就是要让大学生在进入专业研究以前，不分系科专业全都应该首先研究"西方经典"或所谓

[①] 有些学者译为《高等教育在美国》《美国高深学问》。
[②] 关于赫钦斯的大学教育思想，参考了刘宝存《大学理念的传统与变革》中"赫钦斯的大学理念"部分。

"伟大著作"（great books）。①

赫钦斯的名著阅读计划，在20世纪30年代的美国引起了巨大的争议，他被指为传统主义、复古主义，是想要把现代大学倒退回中世纪的学院。他的名著阅读工程在当时的芝加哥大学也没有得到完全实施。当时实施这一计划的只有圣约翰学院。但是到了20世纪40年代，情况发生了变化，美国各个大学都在不同程度上通过了注重通识教育的课程体系，1945年哈佛大学出版了《自由社会中的通识教育》的红皮书。甘阳指出，哈佛报告书与赫钦斯《美国高等教育》在通识（共同）教育思想上一脉相承，如果说前者引发了激烈的争辩的话，后者则代表了二战之后美国大学的共识。②

二 中国学界对赫钦斯大学教育思想的早期译介

民国时期，赫钦斯（又译"赫金史""哈金斯""赫卿斯"）的大学教育思想导入中国（见表5-2）。从导入方式上看，中国学界主要是以翻译（节译）的方式导入了其大学思想。从导入的及时性上看，1936年赫钦斯的代表作《美国高等教育》一经推出，中国学者张周勋即集中译介了该书第四章《高等教育》全部内容，可以说该章集中代表了赫钦斯的大学思想。此外，夏楚、佳历、云玖、赵铭等人也于20世纪40年代分别介绍了赫钦斯对大学教育目的、内容和对象的论述，共同丰富了民国学界对赫钦斯大学教育思想的认识。

表5-2　　　　中国学者译介赫钦斯大学教育思想的论文

序号	篇名	作（译）者	来源	刊期	备注
1	大学教育	Hutchins. R. M 著，张周勋译	文化与教育	1936年第105期	译自耶鲁大学评论夏季号
2	大学生太多吗	赫金史（Robert M. Hutchins）著，夏楚译	西风（上海）	1939年第32期	节译自1938年6月12日"The New York Times Magazine"

---

① 甘阳：《大学人文教育的理念、目标与模式》，《北京大学教育评论》2006年第3期。
② 甘阳：《大学人文教育的理念、目标与模式》，《北京大学教育评论》2006年第3期。

第五章　美国自由教育思想的引进与接受　/　175

续表

序号	篇名	作（译）者	来源	刊期	备注
3	活的教育	Robert M. Hutchins 著，佳历译	西风（上海）	1939年第34期	节译自1939年3月5日纽约《泰晤士报》世界博览会专刊
4	清寒子弟入大学	Robert Maynard Hutchins 著，云玖译	国际间	1941年第4卷第4期	
5	怎样利用空闲时间	（美）哈金斯（Hutchins, R. M.）著，赵铭译	西风（上海）	1945年第81期	原载于1943年10月15日《美国科学杂志》，译自1944年1月号《科学文摘》

张周勋的译文中指出，赫钦斯指出现代美国大学的缺点，一是组织方面混乱无序，各系之间彼此隔阂，"往往是这一系与那一系，不曾发生关系"[①]；二是课程方面，"只是一种普通的教育，难以达到高等教育的目的"[②]。因而，他提出美国大学应对大学组织予以纠正，在大学二年级时就修完普通的教育（General Education），三四年级学习真正的高等教育（Higher Learning）。总的来说，赫钦斯批评美国大学在经验主义和职业主义的指导下，失去了合理的次序，认为只有恢复玄学（现译为"形而上学"）在高等教育中的地位，大学才能建立起合理的次序。通过张周勋的译介，赫钦斯诸如"智力训练就是教育""高等教育的目标是智慧"[③] 的论断传入国内学界。他关于玄学是最高的智慧[④]；大学当包括玄学、社会科学与自然科学三科，教授、研究和学习都应以此三大范围之基本问题展开；教授与学生都要为真理而追求真理；大学是唯智的，这样的大学比那些专注于时事或职业训练，对政治与经济发生的效果要大得多[⑤]等思想和观点对当时的教育界带来了一定的冲击。

《清寒子弟入大学》向国内介绍了赫钦斯的大学的目标。赫钦

---

① Hutchins. R. M.：《大学教育》，张周勋译，《文化与教育》1936年第105期。
② Hutchins. R. M.：《大学教育》，张周勋译，《文化与教育》1936年第105期。
③ Hutchins. R. M.：《大学教育》，张周勋译，《文化与教育》1936年第105期。
④ Hutchins. R. M.：《大学教育》，张周勋译，《文化与教育》1936年第105期。
⑤ Hutchins. R. M.：《大学教育》，张周勋译，《文化与教育》1936年第105期。

斯针对支持清寒子弟以半工半读完成大学学业的理由——半工半读对学生有一定益处,指出这要明白大学之设立的目标。"大学校是求学问的地方",它不是供人赚钱、寻求快乐、结交朋友的地方,尽管在大学生活中这些事情也会附带发生。"大学教育之中心点是在学习怎样做思考。凡属于教育机关,其一切措施之是否合宜,都以这个理想作标准。大学可以容许无碍于学习思考的种种活动。但凡足以阻碍这方面的发展者,便都在不能容纳之列。"① 因此,赫钦斯认为大学生半工半读完成大学学业是不适宜的。《活的教育》一文中,赫钦斯从个人和社会两方面论述教育的目的,是促进"个人的幸福和大众的幸福",促进的方法在于发展社会各分子的德性和才智。② 为此,大学教育的内容应该是"每个国民需有机会去通晓民族所积聚的学问","民族所积聚的学问,就是伦理上、政治上、艺术上、哲学上和科学上的学问。要是没有这种学问,教育就丧失了它的名义"。③ 通过上述译介文献,赫钦斯大学教育的目的和教育内容的主张再次得到凸显。

当然,毋庸讳言,与纽曼和弗莱克斯纳相比,民国学界对赫钦斯大学理论的导入规模和影响上是较小的。一是译介的文献数量较少,仅有五篇文献,而且这些文献大都不是直接取材赫钦斯的教育原著,而是转译自国外诸如《纽约时报》《泰晤士报》《科学文摘》等报刊杂志。二是传播平台的影响力有限。刊布赫钦斯大学思想的三个刊物,《文化与教育》④虽属于教育类刊物,但存续时间较短(创刊于1933年,1937年即停刊),在教育界的影响力一般;《西风(上海)》以"译述西洋杂志精华,介绍欧美人生社会"⑤为宗旨,属于综合性

---

① Robert. M. Hutchins:《清寒子弟入大学》,云玖译,《国际间》1941年第4卷第4期。
② Robert. M. Hutchins:《活的教育》,佳历译,《西风(上海)》1939年第34期。
③ Robert. M. Hutchins:《活的教育》,佳历译,《西风(上海)》1939年第34期。
④ 《文化与教育》,20世纪30年代文化教育刊物。多为评论文章,评论教育界存在的问题,介绍国外的教育方法、情况,对教育出现的难点提出建议,此外还登有游记、诗。
⑤ 《西风(上海)》,1936年9月创刊于上海,1941年12月后因太平洋战争爆发曾停刊;1944年7月在重庆复刊,期数续前,1945年12月起迁至上海出版,停刊于1949年5月118期。译名为 The West Wind Monthly,曾任主编和发行人为黄嘉德、黄嘉音,西风月刊社出版,1—107期由林语堂任顾问编辑。月刊,属于综合性刊物。内容要求精彩与杰出,注重实际生活,力求接近人生。介绍欧美文学作品、家庭、社会风俗、科技等,尽力将欧美社会的全貌展现在世人面前。

刊物；《国际间》为时事刊物，1940年1月在上海创刊，1941年11月25日第4卷第10期停刊①。刊载平台的专业性和存续时间也在一定程度上影响了赫钦斯大学教育思想的广泛传播。三是译者群体知名度低，缺乏当时学界尤其是教育领域专家学者的推介。

三 汪家正对赫钦斯大学教育思想的批评性接受

赫钦斯大学教育思想主要以翻译的方式引进到民国，从学者个人的接受视角而言，民国学者汪家正则是站在完全反对的立场上，将赫钦斯及其思想放在与杜威的教育论战中予以论述。他认为，以芝加哥大学校长赫钦斯为代表和以"教育哲学权威"杜威为代表的两大阵营，其论战的起因是赫钦斯对美国当时大学教育的错误和病灶的诊断及其改革的措施。这些都引起了以杜威为代表的人们的反对。"赫卿斯②认为现代教育的最大病灶与错误，就是过分的偏重功利主义和物质主义，而忽视了人文的学习和精神的陶冶；过分的注重工艺技术的传习，忽视了思想和道德的训练。换句话说，就是过分的注重现代科学的和社会的问题，而疏忽了足以提高人生、丰富人生的文艺和哲学。"③ 正是因为现代教育的上述问题，给世界种下了纠纷、矛盾，战争和灾难的隐患，如果想要挽救现代教育的危机，就必须恢复、提倡"自由教育"——尤其是要恢复古代希腊式的自由教育。

那么什么是自由教育呢？赫钦斯认为，自由教育就是"专为人类而设施的，适合于人类的教育"；是一种把"人类兽性排除净尽的教育"。"一种真正的自由教育必须具备三个最主要的条件：（1）理智的训练，（2）永恒伟大的眼光，（3）永远环境的适应，而不是目前

---

① 《国际间：国际知识译述半月刊》由吴岳彦编辑，国际间半月刊社出版。其他题名《国际间半月刊》。半月刊，为时事刊物。该刊译述各国时事论文，以帮助国人了解更多的国际间各方面情势动态为目的，内容多为二战前后世界各国错综复杂的利害冲突，也刊登少量文艺作品。除时事评述而外；容或撰译一二趣味短文，使读者在紧张的情绪中，也可得一松弛的调剂机会。这是本刊最低的理想，我们将按着这理想，努力克尽我们的责任，使这小小的刊物，成为读者最亲切信赖的时事文化综合性杂志。此处关于期刊的简介均来源于《民国时期全文期刊数据库》。
② 现在一般译为"赫钦斯"，有的学者译为"哈钦斯"。
③ 汪家正：《美国教育家的论战》，《民主与科学》1945年第1卷第4期。

环境的适应；基本目标和最后目标的实现，而不是暂时目标和相对目标的实现。"可以看出赫钦斯自由教育的关键词就是理智、永恒和永远。而为了达到真正的自由教育，在一个自由的社会中培养自由的人，就是要阅读伟大的名著而不是所谓的教材，"在今天的教育设施上，伟大的文学名著，不朽的哲学杰作，和一般庸俗教科书的位置，几乎是完全轻重倒置了。一般教科书大受重视，至于那些任何受教育者都必须阅读的名著，却反被排列在无关重要的参考书中"。这些伟大的名著包括像荷马的《史诗》，但丁的《神曲》，莎士比亚的戏剧，柏拉图的对话集，休谟、米尔、吉邦、蒲虑塔克、希罗多德诸大史学家和传记家的杰作，这些古典著作作为"古代圣哲的精神的结晶"，"不只是训练思考、丰富人生和提高品德的重要工具，而且又是自由教育的中心泉源"。①

赞成赫钦斯理论的主要人物有哈佛大学校长柯南特、波野德教授。1944年柯南特在《纽约时报》发表《将来的教育计划》一文，指出"自由教育和职业教育，和专业教育都绝不相同，它是一种公民教育，它也是一种完人教育，一种全人教育，它绝对不只是一种专技的熟练，或只是一些零碎碎知识的记诵"，"理想的教育设施，必须使学生不断地接触、研究人类的问题，人类的命运，这些问题和命运，已经被人类归纳在、记录在文学、哲学和史学里面了"。波野德教授在1944发表《自由人的教育》（education for free men）一文，"自由教育的主旨，就是解放人的心灵，使他们心灵自由，并使他们能够为自己运用思考。因为人类是借着文字和数目两种符号来思想的，所以，圣约翰学院相信：自由教育的获得，最好的方法就是去学习文字和数学。圣约翰的课程是选出一百本关于文学、数学和科学的名著，强迫每个学生在四年内都必须把他们读完。圣约翰学院有一个用拉丁文写成的标语——我利用书籍和平衡把儿童变自由人"。②

杜威驳斥赫钦斯的言论主要反映在其1944年发表的《民主信念与教育设施》（the Democratic Faith and Education）和《向自由思想挑

---

① 汪家正：《美国教育家的论战》，《民主与科学》1945年第1卷第4期。
② 汪家正：《美国教育家的论战》，《民主与科学》1945年第1卷第4期。

战》(Challenges to the Liberal Thoughts) 两文中。汪家正认为,通过这两篇论文,杜威不仅为彷徨歧途的美国教育,而且也为动荡不安的全世界教育,指出了正确的路线与方向。依据汪家正所述,杜威主要从以下方面驳斥赫钦斯提倡的自由教育:

首先,赫钦斯提倡的自由教育是希腊式的自由教育,这种教育建立在封建制度和阶级制度基础之上,因此它只适合古希腊时的中古社会,而不适合于现代的民主社会。"杜威说,这些教育复古运动者所倡导的自由教育,乃是希腊式的、中古式的。在二千五百年前的雅典,社会上划分为自由公民与奴隶两大阶级,享受教育特权的,只有极少数的贵族,大多数奴隶则专门做工和服役。这一种自由教育的基石,是奠立在封建制度和阶级制度上。因为有了大批的供驱使的奴隶,于是,那养尊处优的贵族,乃能够不惟生活操心,而专门致力于文艺哲理的研究。这一种阶级的社会,目前既不存在,那么,适合那个时期的'自由教育',又怎么能够适宜于现代?"[1]

这样的论据显然具有明显的缺陷,即它采取的是一种绝对的、静止的思维方式,忽视了思想本身具有的历史延续性和超越时空的永恒的价值。诚然,以古希腊为代表的封建社会发展到以美国为代表的资本主义社会,政治制度和经济制度都发生了变化,古代社会和现代社会具有自身的独立性而呈现出很大的不同,但是自由教育的理念和思想,并不会随着政体的改变,完全丧失其价值。所以说,以社会政治制度的改变作为否定自由教育的理由,是站不住脚的。这里同时忽视了赫钦斯的其他论述,因而不能有效地加以反驳。赫钦斯实际已将新鲜的民主的精神渗透到了古希腊式的自由教育思想之中,使得他提倡的自由教育已经与古希腊式的有所区别。他的自由教育是一种全民教育。赫钦斯认为现代社会的民主化和工业化已经为全民范围的自由教育的实现创造了条件,满足了自由教育的两大特征:它是统治者的教育、它是闲暇人的教育。现代社会的普选权已经使得人人都成了统治者,工业化的日益发展又为每个

---

[1] 汪家正:《美国教育家的论战》,《民主与科学》1945 年第 1 卷第 4 期。

人带来了愈来愈多的闲暇时间。①

其次,古代名著绝不能包含全部的人类知识,自然科学知识和方法应该在现代教育中占有重要地位。"自十七世纪以后,自然科学的研究,突飞猛进,因此,人类对于自然的观念,乃大大地转变。由科学方法的运用,乃产生新的工业和技术,同时,又因为工业和技术的进步,于是,对于生命和宇宙的意义,人类更有了新的认识和评价。科学的方法和科学的结论,应该在现代教育上占据极重要的地位,古代名著绝不能够包括人类知识的全部。"②

这一观点从理论上,确实是正确的。这也是赫钦斯的"芝加哥方案"一推出就广受批评和争议的所在。但是考虑到美国当时的大学深受实用主义的影响:人文学科和自然科学之间重自然科学,而且人文学科也深受自然科学研究方法和范式的影响;大学的职能上注重社会服务、过于强调教育的工具价值,忽视了教育的根本目的在培养人。从这一意义上讲,赫钦斯提倡的自由教育在当时起到了矫枉过正之效,即对防止实用主义或工具主义高等教育的泛滥起到了遏制和平衡作用。从赫钦斯以后的美国大学的发展历程来看,注重自由教育和专业教育的有机结合是美国大学发展的方向,这一切都表明,赫钦斯的提倡有先见之明,他的思想与实践深刻地影响了美国高等教育史。

最后,赫钦斯的自由教育所依据的哲学是欧洲盛行的二元论哲学,进而从这种哲学本身具有的缺陷、美国作为一个"新世界"在哲学和思想上独立的必要性、自由教育对民主社会和科学的危害三个方面论证赫钦斯提倡的自由教育作为一种反科学、反民主的复古运动的不可取。二元论哲学的缺陷是将精神和物质、人文和实用、道德和科学、永恒和暂时对立分割,造成了美国教育的危机和灾难。"把精神和物质分割,把人文和实用分割,把道德和科学分割,把永恒和暂时

---

① 关于赫钦斯提倡的全民范围的自由教育的论述及其问题,请参考洪明《赫钦斯教育思想述评》,《福建师范大学学报》(哲学社会科学版) 1989 年第 8 期。王晨也指出了,赫钦斯极力揭示自由教育的真正价值,西方正统的自由教育与美国民主政治哲学的理想、自由社会观点、人性教育主张、永恒价值的课程观相整合,提出了"人人的自由教育"(liberal education for all)的口号。见王晨《赫钦斯自由教育思想研究》,《比较教育研究》2005 年第 4 期。

② 汪家正:《美国教育家的论战》,《民主与科学》1945 年第 1 卷第 4 期。

分割——这种二元论，乃是欧洲大陆的流行的哲学，尤其是德国的哲学的精神，同时，这种二元论，又是现代变乱和灾难的根因。"① 进而提出，美国作为一个新国家应该有自己的新思想和哲学，不应该再沿用这种二元论哲学，"美国不但是地理上的'新世界'，而且应该是文化上的'新世界'，美国应该有它的新的思想和哲学"，"美国为了表现文化和思想的独立，为了避免当前变乱和灾难的重演，在教育思想上，我们绝不能再恢复陈腐的二元论，我们绝不能再依附德国那种'把科学专当工具'的哲学！"②

实际就此处所论，可以发现汪家正笔下的杜威所反对的二元论已经深深嵌入他本人的思想方式，他批评二元论哲学将物质—精神、实用—人文等截然对立、分割，然而其关于新旧哲学的论述恰恰采用的是他本人所反对的二元论思维，他采取了绝对对立的思维方式，割裂了新旧之间的联系。例如，他认为，美国应该有自己的新的哲学，因之而全盘否定欧洲的哲学，就是采取了新旧二元对立的思维方式。

关于赫钦斯的自由教育对民主社会和科学的危害，是因为"它轻视，反对一切实验研究和亲身观察得来的原理原则，而这一种实验和观察，乃是一切科学进步的动力和元气"，"民主政治的精神就是，由各种意见的交换和讨论，以宣判，以判定社会的改革。这一种方法，颇近似科学的方法。因为科学的方法就是运用实验、研究和试探来决定改变的。民主方式的基础就是奠立在：由实验来产生社会的变化。可是，在目前，因为有一些教育家强调着一种陈腐的教育哲学，他们鼓励我们去恢复那一种古老而陈腐的哲学，由于这一种影响，民主方式的运用，乃大受威胁和危害！""芝加哥方案将自由教育和专业教育割裂为两节，而所谓自由教育又一味偏重文艺的学习，同时，认为文哲艺术是高雅的、自由的，是认为科学技术是低俗的、非自由的——这一种陈腐的思想，是杜威所极端反对的，他觉得，这一种思想，乃是现代教育哲学的一股逆流，乃是反科学，反民主的教育思潮。"③ 杜

---

① 汪家正：《美国教育家的论战》，《民主与科学》1945年第1卷第4期。
② 汪家正：《美国教育家的论战》，《民主与科学》1945年第1卷第4期。
③ 汪家正：《美国教育家的论战》，《民主与科学》1945年第1卷第4期。

威认为,现代教育上的最大问题是如何使科学技术为人类造福而不为人类立祸,这一问题的解决途径在于"使科学人文化","使科学、民主、教育三者合而为一"。汪家正认为,"科学和民主的联系""生活的科学化",就是杜威对当时美国和全世界教育的路线和方向的意见。

汪家正将霍普金斯大学校长鲍曼博士(Dr. Bownman)、哥伦比亚大学哲学教授艾德曼博士(Irwin Edman)作为杜威阵营中最主要的代表人物予以介绍。前者1944发表了《科学与人文主义》(science and humanism)一文。他以为,"假如希腊的哲人,也生活在现代的话,那末,他们一定也会对现代科学发生浓厚的兴趣。……今后的大学课程,必须融贯新旧,沟通文质,彼此平衡,使学生得到合理的生活观念"。[①] 后者1944发表了《教育的正路》(which road for education)一文。"无论在什么地方,假如把名著的选读当作是课程的全部,是不合理的事","名著和名著的研读,绝不是自由教育的全部,因为自从现代开始以来,科学已经替人类的理解和知识,开辟出许多新的门径和通路了","一种合理的大学课程,一方面,要包括古代的文化传统,同时,在另一方面,又必须包括现代文明的精华;一方面,他包涵着文学哲学,同时,在另一方面,它又包含着现代的科学和现代生活的种种问题"。[②]

我们发现,与杜威相比,鲍曼和艾德曼并没有全部否定赫钦斯提倡的自由教育及其名著阅读计划,而是肯定了其可取之处并指出了其不足。他们的主张肯定了对古代文化学习的必要性,兼容了人文教育和科学教育、兼容了新旧文化和思想,采取的是一种辩证统一的思维方式。他们的意见更具合理性。这里我们暂且不论汪家正是否正确表达了杜威的意见,就汪家正本人所论述的内容来看,将鲍曼、艾德曼和杜威视为同一阵营是不妥的。从这个意义上讲,我们可将对赫钦斯的名著阅读计划的立场分为三派:一是赞成派,以柯南特和波多野为代表;二是折中派,以鲍曼和艾德曼为代表;三是反对派,以杜威为

---

① 汪家正:《美国教育家的论战》,《民主与科学》1945年第1卷第4期。
② 汪家正:《美国教育家的论战》,《民主与科学》1945年第1卷第4期。

第五章　美国自由教育思想的引进与接受　/　183

代表。考察20世纪30—40年代美国大学教育的发展，对赫钦斯的自由教育及名著阅读计划赞成并在实施中采用者逐渐增加，反对的声音逐渐减少。在美国大学的课程体系中，虽然说完全采用赫钦斯的名著阅读计划是不可能的，但是完全抛弃这一思想更是不可想象的。美国所有大学都或多或少地受到了赫钦斯的影响。

总的来说，汪家正对这次论战的介绍，勾勒了赫钦斯的自由教育和名著阅读计划的基本轮廓和基本观点，呈现了它在美国教育界引发的激烈争论。这一争论反映了美国实用主义教育与人文主义教育两大流派的论争。作为对论战双方观点的介绍，汪家正一文不可能较为全面的向中国学界介绍赫钦斯的自由教育思想，但此文无疑抓住了赫钦斯教育思想的核心和关键——自由教育和名著阅读。汪家正介绍这一争论，与他对中国教育的关怀密切相关，他认为，当时的中国如同美国一样，教育上的复古势力正在抬头，杜威的言论对中国这种反动的倾向有很好的启发和警示，"近年来，在我国的教育思潮上，各式各样的复古的倾向，偶尔似乎非常显明，文化传统的腐朽的势力，间或也趁机抬头，甚至于猖獗起来，读了杜威的一番言论，我们应该有些什么感想、警觉，和启示呢！"①

汪家正对两方观点的论述之间，也明显反映了他个人的倾向，即站在杜威的立场上，激烈批评和否定赫钦斯的改革，"这种过分迷恋过去的文化传统，而藐视现代文明的教育思潮，实在是一种陈腐的、复古的落后的思想。然后由于一般人不满于过去的教育措施，由于一般人急于想求得一个革新教育的方针，这一种反进化、反科学的教育哲学竟然莫名其妙地被一般人所欢迎，所接受了。并且，在这短短的时间以内，这一反动的哲学几乎整个地笼罩了、迷朦了美国的教育设施，而美国教育的民主基础，也就因此而动摇，而危险了！因为赫钦斯一派的理论，在直接影响上，是形成人文与科学的分裂和对立，是造就精神与物质的削裂和悬殊，在间接影响上，则是促成贵族和平民的对抗与斗争，并形成劳心和劳力的尊卑与隔绝"。② 从中可以看出，

---

① 汪家正：《美国教育家的论战》，《民主与科学》1945年第1卷第4期。
② 汪家正：《美国教育家的论战》，《民主与科学》1945年第1卷第4期。

汪家正对赫钦斯的过于激烈和情绪化色彩浓厚的批评,反民主、反科学的大帽子戴在赫钦斯头上,赫钦斯在中国学界之地位似乎难以翻身了。这里流露出来的直线进步史观、二元对立的思维非常明显,这或许影响了他对杜威意见的解读。

第四节　民国大学界对美国自由教育思想的接受

劳威尔在哈佛大学的改革、迈克尔约翰的试验学院计划、赫钦斯在芝加哥大学的改革,既是对实用主义主导下美国大学教育问题的一种纠正,也深刻地反映了他们同中有异的自由教育思想。他们笔下的美国大学问题与中国大学问题的诸多共通处,成为其学说被中国接受的一个可能因素。他们对美国大学改革的具体措施及方案,因与当时中国社会、民族的时代环境、中国大学的需要、学者个人的理想之间的契合与迥异,成为他们各自学说被选择性吸收的主要原因。从竺可桢在浙大推行的改革及其通识教育思想看,这一时期的中国知识分子更多地立足于中国传统文化的精粹,吸取世界先进国家的精华(劳威尔及美国自由教育思想只是其中一部分)来构建自身通识教育体系。所以,论述民国大学对劳威尔、迈克尔约翰、赫钦斯等自由教育思想之选择性接受,应当放在这一广阔的背景下去认识。

从上述所论可以看出,劳威尔、迈克尔约翰和赫钦斯的自由教育思想有诸多共同之处:他们思想形成的大背景都是实用主义在美国一路高歌的时代,都是基于美国大学存在问题,提出了各自改革的设想与方案。可以说,他们所论述美国大学存在的问题惊人的相似:从教育理念上看,过于重视专门教育,忽视通识教育,造成结果是,学生所学知识支离破碎,对世界缺乏基本的了解;从学生求学态度上看,学生根本不把求学当作其根本的职业,而是一味热心课外活动;学问被当作强迫的、不受欢迎的、附带的东西,为学问而学的学生极少,而是出于自己一时的兴趣和未来职业而学,学生缺乏研究的精神与主动学习的习惯;在教学方法上,以讲授为主,而缺乏讨论与合作,将学生作为接受智慧的器皿,忽视学生的兴趣与个性;教师和学生之间接触不够等等。

他们三人之所以指出这样的问题，与其所持的共同的理想有关：大学是研究高深学问的场所，大学生应当具备为学问求学的态度与研究精神；反对大学的功利主义与实用主义，大学的过度专门化；注重自由教育，通过基本课程（劳威尔的"分配课程"、迈克尔约翰的"共同的课程"、赫钦斯的"共同教育""经典著作"）来培养学生对国家、社会、人性的共同认知。为了培养学生的品德和人格，劳威尔和迈克尔约翰主张并建立了住宿制度。

劳威尔、迈克尔约翰、赫钦斯等揭示的美国大学问题，几乎可以说是直指中国大学教育。这些问题正是当时中国大学界人士讨论并亟待解决的问题。在这种情况下，他们的自由教育思想极有可能被中国选择性地吸收。比如郑若谷导入迈尔克约翰试验计划的一个重要原因是，这一计划与其大学教育的理想有相通之处，比如对研究精神、师生关系、道德培养、团体生活的强调和重视，对学生自动学习与探究能力的培养等等。回顾民国这一时期的大学教育改革，我们可以发现，各大学通专结合的人才培养目标，对学生研究学问与服务社会的双重要求，分类必修课的采用，导师制的试行等等，都体现了某种与美国自由教育思想的一致性，尤其是与劳威尔的自由教育思想。

劳威尔的课程模式"分配"之余有"集中"，提倡学生自由探究时又给予"辅导"，这些都是与迈克尔约翰、赫钦斯不同的。在大学的职能上，教学、科研与服务都包容在劳威尔的思想与实践之中。他要求根据社会经济发展和新职业的出现设立专业，强调专业学科要服务公众，满足国人的真正需要。他这种调和自由教育与专门教育的理念与实践，更符合民国当时的时代与社会背景：既需要培养研究高深学问的学术人才，又急切需要掌握一门专业知识与技能的专门人才，服务中国当时民族和社会发展的需要。

赫钦斯虽然也批评美国大学的功利主义，但是他的经典课程以古典学科为主，而且指向对"共同人性"（人类之所以为人类）的认识，而相对忽视了"本族群的属性"（民族和国家特性），这与20世纪30—40年代中国民族救亡的大环境与需要几乎格格不入。如果我们对比，民国学界对弗莱克斯纳《现代大学论》（1930年）的热情导入及较高的认可度,与民国学界对随后几年出版的赫钦斯《美国高等教育》(1936年)的忽视,及汪家正将赫钦斯作为反科学、反民主与复古的代表人物对其思想的大加鞭挞,更可以看出这一点。① 因为弗莱克斯纳的大学学说以其多样的特质,既满足了一部分民国学者立足本国国情、批评中国大学教育一味仿美的需要,也符合以德国大学为榜样的知识分子的倾向。而赫钦斯虽然批评美国大学教育,但其解决大学问题之方法并不适合中国知识分子的胃口,这也从侧面反映了20世纪民族性(弗莱克斯纳赞同大学是民族灵魂的反映)与世界性(赫钦斯对永恒"共同人性"②的强调)的较量中,前者始终是占据优势地位。

迈克尔约翰的以文明研究为核心的"共同的课程",也具有和赫钦斯几乎一样的问题。③ 他的试验学院在各个方面企图以自由作为导向,"自由教育""自由教学""自由研究""自由发展""自由结合的团体",但是就是不能自由选课。他强调教师和学生在大学前两年共同学习同样的科目,完全没有选修的自由。这在中国当时的环境下也不可能被采纳的。反而是他对威尔逊推行宿舍计划、营造师生共同生活的论述引起了孟宪承等学者的兴趣,也再次印证了这一点,推行导师制在中国大学学界中有广泛认可的背景与实施的可能。

---

① 这里,赫钦斯作为一种反面的形象,被汪家正用来影射当时中国的反科学、反民主和复古的活动与思想。

② 当然,赫钦斯所谓的"共同人性"主要是以西方社会为主导的,这从其认为代表了永恒人性的经典著作中可以看出,大量经典著作是文艺复兴之前的著作。

③ 这里是指,迈克尔约翰的"共同的课程"与赫钦斯的经典课程很大一部分是古代的历史、文学等,但是迈克尔约翰强调比较各个文明间的相同与不同之处,并不追求共同人性的认知。此外,迈克尔约翰自由教育的对象是基于平民主义的,而赫钦斯则持精英教育观,这一点他和劳威尔是相同的。

第六章　西方其他学者大学教育思想的引进与接受

第一节　中国学者译介拉斯基的英美大学教育论

哈罗德·拉斯基（Harold. J. Laski，1893—1950）是英国工党著名的理论家、民主社会主义思潮的奠基者，一生著述30多部，此外尚有大量的小册子、论文、演讲稿等，内容涉及社会科学许多领域，在欧美思想界有着重大的影响，被誉为与罗素、林赛并列的英国三大思想领袖之一。1916—1920年任美国哈佛大学讲师，主讲欧洲史、英国史和政治思想史。1920年回到英国后，长期在英国伦敦大学政治经济学院执教。民国时期一些中国留学生师从拉斯基学习政治、经济，拉斯基的学说对20世纪30—40年代中国的部分知识分子尤其他的学生有一定的影响。① 但是，梳理文献可以发现，无论是民国时期还是现在，对拉斯基思想的介绍主要集中探讨其政治经济思想，对其教育思想，尤其是大学教育思想的译介较少。

目前可见的仅有万小石翻译的《拉斯基论英美大学教育》，该文原载于《纽约时报》1931年6月21日，原名"Do Our University Fall Short"，"拉斯基为牛津毕业生，后充伦敦大学政治教授，写此文字时

---

① 关于拉斯基和民国思想界的研究，可参考孙宏云《民国知识界对拉斯基思想学说的评介》，《中山大学学报论丛》2000年第3期；孙宏云《关于拉斯基和他的中国学生的初步研究》，《中山大学学报》（社会科学版）2000年第5期。

任哈佛耶鲁二大学教职员班讲师"。正如译者所言，拉斯基此文是众多批评美国大学教育中的一篇，其中心问题是美国大学究竟病在何处？解答方面极多，但拉斯基"对英美大学之比较备极精到，对美国大学之积弊尤痛加针灸，不稍顾惜"。译者认为，鉴于中国大学教育的问题与美国极为类似，故拉斯基对美国大学的批评及改进意见对中国具有借鉴价值。

拉斯基主要以英国大学教育作为参照物，对美国大学教育的师生关系、教学方式、考试制度、行政制度等方面进行了批评。他承认美国大学物质方面的优越性，但是物质的优越无法弥补它的贫乏。"英国大学的光荣便是它寓教于无形的特点。英国的教授和美国的不同，他们不是拒人千里的沉思的巨灵，他们和学生原是相熟的朋友，……师生之间毫无隔阂。学生并不觉得在一位老师辈面前，自己就应缄口不言，抹杀互相讨论及指点的权利。上课听讲呢，当然无须整日价第恭聆，固然听讲到了适当的程度，通常也认为是获得学位的一种门径。他着重自己的思考和博览，尤其是和学友们长时间热烈的讨论。他们通过和教授们的私人接触，潜移默化间拾得无限的学问，所考的科目不宽泛，学生接近学问之道，完全由自己主动，求学之责绝不允许他人代劳。"① 美国大学的情况正好和英国相反。大学学生和教师几乎没有接触，更谈不上辩论，学生日复一日的忙碌于各个讲演，"笔记就是他一切观念的基础"，这样得到的知识虽然成群成堆，但用于阅读和思考的机会很少，智力和心灵没有得到砥砺磨炼。拉斯基实际讨论了英、美大学师生之间的接触以及随之而来的教学方式的不同对学生的影响。也就是说，英国大学亲密平等的师生关系保证了他们互相讨论的机会、激发学生的思考、学生的智力和心灵受到了锻炼。而美国大学因为师生见面局限于课堂，课下则形同陌路，因此无论智力还是心灵都缺乏砥砺磨炼。这种情况的形成与教学方法和方式密切相关，讨论式和讲演式之间，相对而言，前者需要学生更多地发挥主观能动性、阅读大量的材料，而且在讨论中也容易锻炼学生各个方面的能力，后者则似乎只需学生带着两只耳朵去教室即可，容易助长学生

---

① 拉斯基：《拉斯基论英美大学教育》，万小石译，《国闻周报》1931年第8卷第31期。

被动学习，缺乏主动思考的习惯。

　　美国的考试制度也是拉斯基批判的对象。他认为，美国大学频繁的小考使学生受到了双重的损失，一是"写作的本领与其绝缘"，因为 10 分钟的小考使他没有机会练习这种表现他的艺术。二是不能掌握和领会整个有系统的学问，"他所知晓的事理，都零零碎碎地与某种课程的讲演成照应，而认真把学问集成一种系统的理论简直是绝无仅有"。

　　也许正是由于师生之间的关系和教学方式的问题，拉斯基认为，美国大学生研究的能力低下，将自身局限于一个小的领域之内。他们对未经探寻的东西抱着极大的热情去研究，却忽视了真有意义和价值的学问。他们对未出版的著述文章产生无限的兴趣，却将重要的历史典籍束之高阁。

　　美国大学的教学固然是拉斯基不满的所在，管理方面他也指出了美国大学存在的种种问题。首先，美国大学的管理将教授排除在重要的政策之外是不可取的。他认为，这种行政制度起源于校款筹集的艰难，所以大学校长由学者摇身一变成为商业组织的经理，权力遂被掌握经济的校长和董事控制，重要政策教授没有发言权。大学校长日日想着他的经济大计而忽视他同事的人格，小心翼翼地求媚于那些有捐款希望的阔佬，在任何情形下不肯得罪他们。这样大学就被掌握经济来源的巨子们控制。于是，"带有危险性的教授是不欢迎的，因为他或者能得罪那些有钱的校友。大学运动员整个地职业化，……然而为引起毕业生对母校的兴趣也不得不保持。必不可少的计划，是怎样叫大学在社会上引起注意，另有宣传职员专查本校在新闻纸上是否已获相当的地位。于是能帮助这种计划进行的教授自然是最有地位的教授。在这里董事原来不明了学术研究究竟是什么，但是为增高大学的声誉期间，他们不惜一切，勉励教授出版作为教授对本校贡献的准绳"。[①] 拉斯基对这种金钱控制大学的情况极力批评，认为这使得大学的地位日见降低，最终成一种"权宜机变"的处所，这在弗莱克斯纳的著作中已有详细的探讨，但在拉斯基看来，弗氏遗漏的一点是"美

---

① 拉斯基：《拉斯基论英美大学教育》，万小石译，《国闻周报》1931 年第 8 卷第 31 期。

国大学更多的积病，仍源于过重组织的原故，时间都被广大的行政机器所需要的各种手续消耗了。"①

拉斯基指出大学教师事关大学的命运，师生关系是大学发展的希望所在，目前美国的授业方法和行政制度都在阻碍这种和谐师生关系的发生。美国大学制度必须有大的改革。实际在拉斯基对美国大学的批评中部分蕴含了其改革的建议，即在教学方式上从讲演到讨论、从听讲到自由研究，从成群的讲授到以个人的熏陶为主；听讲不应当强制，定期的阅读和广泛的考试，课程应有更深切更彻底的探讨。"教学的中心必须由讲演、读教科书移向自由研究和私人教授方法中朋友的商榷。成群的讲授必须换以个人的熏陶。现在拿来修建筑的金钱，应当用来培植学生。"② 对于美国大学由助教组织讨论的做法，他认为应有教授负责，因为助教思想不成熟，经验不丰富，组织讨论的效果欠佳。助教则应该担当由教授负责的讲演的任务。

第二节　郑若谷对霍尔大学教育思想的引进与接受

一　郑若谷对霍尔大学教育思想的译介

霍尔（Granville Stanley Hall，1844—1924）是何许人也，中国学者为何介绍他的大学学说呢，按照郑若谷的解释，霍尔留学德国学习实验心理学，以心理研究"著称于世"，对于青年心理"最有心得"，当时美国之心理学者，多出其门下。其从教经历是先在约翰霍普金斯大学任教，后任克拉克大学校长，历十余年。可能是基于霍尔在青年心理研究的卓越声誉和长期担任大学校长的经历和成绩，郑若谷将霍尔与艾略特、杜威并列为美国"当代"三大教育家，认为他对各种教育问题具有真知灼见。不过，郑若谷对霍尔大学教育思想的介绍，选用的不是霍尔本人的著作和论文，而是霍尔的学生巴屈齐（G. E. Partridge）《教育进化哲学》（Genetic Philosophy of Education）

---

① 拉斯基：《拉斯基论英美大学教育》，万小石译，《国闻周报》1931 年第 8 卷第 31 期。
② 拉斯基：《拉斯基论英美大学教育》，万小石译，《国闻周报》1931 年第 8 卷第 31 期。

一书的第 17、18 章。郑若谷认为，该书是霍尔之高足巴屈齐转述师言而成，"其中十七、十八两章，专论大学教育，透察合理，极有价值。用敢译出，以示研究大学教育不可不参证氏之议论之意"。[1]

这里表明了两层意思：一是说明郑若谷将霍尔的大学教育论述的价值看得非常高，是研究大学教育必不可少的参考资料；二是巴屈齐《教育进化哲学》一书能够代表霍尔的思想，这解决了我们的疑问，即为什么对霍尔大学教育的介绍没有选用霍尔本人的言论，而是选用他的学生的转述。实际上，这在外国学者对巴屈齐《教育进化哲学》一书的书评中也能得到印证，梅森格（J. F. Messenger）认为该书是对霍尔大部分作品的一个令人满意的概括。可以说，这本书不是对霍尔作品的一个介绍（introduction），而是一个浓缩本（condensation）。巴屈齐旨在呈现霍尔的观点，而不添加自己任何的评论，它仅仅是对霍尔学说的阐述（exposition）。梅森格认为巴屈齐成功地呈现了贯穿霍尔作品中的基本观点，其核心就是对所有有意识过程的进化的解释。[2] 陀思诺夫（Radoslav A. Tsanoff）指出，这本书是巴屈齐对霍尔在过去 25 年内发表的 300 部著述（书和文章）中所包含的教育原则的忠实概括。[3]

那么，霍尔对大学教育都提出了哪些"透察合理""极有价值"的观点呢？从郑若谷译介的内容来看，主要包含以下论题：大学教育的对象、大学教育的价值和功用、大学研究精神等。

1. 大学教育的对象

关于大学教育对象的问题，也即谁应该受大学教育，霍尔从身体、智力、求学兴趣和道德信念习惯等方面论述了进入大学的条件。霍尔对当时社会上流行的见解——所有的青年都应该进大学，指出这虽然有鼓励青年上进的好处，但是也有很多"危险"，有些青年身体

---

[1] 郑若谷译：《霍尔论大学教育》，《国立大学联合会月刊》1929 年第 2 卷第 7 期。

[2] Genetic Philosophy of Education by G. E. Partridge, Review by: J. F. Messenger, *The Sewanee Review*, Vol. 22, No. 1, Jan. 1914, p. 117. J. F. Messenger 在文中进一步指出，如果一个学生想知道霍尔在想什么（what Hall thinks），不关心他的灵感（inspiration），只想知道霍尔的思想（thoughts）而不是他的情感（emotions），想知道他的学说（doctrine）而不是他这个人（the man），读这本节省时间的缩写本（abridgment）是可以的。

[3] Genetic Philosophy of Education by G. E. Partridge, Review by Radoslav A. Tsanoff: *The American Journal of Psychology*, Vol. 24, No. 1, Jan. 1913, p. 137.

上不健康，大学过度的工作会残害他们的身体，"尤其是在他们最需要发育的青年时代，这种残害将成为终身的遗恨，他们遂永无恢复健全的希望。那么，发育既遭阻止，健康又被牺牲，而所得充其量亦不过是一些知识，未免太不值得"；这就是说身体不健全者不能进大学。第二，智能低下或缺乏强烈的求知兴趣的，也不配进入大学。这里智力和兴趣是两个必要条件必须同时具备，智力低下者固然不能进入，智力高尚者、缺乏求学兴趣的，也不配进入大学，"对于这一般没有知识嗜好而才能高尚者，社会上已有各种实利的事业，足供他们的驱使，没必要来大学受苦"。第三，道德信念不健全的青年、未养成良好习惯的青年也不应该受大学教育，因为他们不能抵抗大学中诱惑性的不好的影响，而大学也没有创造学生道德和习惯的能力，"因为大学生活中充满了诱惑的势力，可以予他们以恶的影响，而且大学教育绝没有创造品格的功能；所以他们还是不进大学的好"[①]。总之，接受大学教育的基本条件包含健全的身体、高尚的智力、求知的兴趣、成熟的品德和良好的习惯。

2. 大学教育的价值和功能

霍尔认为，大学教育的价值包含了它对学生个人的价值和对社会的价值。就其个人价值而言，大学通过教授给学生各个部分的文化，满足学生求知的欲望，使学生达到圆满的发展。霍尔肯定大学对个人智力的重要作用，同时更强调大学在引领个人理想、兴趣等非智力因素等方面的责任，"在大学受教育的学生，应都是尚未成熟的青年，故大学教育的功用，就是要用高尚的理想与兴趣来陶冶他们，使其得到完全的成熟（maturity）。每一个大学教师，无论其专科为何，即负有创造兴趣与提倡理想的责任，于是青年们的心理也逐渐为这高尚的理想和兴趣所支配，遂至养成他们的操纵理想与兴趣的能力。倘若他们缺乏这种能力，他们要不免向卑下的方面的发展。这就是走上堕落之路了"[②]。就其社会价值而言，它建立在它对个人价值的基础之上，通过促进个人智力及道德等各个方面圆满的发展，促进社会文化上的进步。

[①] 郑若谷译：《霍尔论大学教育》，《国立大学联合会月刊》1929 年第 2 卷第 7 期。
[②] 郑若谷译：《霍尔论大学教育》，《国立大学联合会月刊》1929 年第 2 卷第 7 期。

第六章 西方其他学者大学教育思想的引进与接受 / 193

霍尔高度肯定大学对个人和社会的价值,他认为大学是为少数人而设的高等学府,自然应当努力培养各种高级人才。同时为了防止实用主义的误解与指责,他指出大学里各种学问的学习似乎表面上无关实用,似乎不能对个人和社会的发展产生实际效果,实际上"大学里各种学问的追求往往是无所为而为的,在表面上,都似乎无关实用,而其实没有一种研究缺乏实利的价值,且常有最理论的问题竟能产生最实用的结果。在社会上所有的高等职业里面就有许多标准及实用的法则,概是已往之大学教育的成绩,即我们的生活上之各种改良进步,归本溯源,亦大半为大学教育的结果。"①

3. 大学教育价值实现的条件

正因为大学要造就智慧与道德的完全人格,以使个人达到圆满的发展,这对大学的目的和观念、教学设施、教师职责、课程教材和教学方法等都提出了要求。

第一,大学的目的"不宜十分确定,大学的功能亦不应偏重过度的专攻(specialisation),以造成个性之极端的发展。"在教学观念上,大学要注重博学的训练,要认识到青年的心智必须经过多方面刺激的锻炼。与迈克尔约翰、赫钦斯一样,霍尔也从人类之间的共同性出发,强调大学应注重养成青年共同的兴趣,发展青年间相互的利益。"我们同是人类,共同相互之点甚多,我们应该用大学教育的力量来发展相互间的利益与共同的兴趣。"

第二,为了要使学生得到圆满的发展,对师生人数和大学设施提出了严格要求,"人数不能太多,倘若太多,师生们接近的机会便较少,因此在这个年龄上的青年,便难得到圆满的教育"。"大学中的一切设施,都当有一个道德的目的存乎其间,因为青年们道德上的进步比知识上的收获较为重要"②,霍尔多次强调大学设施的道德意义,以保证青年高尚人格的养成。

第三,为了实现大学教育的效用,大学教师的职责,不在于灌输已有的知识,而在于"引领学生去探求发现人生的神秘"。"如教育

---

① 郑若谷译:《霍尔论大学教育》,《国立大学联合会月刊》1929 年第 2 卷第 7 期。
② 郑若谷译:《霍尔论大学教育》,《国立大学联合会月刊》1929 年第 2 卷第 7 期。

的效用仅是灌输知识,而不去启发理想及引起学生对于人生上的一切大问题的兴趣,那种教育始能算是过去的教育,与未来的人生是没有多大关系的,其结果必造成社会上保守的风气与不进步的人生。要知道,今日的大学生即是明日的社会领袖,他们的生活,大部分即是未来的生活,故他们所抱持的理想亦应是将来的理想,他们所应有的兴趣亦是对将来社会的兴趣,倘若大学教育不能充分的表现这个时代的精神,就丧失了真正大学教育的性质,就不配存在于进化的时代。"[①] 霍尔批评当时大学中教师注重专门研究,而忽视了对学生的培养,他认为大学教育应当注重养成学生对于人生的兴味与解决人生问题的能力。大学教师不应仅仅关注自己的专业,局限于自己所研究的范围,应该把自己的学问向广博方面发展。评价教师的教学成功与否的标准,不是看他灌输给学生的知识多寡,而是看他的学生对于有价值的事物的兴趣如何,"就是考察他的学生在人生价值的认识上及适应人生的热心能力上究竟受了他的多少影响"[②]。

  第四,在课程上,为了启发学生对于人生上大问题的兴趣,就非得变更现行的课程、教学的方法和教材,"都应注重人生之大的方面,一切作业亦应以道德的课目为中心。学校应提倡宗教的生活,应有好的人生哲学,应使伦理学与健康,名誉问题,游戏的兴趣,自治以及个人效率联系起来。其他如文学、自然科学、心理学、教育哲学等课目,都可以帮助青年了解人生的意义,启发行为的理想,和造成对于未来的兴趣,都是大学所应设的课目。教育学(pedegogy)为各种理论的与实用的科学之冠,即应普遍的授给学生,借以启发关于公民、父母,及社会利他主义的各种理想。音乐是最能陶冶感情的,应在课程表上居于很光荣的地位,它是一切感情的言语,最广泛的文化课目,亦应普遍教授,以期提高人生的标准。大学生的宗教需要是很大的,故应开设宗教一课,并采用比较的、心理的及历史的方法以教授之"[③]。可以看出,与弗莱克斯纳不同,霍尔高度认同教育学在大学中的价值,在课程上重

---

① 郑若谷译:《霍尔论大学教育》,《国立大学联合会月刊》1929 年第 2 卷第 7 期。
② 郑若谷译:《霍尔论大学教育》,《国立大学联合会月刊》1929 年第 2 卷第 7 期。
③ 郑若谷译:《霍尔论大学教育》,《国立大学联合会月刊》1929 年第 2 卷第 7 期。

视文学、自然科学、伦理学、音乐和宗教等学科,认为它们有助于学生的理想、兴趣的培养,有助于青年对人生的认识。

第五,充分利用大学生的社会生活,发挥学生个性,养成学生的伟大人格。霍尔认为,大学内的各种学生团体代表了学生年龄阶段所应有的社会意识和活动,具有重要的教育价值,"在这些团体内,可以成就高尚的友谊,可以得到许多有价值而在别处得不到的经验,这些团体的真价值就是能给予他们以发展个性的机会与养成伟大的人格的可能"。霍尔指出,要发挥这些团体对学生的益处,限制其弊端,必须采取良好的方法指导它们。而这恰恰是当时大学教育普遍忽视的问题。他以学生的自治组织、学校的游戏运动为例说明指导的必要性及其意义所在。在过去,学生自治过于强调所谓的"自治",而不顾任何规范的限制和训导,实则自治组织是有限度的,任何自动结合的团体,都受到一定规则的限制,有规则而且以全体成员的幸福为标准,这样才是理想的自治。霍尔高度称赞学校的各种游戏运动的教育功效,"学校里的各种游戏运动,是最能引起学生们的社会兴味的,倘指导有方,其在教育上的功效真是不可限量",学校的游戏运动可以充分利用学生的休闲时间,寄托他们的激情,这样一则学校中的不安、捣乱和不道德的倾向可逐渐消失,二则在游戏运动中学生可以学会"对于团体的忠心、高尚道德的认识,及对于学校权力的尊重"。霍尔还说:"若学校能养成一群好的运动员,即是为社会造就了一群好的分子。英国的运动精神最发达,故其民族团结的力量最强,社会的进步顶快。要看一个大学的学生的程度如何,简直可以拿他们运动的成绩是怎样作为判断的标准。"① 这似乎过于夸大了学校游戏运动的价值,参考弗莱克斯纳对美国大学学生运动的批评,可以看出两人对学生游戏运动的价值大相径庭的看法。

霍尔认为,大学生的哲学态度是影响大学教育效果非常重要的一个因素。他指出当时的美国大学生反对现存社会的一切制度,"不是怀着破坏的心理,便是抱着讽刺与玩视人生的态度",这种对人生的消极态度有害而无益。"大学生所应有的,是一个积极的人生观。他

---

① 郑若谷译:《霍尔论大学教育》,《国立大学联合会月刊》1929年第2卷第7期。

应该热心实际的生活,并无时不在求知以图有所发现,借以造福人间。"① 为了养成学生积极的人生态度,大学里的哲学课目,应当是"满含人生意味的积极哲学"。为了避免哲学的枯燥乏味,使学生获得对人生的正确理解,过有价值的人生,哲学科的教学内容应当包含各种科学的原理及重要的成绩,教师在教学中应认识到他所教授的学问只不过是人生哲学的一面,还要注意到青年们的人生态度。

4. 大学的功用在养成研究的精神

霍尔专门论述了大学在养成研究精神方面的功用,这种研究精神不但应该渗透于其他教育阶段,而且应浸润于社会生活之中。大学应该公开的讨论各种思想,大学的设立,为的是进步和未来,其所负的使命当较其他任何组织更为重要。他指出所谓研究的精神,并非由大学教育创造出来的,而是儿童的好奇与好问的精神之发展,教育应当做的一点就是扫除各种阻碍儿童好奇好问的精神发展的障碍,避免不良教育的摧残。具体到大学教育阶段而言,"当造成适宜于发展研究精神的环境,要使每一大学教师都具有艺术家的才能,时时在自己创造,并时时在激励别人创造,他不仅是一个学者,而更须做一个富有启发能力的导师。青年们在这个年龄上是最能进步的,大学应使其本着好奇的精神去创造,去窥见未来,去开辟新的途径;在智的方面,要求得到新的发现,在情的方面,要表现利他主义的精神,这才是人生青年期的价值所在"②。除了营造有利于研究的环境,还需要充分发挥学生自动研究的精神,被动的学习无助于养成学生研究的精神。在研究上,学生不应当只重复他人的研究,而是应在前人成果的基础上,"用新的方法,集中旧有的知识以求新价值的发现",做到这一点的前提"学生须有一般学问的基础,否则他们自动的研究就没有相当根据"。③ 为了培养学生的研究精神,各大学应给予学生自由转学的权利,使得每个学生都能得到最适于其个性的教导。"假如每人所钻研的是于他最适宜的专门学问,假如能创造新的思想,假如他的人格可随着他的作业而增加,假如他能

---

① 郑若谷译:《霍尔大学教育》,《国立大学联合会月刊》1929 年第 2 卷第 7 期。
② 郑若谷译:《霍尔论大学教育》,《国立大学联合会月刊》1929 年第 2 卷第 7 期。
③ 郑若谷译:《霍尔论大学教育》,《国立大学联合会月刊》1929 年第 2 卷第 7 期。

运用勤勉的精神与想象的能力以窥入新的境界并能预计未来的工作,——则人与作业即已切实联络,遂可以造就教育的最好成绩——一个'真正的学者'（A True Scholar）!"① 霍尔高度肯定个人在研究领域中各尽其长有利于真正学者的培养。但他同时又指出,每个学生尽力于自己感兴趣的研究,谋个性的发展是必要的,但是个人一进大学就不只是一个人,而是大学中的一分子,是"知识的高等生活"的一分子,所以在个性发展之余,他应当帮助同学从事学问上的研究。

从上述所论看来,霍尔大学思想似乎存在矛盾之处,一方面认为每个人都应专研最适宜他的学问,一方面又批评大学的过度专攻,过度注重专门研究,提倡对学生进行博学的训练,进行多方面的刺激,教师应当向广博方面发展,而不仅仅关注自己的研究范围。他似乎在寻找两者的平衡点,就学生而言,个性既不能极端发展,又要在一定范围内保持自由得到适宜个性的发展；就教师而言,一方面在自己研究的范围外注意其他学科和学问。一方面也应在自己的领域专研、提出新的思想,开创未来的新局面。

二 郑若谷对霍尔大学教育思想的接受

郑若谷之所以导入《霍尔论大学教育》,既与霍尔揭示的大学教育问题与当时中国大学存在的问题相似,也与霍尔对大学教育的改进意见与其有一致的地方有关。② 这成为郑若谷乐意接受并传播霍尔大

---

① 郑若谷译:《霍尔论大学教育》,《国立大学联合会月刊》1929 年第 2 卷第 7 期。
② 这里之所以详细对比郑若谷与霍尔大学教育思想之相通处,一方面旨在说明某一学说被导入的学者层面原因,另一方面,也旨在说明当时时代背景下各种学说的一种共同的趋向。我们虽然不能将霍尔的大学教育思想纳入自由教育的阵营,但是可以发现他的思想与本章所述的美国自由教育思想有很多一致的地方。霍尔认为大学的目的"不宜十分确定,大学的功能亦不应偏重过度的专攻（specialisation）,以造成个性之极端的发展"；注重大学教育的道德目的,主张充分利用大学生的社会生活,发挥学生个性,养成学生的伟大人格；在教学观念上,大学要注重博学的训练,要认识到青年的心智必须经过多方面刺激的锻炼。与赫钦斯一样,霍尔也从人类之间的共同性出发,强调大学应注重养成青年共同的兴趣,发展青年间相互的利益,"我们同是人类,共同相互之点甚多,我们应该用大学教育的力量来发展相互间的利益与共同的兴趣"；强调为了要使学生得到圆满的发展,对师生人数和大学设施提出了严格要求,"人数不能太多,倘若太多,师生们接近的机会便较少,因此在这个年龄上的青年,便难得到圆满的教育"。（具体见郑若谷译《霍尔论大学教育》）

学教育思想的重要原因。具体原因如下:

(1) 关于大学教育的对象,可以说郑若谷完全吸取了霍尔的观点:大学是为少数人而设的高等学府,应当努力培养各种高级人才;从身体不健康,智能低下或缺乏求知兴趣,嗜好实利的工作,缺乏道德信仰、没有良好习惯等方面界定哪些人不配受大学教育。[①]

(2) 霍尔多次强调大学设施的道德意义,以保证青年高尚人格的养成;郑若谷在论述理想的大学教师时说:"为养成学生的高尚人格计,他第一要自己立个好榜样,即要以身作则;他第二当使研究的对象和方法饱含道德的意义与价值。……教师是道德高尚的教师,课程充满道德的意义,一切设施都有道德的价值,学生在这种环境之中,春风时雨,岂有不受感化的道理?"[②] 可以看出两者对大学教育的道德意义的重视。

(3) 霍尔强调大学中各种学问的无用之大用,郑若谷也指出了社会上轻视大学教师所教知识的"无用",其暗含之意是这类知识表面看来无用,实际上有大用:"因为近世物质文明的发达,社会上一般人遂趋重实利的一面,对于大学教师不免轻视,觉得他们只是高谈学问,不问实际,他们与我们没有什么紧要的关系。"[③]

(4) 两人都主张大学教育中博与专的结合,都持教育进化史观。霍尔批评当时大学中教师注重专门研究,而忽视了对学生的培养,他认为大学教育应当注重养成学生对于人生的兴味与解决人生问题的能力。大学教师不应仅仅关注自己的专业,局限于自己所研究的范围,应该把自己的学问向广博方面发展。郑若谷主张大学教师应当了解一般学问,精通本专业的学问,"大学教师应对于一般基本学问,都应有相当的了解,并且必须是一种学问的专家。他不但知道这种学问的历史和变迁以及前人的成绩,且要知道全世界关于这门学问的理论与实际的最近消息;否则就要与世隔膜,不免成为时代的落伍者。这样去教书,所教的不过是前人的成绩,学生所学的亦不过是前人的成

---

① 可对比郑若谷编《明日之大学教育》中"大学教育的理想",第 3—5 页,郑若谷译《霍尔论大学教育》第 1—2 页。
② 郑若谷编:《明日之大学教育》,上海南华图书局 1929 年版,第 11—12 页。
③ 郑若谷编:《明日之大学教育》,上海南华图书局 1929 年版,第 7 页。

绩，这些旧学问，在今日的科学世界上，未必就能有用，纵有用而未必用之有大效，学问无止境，日新月异，当大学教师的岂可背乎时代的潮流？"①

第三节 中国学者对加塞特大学 理论的译介

奥尔特加·加塞特（Jotse Ortega y Gasset，1883—1955，又译"奥德加"）是西班牙著名的思想家和社会活动家，被称为现代西班牙精神之父和继尼采之后最伟大的作家，1930年出版了《大学的使命》。加塞特文化思想和大学理论独具特色。民国时期译介加塞特思想的有两篇文献，一是由素尼翻译的《安达鲁西亚》，一是王承绪的《西班牙学者奥德加论大学的使命》②。前者导入了其文化观，后者则较系统地介绍了加塞特的大学理论。

一 加塞特文化观的导入

在《安达鲁西亚》中，加塞特集中表达了对当时西班牙南部地区安达鲁西亚的观点。作者首先分析了西班牙南北两部势力的消长，指出南北方在当时达到一种平衡的状态，但这种平衡的状态只是一种过渡状态，势必要被北方新的稳定或者安达鲁西亚新的复兴所取代。随后作者重点讨论了安达鲁西亚人的特点及其文化。"安达鲁西亚从来不曾表现独立之要求，并且也从不想斗争为一个独立的邦国，但是他却有着全西班牙中最确定的文化。"③

"所谓文化者，我的界说是有意义的、和谐的、实际有效的生活态度之总和。生活之至上意义是许多根本问题之集合，而文化则是人类对于凡此问题的解答之总体。既然解答可有许多种类，因此，直至今日也仍然有着各种不同的文化。从来不曾存在着只是绝对的文化，

---

① 郑若谷编：《明日之大学教育》，上海南华图书局1929年版，第9页。
② 本文原载于《东方副刊》，1947年第20号。后收录入《王承绪教育文集》。
③ Jotse Ortega y Gasset：《安达鲁西亚》，素尼译，《大陆杂志》1934年第2卷第6/7期。

是即一种胜利地反抗了一切攻击的一种文化,无论过去或现在的种种文化,都是多多少少地不完全的。我们将这各种文化列为次序,那是可能是,但是一切文化都不能完全无错误、无遗恨、无偏见。惟一的真文化仅仅是一种理想。正如亚理斯多德底形而上学,或纯正科学,那是'尚在寻找之中的'。""每一积极的文化皆仅解决某些生活问题而放弃其他方面的问题,这是可以瞩目的事,而因此一种文化底缺陷也许正就是其特长。"①

从上可以看出,加塞特强调了文化对人类生活的工具价值,文化是对现实生活中根本问题的解答,突出了现世文化的多样性、不完美性。文化是加塞特思想中的一个核心概念,20世纪30年代对加塞特文化观的导入有助于全面把握其大学思想。

二 王承绪对加塞特大学理论的导入

民国时期,王承绪从生平,大学改革的问题,教育上经济的原则,大学的基本职能:文化、专业和科学四方面系统地导入了奥尔特加大学理论。王承绪对加塞特理论的导入参考的是 Howard Lee Nostrand 的译本。王承绪并没有对全书进行翻译,而是提炼了其中的主要观点,对比当今中国的译本,可以说准确地传达了加塞特的大学思想的核心观点。

作者在介绍加塞特的生平时指出,"奥氏对于民主政治,亦独具卓见,认为大众不足以谈真正的民主,需要知识阶级的领导,其《大众的反叛》(*The Revolt of the Masses*)一书,即阐明此点,传诵一时。《大学的使命》,继《大众的反叛》之后,从积极方面讨论教育的改造"②。《大学的使命》是加塞特"对马德里大学学生联合会演讲教育改革问题的讲稿","奥氏学说的要点,在指陈现代社会之文化的失调,而以文化的综合,为救治的对策,大学应注重普通教育(General education)或文化教育(Cultural education)。大学的任务,首先在文

---

① Jotse Ortega y Gasset:《安达鲁西亚》,素尼译,《大陆杂志》1934年第2卷第6/7期。
② 王承绪:《西班牙学者奥德加论大学的使命》,《王承绪教育文集》,江苏教育出版社2010年版,第541页。

化的传递，其次为专业的训练，再次方为科学的研究。大学应首先培养完人（whole man）"。①

加塞特所处的时代，世界各国大学的专门化是共同趋向，对此各国学者都提出了改造的意见，这在本书前面章节也有涉及。但加塞特与其他学者对大学问题的诊断及解决方法是明显不同的。作者首先讨论大学实际的含义后指出了当时大学对文化传授的忽略："概言之，大学为高等教育施教之所，主要任务有二：其一为专业的教学；其二为科学的研究与研究人员的训练。"换言之，即专业和研究。训练专业是一事，科学研究是另一事。社会需要大量的律师、教师、医生等，仅需要少量科学家。他认为，"大学教学，除专业与研究二者以外，尚有哲学、历史等普通科目，此类科目，在大学课程中的地位极低，而其意义则至为重要，此种文化的教育，殆为近代大学所遗忘"。②

作者进而指出，中古大学，无研究，也不重视职业训练，主要属于文化的教育。而近代大学，扩张专业的课程，增加研究的功能，几乎全部放弃了文化的教学或传递。随之带来的后果是，包括英国、法国和德国在内的欧洲人，对于当时时代及人类观念的重要体系，"茫然无知，几无教化可言（Uncultured），可称之为新野蛮人"。③ 工程师、医生、律师和科学家，学问有增，教化则无。"大学教育当务之急，要在注重文化的教学，本时代重要观念的体系的传授，乃是大学教育的基本职能。"④ 应该说，加塞特立足于对大学的定位及其当时大学职能出现的重科研轻教学和文化传递的状况，提出了大学教育的三个职能：文化的传递、专业的教学、科学的研究及科学家的训练。他一再强调，"大学的首要任务，在使学生与时代文化水准相并，成为

---

① 王承绪：《西班牙学者奥德加论大学的使命》，《王承绪教育文集》，江苏教育出版社2010年版，第541—542页。
② 王承绪：《西班牙学者奥德加论大学的使命》，《王承绪教育文集》，江苏教育出版社2010年版，第542页。
③ 王承绪：《西班牙学者奥德加论大学的使命》，《王承绪教育文集》，江苏教育出版社2010年版，第543页。
④ 王承绪：《西班牙学者奥德加论大学的使命》，《王承绪教育文集》，江苏教育出版社2010年版，第543页。

有教化之人（Cultured Person）"。① 为此，大学应设下列诸种科目：世界的自然规律（物理）、有机生活的基本原理（生物学）、人类的历史过程（历史）、社会生活的机构及作用（社会学）、宇宙的计划（哲学）。

此外，他认为，近代大学对学生的期望过高，课程繁重，应根据"能教什么"而不是"应教什么"来决定大学课程的内容。由于现代文明更为复杂，在教学上应采用经济的原则实施教育。"所谓经济的原则，不仅在教材方面的经济，且应使大学的组织，以学生为中心。大学所应注意者，一为学生的学习能力，一为学生的生活需要。大学课程的设施，应以学生确能彻底了解为标准。"② 另外，学校教育与国家发展之间的关系，也是加塞特思想中独具特色的部分。当时流行将一国在战争中的胜利归于其国教育的胜利，他指出"一国的所以伟大，不能完全归功于学校教育，乃是许多因素的总和，如一国政治不上轨道，决难建设完善的学校制度。"③ 这从一定程度上反映了学校教育并非万能，其效力是有限的，是受到一国政治和其他因素制约的。此外，加塞特还论述了专业和科学、文化与科学的关系。

总之，通过王承绪对加塞特大学思想的系统导入，其关于大学与国家的关系、大学应重视文化的教学与传递、大学课程和教学要以学生能力和生活需要为标准，尤其是大学教育的三职能的论述，给民国学界带来耳目一新之感，对思考和完善当时大学教育具有启发意义。

---

① 王承绪：《西班牙学者奥德加论大学的使命》，《王承绪教育文集》，江苏教育出版社2010年版，第544页。
② 王承绪：《西班牙学者奥德加论大学的使命》，《王承绪教育文集》，江苏教育出版社2010年版，第544页。
③ 王承绪：《西班牙学者奥德加论大学的使命》，《王承绪教育文集》，江苏教育出版社2010年版，第542页。

第七章　引进与接受西方高等教育知识的影响及反思

第一节　跨国教育知识转移对中国高等教育的影响

民国时期对西方高等教育知识的引进与接受，构成了一幅跨国知识转移的生动图景，对当时乃至当今我国高等教育发生了深远影响。陈洪捷在讨论洪堡大学理念的现实影响时，提出了理解观念和现实关系的"复印机"和"扳道工"思维，指出"所谓影响，主要是方向性的规定和基本价值的指向，而不一定体现在具体的内容和表述方面。"① 本章所述西方高等教育知识，尤其是大学理论的影响，应当说兼顾了"复印机"和"扳道工"思维，既体现在具体的内容和表述方面，也体现在对中国高等教育观念和制度方向的引导上。

一　形成了中国学者构建大学理论的思想资源

从上述所论，可以看出，西方高等教育知识在中国学界中的传布，从而对中国学者尤其是教育学者产生了一定影响，成为其构建大学理论的思想资源。其中，较为突出的当推孟宪承和郑若谷。1934年，孟宪承《大学教育》出版，这可能是近代中国学习西方以来，由中国学者撰写的第一部以大学教育为专门研究对象的专著。作为本书

---

① 陈洪捷：《洪堡大学理念的影响：从观念到制度》，《北京大学教育评论》2017年第3期。

核心和精华的第一章"现代大学的理想",就先后引用了洪堡、纽曼、弗莱克斯纳、威尔逊、费希特等人言论或做法,形成了他现代大学的三个理想——"智慧的创获""品性的陶冶""民族和社会的发展"。

1929年,郑若谷《明日之大学教育》出版,从该书的组成可反映出西方高等教育理论之传入对郑若谷的影响。该书由大学教育的理想、大学教育的一个试验计划(迈克尔约翰)、霍尔论大学教育、罗素论大学教育、一个大学的综合课程、伊利亚论大学教授法(本章录自谢冰译伊利亚的《大学之行政》,"伊利亚"即指艾略特)等构成,可以说郑若谷的"大学的理想"是在综合名家的论说的基础上构建而成。郑若谷之所以将迈克尔约翰、霍尔、罗素、艾略特等人的译文纳入本书,与他们学说与郑本人的大学教育有相通之处。比如,他在译介迈克尔约翰的《大学教育的一个试验计画》时就指出"其根本的要素与其计划内容,颇有与拙著《大学教育的理想》文中所论相合之处"①,体现为对研究精神、师生关系、道德培养、团体生活的强调和重视,对学生自动学习与探究能力的培养等。

郑若谷将霍尔与艾略特、杜威并列为美国当代三大教育家,认为他对各种教育问题具有真知灼见,尤其是所论大学教育,"透察合理,极有价值。勇敢译出,以示研究大学教育不可不参证氏之议论之意"②。可见郑若谷对霍尔大学教育思想的推崇。对比分析郑若谷和霍尔关于大学教育对象(为少数人而设)、大学设施应具道德意义、大学中各种学问的无用之大用、大学教育当博与专结合等问题的观点,发现两人论述的高度相似,体现了西方大学理论对郑若谷建构自身大学理论的影响。

二 提供了救治当时中国大学问题的外来药方

中国学者导入西方大学理论,往往是为了解决中国教育当时面临的现实问题,试图为中国教育寻找出路提供参考。比如,中国学者谈

---

① [美] Alexander Meiklejohn:《大学教育的一个试验计画》(未完),郑若谷译,《国立劳动大学周刊》1929年第2卷第11期。
② 郑若谷译:《霍尔论大学教育》,《国立大学联合会月刊》1929年第2卷第7期。

及译介弗莱克斯纳大学理论时，陶孟和是基于当日中国大学教育制度"破落"的背景，认为弗氏的"见解可以供给不少的思想的材料"①，对我国大学校长、教员、学生以及拟到欧美留学者大有启发和益处。陈孝禅从三个方面谈及介绍弗氏一书的理由：

> 第一，美国的教育，正是我们所仿效的，我希望我们的教育家在搬运抄袭之余，一思其结果；第二，中国大学教育，现今正面临着严重的问题，整顿学风如果可能，而且不完全委之于军警的话，则学术的整顿，未始不是一面可照的镜子。第三，中国整个的教育制度，现在尚在美国化的进程中。教育的研究，中毒尤深，而本篇对于教育研究的抨击，尤不遗余力。②

我们再回看弗氏在《现代大学论》中对美国大学的批评，在相当的程度上可以说是对中国大学教育的批评。弗氏作为美国高等教育的大家，其所论具有权威性，进一步证明了仿美的中国大学问题的存在。从这个意义上，我们可以说，导入的西方大学理论充当了鉴定、判别中国大学教育问题的标准。此外，导入的纽曼大学理论中关于自由教育、绅士、学院制和导师制等对中国学者解决当时教育中的问题提供了参考方案，这在民国高等教育界的教育实验和大学改革中多有反映，限于篇幅，本处不再展开。

三 推动了中国大学理念和制度的转型和现代化

从本书梳理导入的西方高等教育知识、理论而言，它们涵盖了理智训练和道德陶冶的大学教育目的，教学、科研和服务的大学职能，通识教育/专业教育的大学课程设置以及董事会制、教授会、学院制和导师制等管理制度。从整体而论，可以说导入的西方理论以不同方式有力地推动了中国大学教育的变革。鉴于学界以蔡元培和北大、郭

---

① 陶孟和：《新刊介绍与批评：Universities, American, English, German》，《国立武汉大学社会科学季刊》1931年第2卷第3期。
② 陈孝禅：《佛烈思纳论美国大学教育》，《教育研究》（广州）1935年第64期。

秉文和东大为中心已形成了诸多德国大学理念、美国大学模式对中国高等教育影响的研究成果，本章选取学界关注较少的竺可桢和浙大，再次认识劳威尔大学思想和实践对中国大学理念和制度的影响。竺可桢在美国哈佛大学求学的五年（1913—1918），正好是劳威尔执掌哈佛大学（1909—1933）。以竺可桢求学哈佛为契机和担任浙大校长为平台，劳威尔大学思想和实践对竺可桢产生了全方位的影响。对此，竺可桢曾自言：

> 哈佛的校训是"真理"Veritas，无论在哈佛校刊上，或是波斯登城的日刊上，常把哈佛校训相鼓吹。我不知不觉便成为这种资本主义文化的俘虏。我认哈佛为我的母校，我回国以后在大学里教书或是办行政，在研究院办研究所，常把哈佛大学做我的标准。哈佛大学便成了我的偶像。①

具体来说，思想上，劳威尔对大学教育的一系列论断成为竺可桢大学思想的重要来源。如在教育作用上，劳威尔认为教育具有实现社会福乐和个人福乐的作用，通过大学教育达到学生长进和社会得益的目的。竺可桢也将教育的作用归纳为改进个人与影响社会。在教育对象上，两者都持精英人才观。劳威尔基于大学是讲习高深学问之所，强调大学的教育对象是"中资以上之子弟""英俊子弟"，最后培养出"修养良美之人才""干量伟巨之才"②。竺可桢指出，大学是培养未来各界领袖人才的地方，以"养成公忠坚毅，能担当大任，主持风气，转移国运的领导人才。"③ 此外，两者都持道德与知识并重，通才与专才教育相结合的主张，对常识的共同强调，更加凸显他们之间的一致。劳威尔有言"一种最完美的自由教育，是在养成对于各科具有常识而又专精于一科的人才"④；竺可桢在《常识之重要》则说：

---

① 转引自何方昱《国家权力的侵入与大学自治的难局》，《史林》2009 年第 6 期。
② 卢维尔：《论大学教育》，徐甘棠译，《新教育》1919 年第 2 卷第 2 期。
③ 竺可桢：《王阳明先生与大学生的典范》，《浙江大学教育文选》，浙江大学出版社 1987 年版，第 42 页。
④ 来雁：《罗维尔与美国大学教育》，《华年》1933 年第 2 卷第 21 期。

"……'常识'。视甚浅显,然一事之成败,往往视常识之完缺为断。一国之领袖,若无常识,则其结果,可以灭国亡种,而不自知。"①

实践上,劳威尔大学办学实践对竺可桢执掌浙大的诸多改革提供了参照。在校训上,竺可桢解释浙大校训时就多次引用劳威尔之言,"20年前 Lowell 召集一年级学生讲话,你们不要过信老师所讲的话,以为金科玉律不能变动"②,鼓励学生不盲信,不轻信,追求真理。"何谓求是?英文是 Faith of Truth。美国最老的大学——哈佛大学的校训,亦意为求是,可谓不约而同。"③ 此外,竺可桢在浙大推行导师制和分类选修制也充分体现了以劳威尔为代表的哈佛大学管理制度的影响。

竺可桢在浙大的改革,对当时中国各大学实施通识教育产生了巨大影响。从这个意义上,我们可以说以竺可桢为中介,劳威尔对民国大学通识教育与实践产生了影响。当然,我们这里探讨劳威尔对竺可桢通识教育思想与实践的影响,寻找他们之间的相通之处,更多的是为了说明劳威尔思想对竺可桢的影响,并不完全排斥赫钦斯和迈尔克约翰等其他人物的影响。因为不同的个人总是能在其中各取所需,具体到竺可桢本人,正如他个人所言,"我们应凭借本国的文化基础,吸收世界文化的精华,才能养成有用的专门人才"。④ 其通识教育思想与实践,也是结合了中国传统的文化精华与当时欧美等国家的先进教育理念与实践。他不仅学习古代典籍《中庸》,汲取朱熹、陆九渊、王阳明等儒学大师的思想,还广泛阅读纽曼《大学的理想》《自由社会中的通识教育》等西方教育名著,这都充分说明了他的通识教育思想影响来源的多元性。哈佛大学校长劳威尔对其影响,应当放在这一广阔的背景下去认识。

总之,西方高等教育理论对中国之"影响"是颇为复杂的问题,尤其是当我们基于文本梳理时更应谨慎下判断,如本文中尽管文献上

---

① 竺可桢:《常识之重要》,《国风》(南京)1936年第8卷第1期。
② 竺可桢著,沈文雄编:《看风石舒卷》,百花文艺出版社1998年版,第115页。在论述大学之目的在养成领袖人才时,竺可桢曾说道,"以前美国著名文学家、政治家罗威尔曾经说过,大学目的,不在乎使大学生能赚得面包,而在乎使他吃起面包来滋味特别好,这话很有道理"。(见本书,第110页)
③ 竺可桢:《求是精神与牺牲精神》,载杨东平《大学精神》,上海文汇出版社2003年版,第33页。
④ 竺可桢:《大学教育之主要方针》,《国风》(南京)1936年第8卷第5期。

似乎难见德国大学理论之大量导入，但德国大学理论的影响力即因为蔡元培1910年译介《德意志大学之特色》及对其观念的接受，并借由他及北大对中国近代高等教育发生了根本性的影响。此外，在以传入的单个西方大学理论为讨论对象时，可以发现由于理论内容要素的多样性和丰富性，不同理论之间又有相通之处。所以，在评价中国大学教育整体或局部时，很难判断其所受某一国的某一种理论之影响。正如美国学者维赛（Laurence R. Veysey）在分析德国对19世纪后期美国高等教育的影响时所说，"这一时期美国高等教育中存在'一种'德国影响不够准确，在某个方面，德国能够吸引各种美国学者"。[1] 因为存在着文化的德国、实用的德国和研究的德国。同样，20世纪上半叶中国尽管在学习德国、美国，吸引他们的"德国""美国"也不仅仅是一种，因之很难笼统地说中国高等教育受德国或美国高等教育理论的影响，应根据具体问题判断分析。

第二节　引进西方高等教育知识的内在动力和外化潜力

按照跨国教育转移理论的解释，"内在动力"是指激发国内对外国教育产生兴趣的某种"刺激物"或"催化剂"。"外化潜力"则是指外国教育政策或实践中那些理论上被认为可以借鉴的因素。文化涵化理论也认为，输入的外来文化特质是被接受还是被排拒，主要由其对文化接受者的效用和适应性而决定。这里的适应性包括自然环境和人文环境，包括政治、经济、教育和社会状况以及价值取向、道德观念、宗教信仰、风俗习惯等。这说明，要寻找西方高等教育学说引入对象及其演变的原因，既要从中国社会的内部寻找原因，又要从外国文化教育与中国社会环境的适应性去寻找原因。

我们认为，从民国当时的社会状况而言，建立政治上独立、经济上富强的国家这一宏观目标成为其取法西方各国的根本原因（内在动

---

[1]　[美] 劳伦斯·维赛（Laurence R. Veysey）：《美国现代大学的崛起》，栾鸾译，北京大学出版社2011年版，第137页。

力)(见图7-1)。在这一根本目标下,西方各国与中国社会某一方面的适应性都成为中国向其学习的因素之一。而且,应当注意的是,他们之间呈交错的相互影响的关系。比如,20世纪上半叶,战争的爆发及其带来的国际势力的重组,富强的国家始终锁定在美、英、德、法、苏俄、日等六国。在这种情况下,政体一致原则成为中国取法某国的重要因素之一。清末学习日德,民国学习美国都是这一原则的体现。在将近半世纪的历程中,各国势力的消长,也影响了民国学者对各国高等教育知识的导入,这从第一章西方各国(高等)教育文献分布中可以清楚地看出。

在建设独立富强的民主国家的目标体系中,教育尤其是高等教育成为重要的手段与工具之一。如果说,19世纪是德国大学享誉全球的时代,那么,20世纪(尤其是20世纪30年代以后)吸收了德国大学模式与英国大学模式的美国大学,无疑吸引了世界持久广泛的关注。民国时期为了建设现代大学,在寻找外来可资借鉴的经验时,美、德无疑是符合这一要求的。加上庚款留美计划的实施,留美生回国在高等教育界的势力,这些既是中国取法美国的有机组成部分,又反过来成为塑造美国对中国吸引力的有效背景。德国在清末就成为中国的效法对象,蔡元培正是在此时提出留学德国的要求。民国时期,蔡元培出任教育部长、北大校长、中央研究院院长,正是这些关键部门影响了中国高等教育的走向,留德学人或其他学者对德国大学研究高深学问理念的追求与坚守,融合在美国大学教育中的德国大学元素,这些中国大学场域内的背景因素都有助于形成德国大学对中国的吸引力。正如拉普利所言,有经验的政治家、学者和媒体可以塑造能够引发吸引或阻碍吸引的背景。以留学生为主体的民国学者,以其教育家、政治家、科学家、主编、大学校长等身份,通过发布相关法令规章、主持学校、发表讲演、创(主)办杂志、组织学会、发布论文与专著等方式,借助有影响力的大众传媒塑造了美国、德国大学模式与理念,对中国有强烈吸引力。这在一定程度上解释了为什么民国时期导入的西方各国高等教育知识中,美国、德国知识占据前列。从当时中国大学的实际运行来看,美国和德国的影响往往交融在一起,如果非得划分界限的话,可以说20世纪20年代前期德国大学理念对中

210 / 中国对西方高等教育知识的引进与接受（1912—1949）

引进心态的变迁

• 各国政体
1. 日本德国的君主立宪制度
2. 美国的民主共和制

• 国际战争的影响
1. 甲午战争和日俄战争．日本的胜利
2. 一战后美国的崛起
3. 二战的法西斯国家（德国、意大利）、日本

外化潜力

其他因素
1. 对几十年来模仿西方教育及中国大学教育的反思
2. 国联教育考察团的批评与建议
3. 比较教育学科建设的需要
4. 学者个人的学术自觉与个人倾向

中国政体的变更
1. 清末君主立宪
2. 民国时期的民主共和制

效法西方各国的内在动力：建立独立富强的中国

留学生势力及其领域：
1. 留学日生（师范、法政）
2. 留美生（高等教育系统）
3. 留欧生（高等教育、自然科学与社科领域）

国内政局的变化：
1. 1928年国内政治军事思想的相对统一
2. 1931—1937年日本的侵略与国难
3. 1921年共产党的成立

• 20世纪上半叶的国际格局的变动：日德、美国苏俄等先后崛起

外化潜力

• 国际格局内教育强国的转移
1. 19世纪德国大学教育在世界的主导地位
2. 20世纪美国大学在世界的崛起

引进心态的变迁：以谁为主（中国内部动力的变化直接影响引进心态的变迁）

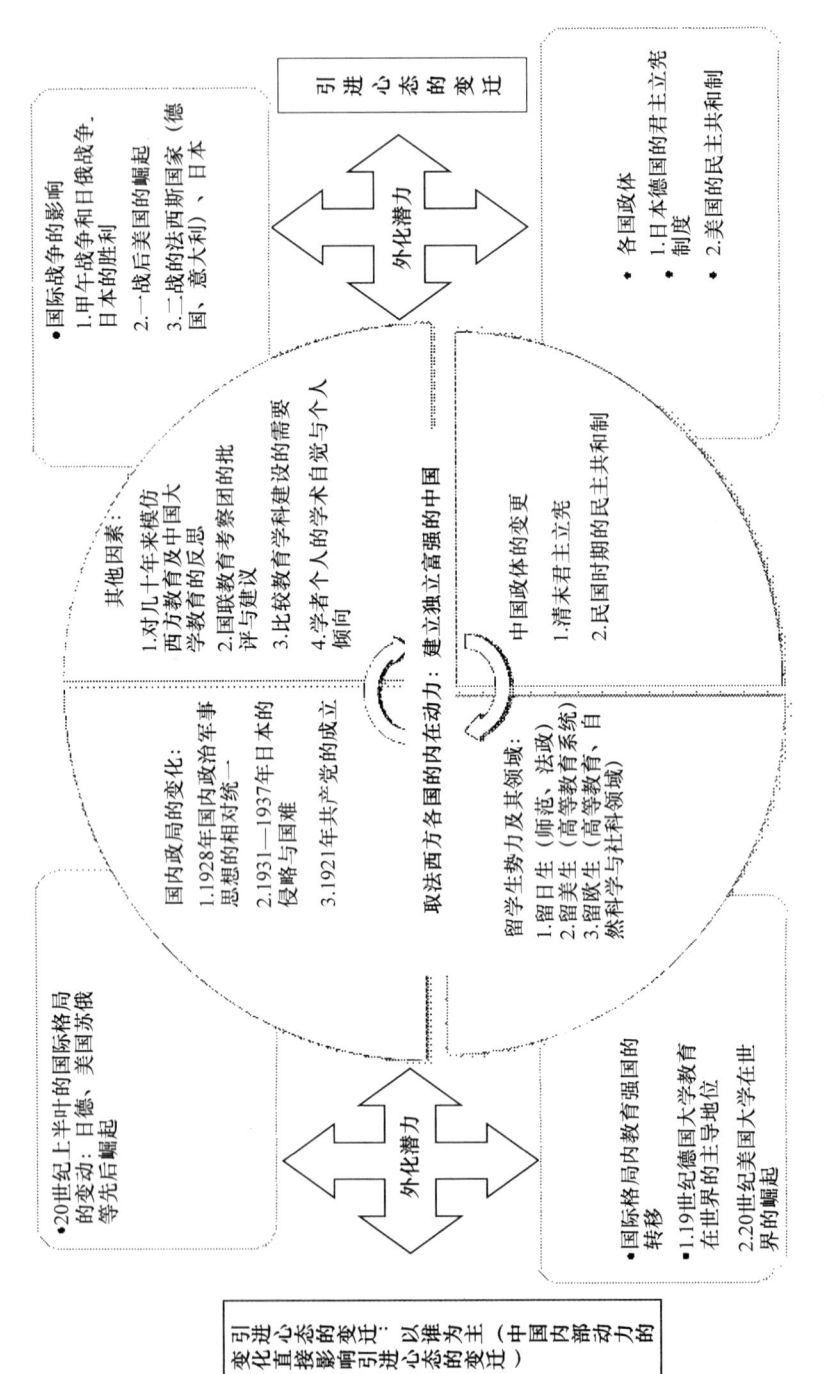

图 7 - 1 民国时期引进西方高等教育知识的内在动力与外化潜力图

国学者有更强的吸引力，20世纪30年代以后中国国内政局的变化与日本侵略战争，使得注重社会服务的美国大学模式更占上风。这里值得注意的是，1931—1937年间民国学者对德国、日本教育知识的导入量比前期明显增加，对日本而言主要是为了更好地了解对方，以便抗日救国。对德国而言，一些学者也试图从中发现抗战时期全国统制与激发民族意识的方法，以挽救当时的民族危机。这里民族生存已经包容在民族独立富强的目标之中。

除了上述情况以外，1928年国内军事政治的相对统一（新生局面、政治需求①），对几十年来模仿西方教育及中国大学教育的反思（对本国教育的不满），国联教育考察团的批评与建议（负面的外来评估），比较教育学科建设的需要、学者个人的学术自觉（知识创新），它们作为激发中国对西方各国产生兴趣的"刺激物"，从不同层面影响了民国时期对西方各国高等教育知识的引进与接受。比如，常导之等从比较教育学科建设的角度，对编著西方各国教育的计划；1931年国联教育考察团来华后，批评中国教育的美国化，失去了中国传统文化与精神。由此，一方面20世纪30年代美国的文献数量及其比例快速下降，欧洲各国数量及比例上升，另一方面，国联考察团的报告与中国国内高等教育的反思、国内相对统一的环境等因素联合起来，促成了中国对西方高等教育知识引进心态的变迁。

第三节 西方高等教育知识被接受与排斥的成分及原因②

引进的国别作为宏观上位范畴圈定了何国知识导入中国。在这样的背景下，导入者本身的教育背景、思想倾向与学识，成为某一理论

---

① 括号里的内容来源于跨国教育转移理论，该理论认为，"内在动力"是指激发国内对外国教育产生兴趣的某种"刺激物"或"催化剂"。内在动力包含对本国教育现状的不满、教育体系的瓦解、负面的外部评估、经济变化与竞争、政治需求、新生局面、知识和技能创新等七个因素。详见本书"导论"的理论基础。

② 本处中国对西方教育知识内部成分的接受与排斥问题，主要论述系统化的理论知识，即本书前述章节提到的西方大学理论。

被选择性导入的一个影响因素。比如，大学生对纽曼"大学教育的目的"的译介，是基于外国文学学习之动机；孟宪承对纽曼之言、弗莱克斯纳学说的采用，出于构建自身的现代大学理想体系之需；谭允恩节选弗氏之论述是为了完成"各国大学教育"专号的美国部分；陈孝禅则因林语堂对弗莱克斯纳一书的推崇进而阅读此书；郑若谷对迈克尔约翰试验计划、霍尔大学教育论之导入，是因其与他构建的大学教育理想的诸多吻合之处；汪家正则将赫钦斯作为杜威的对立面、反科学、反民主与复古的代表人物，借此表达他对中国国内教育复古思潮的大力鞭挞。

这里应当注意的是，学者（导入者）个人的教育背景、思想倾向与学识等等与中国社会、教育的大背景存在密切关系，一方面前者是后者的有机组成部分，另一方面，后者在很大程度上影响、统摄着前者。所以图7-2民国时期对西方高等教育知识的接受与排拒图，将上述两者置于整个图之中心，将中国社会、教育的大背景分为A、B、C、D四个主题，从它们出发寻找导入的各个理论内部成分被接受与排拒的具体内容与原因。A、B、C、D主题是基于已有文献的分析，大致罗列了一些因素。

总体来说，各个大学理论被接受的成分就是与中国社会、教育环境相适应或者对导入者个人有效用的部分，被排斥的部分则是与中国社会教育环境相悖，或者对导入者个人没有效用的部分。由于中国社会与教育背景本身的变化性及复杂多元性，导入者个人本身思想倾向的不同，由此形成的是，当甲导入弗莱克斯纳理论的原因，是因为大学过度参与社会活动，将C作为弗氏思想被接受的原因，而乙则认为国难当头，大学自当服务民族需要，将C作为弗氏思想被排斥的原因。因此，我们在分析某一理论被中国接受与排斥的内容及原因时，当根据导入者个人的具体情况与当时的历史环境辩证地看待。本书中研究的主要西方大学理论被接受与排斥的内容及原因，请见表7-1。

可以说，民国时期对西方高等教育知识的选择性接受是在近代中华民族追求独立富强的背景下展开的，高等教育知识外在的工具价值被强调乃至放大，而其存在的内在价值和逻辑被忽视和压制。这种模

第七章 引进与接受西方高等教育知识的影响及反思 / 213

- 1. 纽曼的"普遍知识""神学"
- 2. 弗莱克斯纳的"专业"与"职业"之分：大学的推广服务

- 1. 迈克尔约翰"共同的课程"
- 2. 赫钦斯的永恒的人性"共同""古典"课程

排斥

A 宏观层面：中国模仿美国大学模式；德国大学理念在中国学者与大学实践中的影响构建中国现代大学制度

B 无神论："美育代宗教"非基督教运动，教会大学立案下大学不能开设宗教教育

中国社会、教育的大背景
学者个人思想 教育背景/学识

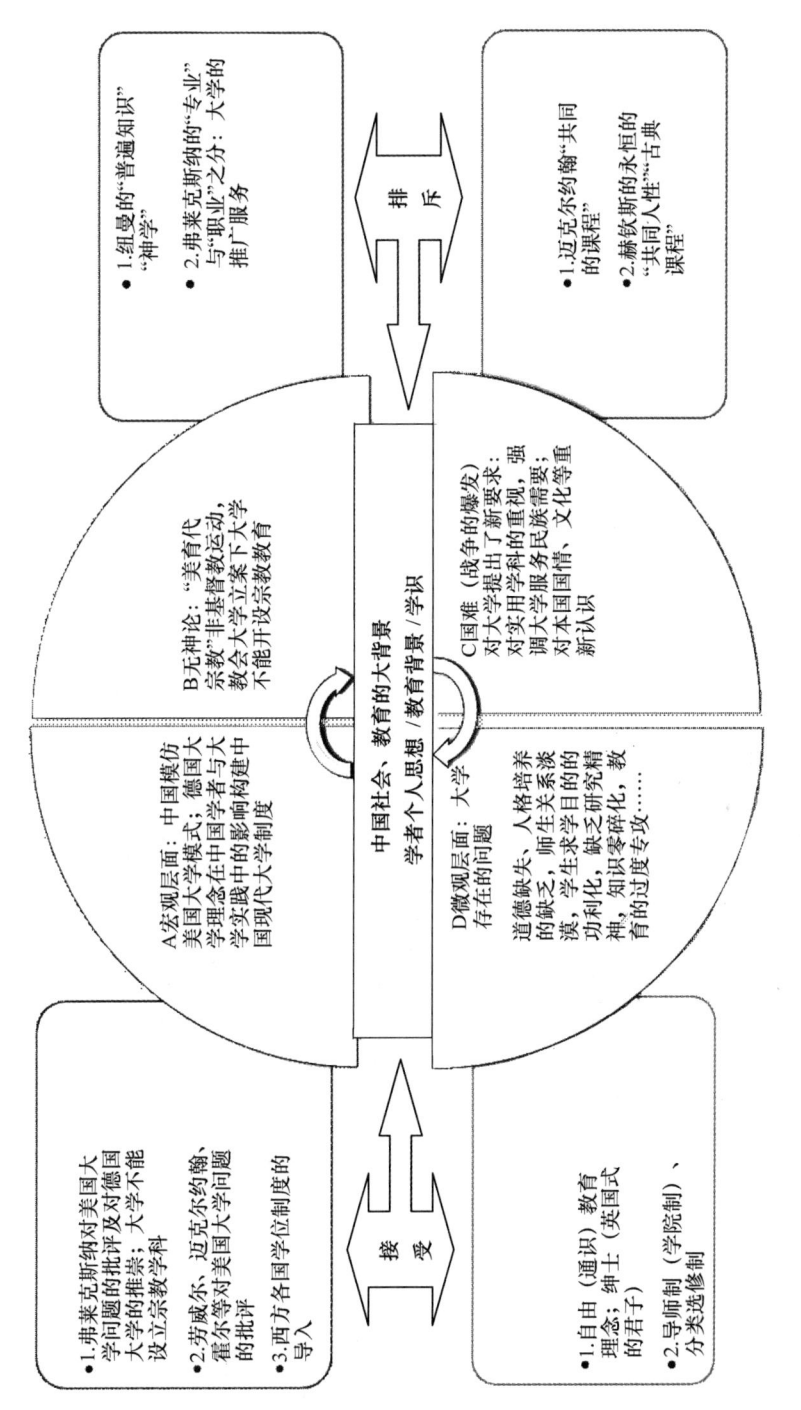

C 国难（战争的爆发）对大学提出了新要求：强对实用学科的重视，强调大学服务民族需要，对本国国情、文化等重新认识

D 微观层面：大学存在的问题
道德缺失、人格培养的缺乏，师生关系冷漠，学生求学目的功利化，缺乏研究精神，知识零碎化，教育的过度专攻……

- 1. 弗莱克斯纳对美国大学问题的批评及对德国大学的推崇；大学不能设立宗教学科
- 2. 劳威尔、迈克尔约翰、霍尔等对美国大学问题的批评
- 3. 西方各国学位制度的导入

- 1. 自由（通识）教育理念；绅士（英国式）的君子
- 2. 导师制（学院制）、分类选修制

接受

图 7-2 民国时期对西方高等教育知识的接受与排斥图

214 / 中国对西方高等教育知识的引进与接受（1912—1949）

表 7-1　西方大学理论内部成分被接受与排斥的原因一览表

		被接受的内容及原因		被排斥的内容及原因
纽曼	D	大学教育的目的是绅士，自由教育及其实现制度保证——学院制与导师制，因可以有效解决中国大学教育的诸多问题而受到中国学者的关注。	A B C	反对大学开展科学研究，将教学作为大学的唯一职能，这与民国大学场域内蔡元培的大学模式是格格不入的。 大学作为获得"普遍知识"的场所，必然包含神学这一知识的分支，与20世纪20—30年代的"以美育代宗教"的思想是不相容的，教会学校注册立案与非基督教运动，收回教育权运动，蔡元培20—30年代的非基督教运动，教会学校注册立案下学校不得实施宗教教育，开设神学科等不适应。 对导人者个人没有实际效用，即确证中国当时大学模式或理念的正当性或不合理性。
弗莱克斯纳	AB	对本国（美国）大学的批评，成为民国学者论证仿美国大学教育不合理的有力证据。 弗氏对德国大学的推崇，与中国大学场域中的德国大学理念与实践的一致。 弗氏认为宗教有偏见，所以不能设立于大学，教会社中国社会中的非基督教运动，蔡元培提倡的"美育代宗教"开设宗教教育、蔡元培提倡的"美育代宗教"等社会背景与教育背景的适应。	C	弗氏主张大学的专业与职业之分，反对大学开设教育、新闻、商学、农学等，与民国时期大学中普遍开设的教育学院、新闻学院、商学院、农学院、工学院等，与20世纪30年代民国政府对实用学科的重视是完全相反的。 弗氏认为大学的职能是教学与科研，而目科研占据重要地位，反对大学作为"服务""推广站"，这与20世纪30年代政府提倡大学服务国家民族需要，服务社会，以及抗日战争爆发后，大学服务民族生存需求等时代背景与政治需要是不相符的。

第七章　引进与接受西方高等教育知识的影响及反思 / 215

续表

		被接受的内容及原因		被排斥的内容及原因
劳威尔、迈氏、赫钦斯	A D	他们对美国大学教育问题的诊断与改造，与中国当时对本国大学问题的讨论与改革，在精神上与立场上的一致；他们揭示的美国大学教育的具体问题，如道德培养的缺失、学生缺乏研究的精神、求学目的的功利化、知识零碎化、师生关系淡漠等，与中国大学教育问题具有相似性。	C	赫钦斯以对永恒的"共同人性"的认识为前提，设计的古典学科占据了很大比例的"共同课程"，与20世纪30年代对国情民生的重视等时代背景不相适应。
				迈克尔约翰的以"文明的研究"为核心的"共同课程"，完全必修课的形式，所有教师与学生共同学习同样的教材，这与20世纪30年代的中国国难日蹙的时代背景与急需专门人才的时代背景是完全不适应的。
	C	劳威尔的教育作用、教育职能、课程模式、培养目标都体现了一种平衡（社会与人，教学科研与服务，主修与选修，通与专），具有很多的包容性与弹性，使得他的学说很容易被中国学者接受，而且目容易践行。		

式又通过一系列教育政策（如留学政策）的颁布和实施，以及高等教育的人才培养、科学研究和社会服务等功能被进一步强化乃至定型。

第四节 民国选择性接受西方高等教育知识的反思

民国时期对西方高等教育知识的筛选与扬弃，反映了中国学界在面临西方理论时的一种普遍倾向，即选择与中国社会、政治与教育相适应的、能够为我所用的成分。这一文化过滤现象广泛地存在于中外文化的借鉴与学习之中。法国汉学家巴斯蒂在谈及不同文化间的思想和形式的传播时，其所论可谓一语中的："相对于每一种广阔无垠的外国文化整体而言，每个人实际上只不过掌握了其中某些碎片而已，……当他获得了遥远文化的碎片的时候，实事求是地说，他实际上是重新创造了这种文化，因为每个人都是根据自己的背景来理解原有文化的。"[1]

民国时期西方高等教育知识的跨国转移，实际就是文化交流与传播的一种形式，所以中国学者只是选择性地向国内介绍了外国某些教育思想的某些部分。中国传统文化的某些核心特质无疑是影响中国学者对外来资源选择的潜在因素之一。"中国学者在接受西方文化时，往往'把抽象性转化为具体性'，只注意对方那些看得见摸得着的例证，而将抽象的理论方框置之不顾或视同'糟粕'。这与中国传统文化重直接体验，'实证实修'而轻视逻辑理念的习惯有内在关联。"[2] 弗氏《现代大学论》之"理念"章的被忽视，而具有大量例证的"美国大学"章被重视，正好生动地说明了这一点。除了上述的特质，中国传统文化的经世致用之精神也是重要的影响因素。梁启超曾指出晚清"新学家"失败之根源即为"不以学问为目的而为手段"。他进而指出，晚清学人中之"低下者"以学问为"敲门砖"，过时则抛

---

[1] 叶隽：《异文化博弈：中国现代留欧学人与西学东渐》，北京大学出版社 2009 年版，第 1 页。

[2] 邓晓芒：《序》，载王攸欣《选择·接受与疏离》，生活·读书·新知三联书店 1999 年版，第 2—3 页。

之;即便是"高秀者亦以'致用'为信条,谓必出所学举而措之,乃为无负"①。当今中外比较文学和哲学的研究者也直指这一问题,"中国一百年来在接受西方文化的过程中所存在的某种至今很少被人重视的先天性缺失,即缺乏真正冷静的、理性的客观精神……中华民族……从未或很少以客观的态度对待外来思想中的核心义理,而总是以实用主义或'精神的享乐主义'的方式凭兴趣和时代需要任意拿来,为我所用"②。可以说,中国传统文化"轻视逻辑理念的习惯"与固有的经世致用精神影响了民国学者对西方大学理论的选择与取舍,致使外来学说的核心"理念"往往被阉割或忽视。

从历史上来看,中国对西方文化的选择与扭曲有一定的合理性。通过导入西方大学理论,确实刺激了中国的大学教育,产生了一些丰硕的成果,如孟宪承提出的"现代大学的理想"就是融会欧美大学理论与实践而成。但是其缺失也是至为明显的。民国学界对西方大学理论的筛选和过滤,使其理解仅仅停留在肤浅的层面,导致无法获取其内在精神与核心要素。比如对纽曼大学理念之"真理""普遍知识"及其背后所蕴含的理性与道德、个人自我与外部世界之关系的根本性意义;弗莱克斯纳大学理念之大学/学术研究与社会的关系,赫钦斯自由教育思想背后依托的永恒主义哲学思想,迈克尔约翰对"自由"民主社会的政治追求等,这些西方高等教育学说的精神核心未能得到中国学者的足够关注和透彻理解。因此尽管民国学者在大学教育理论上已经有所创造,在中西高教学说的融会上取得了一定成就,但是离真正融合尚有很大距离。

至此,我们也可以回应本书开篇的问题,即民国学界认为中国高等教育学习西方为何失败的两种归因,认为只学到其皮毛的观点,基本是站得住脚的,而认为没有与中国国情相结合的说法则有失准确。从本书研究来看,引进西方高等教育知识的过程中,中国学者已经深受中国现实需求的制约,从这个意义上说,中国国情已经渗透于对西方高等教育知识的引进与选择之中。

---

① 梁启超:《清代学术概论》,上海古籍出版社1998年版,第98页。
② 王攸欣:《选择·接受与疏离》,生活·读书·新知三联书店1999年版,第19页。

总之，分析民国对西方大学理论的文化过滤，并进而反思当今的教育研究给我们带来更大的思考空间。当代学者对西方教育理论的研究，是否也有文化过滤的发生，对此研究者是否有所认识和反思，并采取哪些对策？中国学者对外国教育思想的选择性研究、介绍，其吸收的部分是其精神核心还是外在形式？作为异质文化圈的研究者能否无限接近外来制度、思想的内核？中外文化接触史告诉我们，中国对西方文化的认识遵循着器物文化——制度文化——精神文化的轨迹演进，故此能否说对西方教育制度或外在形式的认知与理解能够基本准确？还是基于制度文化与思想文化之间的密切关联性，认为没有对其精神文化的深刻理解，对其制度文化的准确认知也大打折扣？这些问题都是值得我们认真思考的。

　　当然，民国时期对西方大学理论理解的肤浅，难以深入其精神内核，这是历史的局限。毕竟这一时期只是中国学习西方的历史长河中的一个阶段。加之，中西文化之间的价值观念与哲学体系的巨大差异、中国大学短暂而不平稳的历史等，使得民国学者对西方理论核心的获取受到诸多制约。当我们将民国引进西方大学理论的历史，放在整个近代以来中国学术谋求独立的历史背景和现实参照下，放在以学术独立谋取民族复兴、文化复兴的宏大的理论背景下，当时所发生的一切形形色色的教育现象都是可以理解的。所以评价民国学界对西方理论的引入历程当持同情的理解、温情的敬意。同时，我们也应当客观地审视这一时期大学理论引进活动的不足，以为我们今后的教育学研究和西方理论的引进与导入提供指引。

　　当代我们仍在谋求学术独立，其中核心的一点就是创立中国自己的理论体系。我们对西方理论的学习与引进归根到底是为了建立中国独立的理论体系，这一点能都做到吗？几百年前，朱熹为了应对印度佛教对儒学的挑战的作为，为我们提供了启示，其做法可谓入乎其内，出乎其外。即朱熹先吸收了佛学，又反过来批判佛学，后融会佛儒，由此创立了中国哲学上、思想上的理学体系。个人认为，对我们当前的教育研究，尤其是比较教育研究而言，首先应当在第一阶段下功夫，即研究西方教育理论、制度与实践，首先要入乎其内，要入得深、入得透，只有通过学界这样有意识的"入乎其内"式的一代代学人的努力与积淀,方能为以后中国教育理论游刃有余地"出乎其外",即创建中国教育理论打下一个坚实的基础。同时,值得我们注意的是,"入乎其内"的研究,已经很难从"求同"思维中获得重要的动力和实质性成果,今后在对西方理论的研究中,要注重辨别其与本国文化那些深层次的差异,而不仅仅是选择与中国国情相适应、能够为我所用的成分。总之,我们对中国理论创新可持一乐观之态度,但对其艰难性应当有所认识,中国融会儒佛创造新理学,长达五百余年,所以创建中国教育理论体系任重而道远。

附录　民国学者导入的西方高等教育文献（零星介绍型）

附表1　美国高等教育文献中之零星介绍型

序号	题名	作者	来源	刊期	栏目
1	关于美国高等教育的一个统计		中华教育界	1935年第22卷第11期	世界教育界
2	美国大学教育之费用		中华教育界	1935年第22卷第10期	世界教育界
3	美国之空中大学		中华教育界	1935年第22卷第9期	世界教育界
4	查特斯博士将任芝加哥大学教育教授	胡家健	教育杂志	1925年第17卷第7号	欧美教育杂讯
5	大学教师的讨厌习惯	何清儒	教育杂志	1936年第26卷第2号	世界著名教育杂志摘要
6	大学教育专门化之批评	编者	中华教育界	1933年第21卷第1期	世界教育界
7	大学生的差别	何清儒	教育杂志	1936年第26卷第8号	世界著名教育杂志摘要
8	大学一年级生的适应问题	何清儒	教育杂志	1936年第26卷第8号	世界著名教育杂志摘要
9	大学职业介绍的组织	何清儒	教育杂志	1936年第24卷第2号	世界著名教育杂志摘要

续表

序号	题名	作者	来源	刊期	栏目
10	哥伦比亚大学年逾古稀的学生	颂华	东方杂志	1928年第25卷第18号	
11	哥伦比亚大学师范教育研究科之新主任		教育杂志	1923年第15卷第10号	欧美教育杂讯
12	美国高等教育的发达		中华基督教教育季刊	1931年第7卷第3期	国外教育新闻
13	美国大学指导一年级生的办法	方惇颐	教育研究（广州）	1936年第70期	国外教育研究摘要
14	哈佛大学改组学系	编者	中华教育界	1934年第21卷第10期	世界教育界
15	家庭经济状况与大学生人格品质之关系	钟任	教育研究（广州）	1939年第93—94期	心理教育研究摘要
16	美国波士顿大学职业指导科	秦之衔译	教育与职业	1919年第15期	
17	美国初级大学发展状况	编者	中华教育界	1933年第21卷第5期	世界教育界
18	美国大学汉文讲座之设置		教育杂志	1928年第20卷第5号	教育界消息
19	美国大学校长资历的研究	黄觉民	教育杂志	1938年第28卷第5号	教育文化史的新页
20	美国大学之"公务学校"	编者	中华教育界	1934年第21卷第12期	世界教育界
21	美国大学中的助学金	何清儒	教育杂志	1936年第26卷第5号	世界著名教育杂志摘要
22	美国大学卒业生之就职难		教育杂志	1930年第22卷第8号	世界教育杂讯
23	美国高等教育的管理	方万邦	教育杂志	1936年第26卷第7号	世界著名教育杂志摘要
24	美国高等教育的经费		教育杂志	1927年第19卷第11号	欧美教育杂讯
25	美国高等学校新教学法及课程的设计	同康	教育杂志	1938年第28卷第3号	教育文化史的新页
26	美国经济困难中之特殊大学	编者	中华教育界	1933年第20卷第7期	世界教育界

续表

序号	题名	作者	来源	刊期	栏目
27	美国赖佛耶脱大学学生家长联合会之组织		教育杂志	1930年第22卷第8号	世界教育杂讯
28	美国林肯大学之风潮		教育杂志	1930年第22卷第8号	世界教育杂讯
29	美国纽约大学教育Dr. james E. loughyan 研究评判教师的普通标准		教育杂志	1925年第17卷第11号	欧美教育杂讯
30	美国女子高等教育最近趋向	何清儒	教育杂志	1936年第26卷第3号	世界著名教育杂志摘要
31	美国之国家产业复兴计划与大学课程	编者	中华教育界	1933年第21卷第6期	世界教育界栏目
32	美国中央教育局将调查邓尼亚省之高等教育		教育杂志	1924年第23卷第6号	欧美教育杂讯
33	美学大学生之反对军事训练		教育杂志	1931年第23卷第6号	世界教育杂讯
34	纽约城大学学生之劳工生活		教育杂志	1923年第15卷第10号	欧美教育杂讯
35	纽约大学女子之受法律学证书者		教育杂志	1923年第15卷第10号	欧美教育杂讯
36	纽约高等学校毕业生的职业训练	同康	教育杂志	1938年第28卷第3号	教育文化史的新页
37	纽约最近创设放逐者的大学	编者	中华教育界	1933年第21卷第6期	世界教育界栏目
38	美国大学教育的动向	陈选善	教育杂志	1935年第25卷第7号	世界著名教育杂志摘要
39	斯密斯大学特待优等生之方法		教育杂志	1923年第15卷第2号	欧美教育杂讯
40	调查：美国师范及女子高等教育状况		教育杂志	1910年第2卷第12号	

续表

序号	题名	作者	来源	刊期	栏目
41	预得大学学分	何清儒	教育杂志	1936年第26卷第5号	世界著名教育杂志摘要
42	在欧洲的美国人民大学	编者	中华教育界	1934年第21卷第11期	世界教育界栏目
43	芝加哥大学心理学系改组	江霖	教育研究（广州）	1939年第93—94号	心理教育消息简目
44	指导大学生	何清儒	教育杂志	1936年第26卷第6号	世界著名教育杂志摘要
45	指导智力高优的大学生	何清儒	教育杂志	1936年第26卷第2号	世界著名教育杂志摘要
46	美国大学栽培国际合作专门人材	本社资料室译	中华教育界	1947年复刊第1卷第5期	
47	耶鲁大学对于人的研究	Herbert Brucker	东方杂志	1931年第28卷第21号	
48	美国的高等教育	望	清华周刊书报介绍副刊	1924年12期	
49	爱迪生谈快乐、烦恼、目力训练、大学教育	翁译	学校新闻	1937年59期	
50	对于大学生的快乐心理之测验	哲生	东方杂志	1930年第27卷第8号	
51	美国大学专门与师范学校之图书科	陈新民	教育公报	1920年第7年第8、9期	
52	德国记者眼中的美国女子大学		东方杂志	1931年第28卷第15号	
53	近十年来美国大学教育之发展		教育杂志	1931年第23卷第10号	世界教育杂讯
54	哥伦布大学之家政学校		东方杂志	1912年第9卷第2号	

附表2　苏俄高等教育文献的零星介绍型

序号	篇名	作者	刊名	刊期	栏目	内容简介
1	苏俄高等教育机关的进行方法		中华基督教教育季刊	1932年第8卷第3号	国外教育新闻	苏联高等学校教学方法的变革，增加实验和实际工作的时间，讲演、分团研究和实验工作就是苏联高等学校通常所用的教授方法
2	莫斯科大学的暑期学校	编者	中华教育界	1934年第21卷第10期	世界教育界栏目	
3	第一莫斯科大学之英美研究所	编者	中华教育界	1934年第22卷第2期	世界教育界栏目	
4	苏联大学教育底动态		时事类编	1934年第2卷第2号		1914—1933年苏联大学的学校数和学生数
5	苏联的高等教育进步		教育季刊（上海）	1936年第12卷第2号	国内外教育新闻	
6	苏联授给学位办法	刘大佐、融如	教育杂志	1937年第27卷第8号	教育文化史的新页	苏联人民委员会决议对于有显著成绩的科学家和教授给予学位。科学学位分为两种：一是科学候补士（相当于其他国家硕士），二是博士。大学教授和研究员则分为三等：助教、讲师和教授。可授予科学学位的基本资格，助教讲师教授的科别、基本资格
7	苏联的高等教育	纯青	教育杂志	1938年第28卷第7号		1937年苏联高等教育入学新条件的简要介绍

附录 民国学者导入的西方高等教育文献（零星介绍型） / 225

续表

序号	篇名	作者	刊名	刊期	栏目	内容简介
8	苏联高等教育的新高潮	刘先	青年战线（西安）	1938年第38号		苏联大学的扩张，大学不再是资产阶级统治下的专利品；之前在沙俄国统治下的小民族的高等教育的变化；大学生免交学费国家补助，大学生毕业的干部。对苏联前途光明；大学毕业后被任命为各行各业的干部。对苏联的制度的盛赞
9	苏联各高等教育机关欢迎复员军人入学		新闻类编	1947年第1557期		
10	苏联高等教育去年造就专家十二万余人		新闻类编	1949年第1691期		

附表3　　德国高等教育文献的零星介绍型

序号	题名	作者	来源	刊期	栏目
1	俄国大学学生之活动		东方杂志	1911年第8卷第9号	
2	德国柏林大学名教授之逝世	T. C. 选译	教育杂志	1923年第15卷第3号	欧美教育杂讯
3	德国大学校学生逐年统计		教育杂志	1923年第15卷第2号	欧美教育杂讯
4	德国柏林大学之新教授		教育杂志	1924年第16卷第3号	欧美教育杂讯
5	德国泼昂教育大学之内容		教育杂志	1929年第21卷第4号	世界教育杂讯
6	德国柏林大学学生之暴动		教育杂志	1930年第22卷第12号	世界教育杂讯
7	德国大学生的失业		东方杂志	1930年第27卷第9号	
8	德国大学调查表		教育杂志	1931年第23卷第1号	教育界消息
9	德国限制青年受大学教育	杜若	东方杂志	1931年第28卷第16号	
10	留学指南德国中等教育及高等教育	吴德寅	寰球中国学生会特刊	1931年留学指南	
11	普鲁士高等教育改组	编者	中华教育界	1933年第21卷第5期	世界教育界
12	德国大学教育的巨变：学生人数的限制		新中国	1934年第1卷第4号	
13	德国高等教育机关的改革	编者	中华教育界	1934年第21卷第10期	世界教育界
14	德国大学之近况	编者	中华教育界	1934年第21卷第9期	世界教育界

续表

序号	题名	作者	来源	刊期	栏目
15	德国高等教育之将来		中华教育界	1935年第22卷第10期	世界教育界
16	德国大学学生活动之改组		中华教育界	1935年第22卷第12期	世界教育界
17	德国的劳役营与大学入学条件		中华教育界	1935年第22卷第12期	世界教育界
18	德国大学新生数目之减少		中华教育界	1935年第22卷第7期	世界教育界
19	德国大学之新发展		中华教育界	1935年第23卷第11期	世界教育界
20	德国高等教育最近之改革		中华教育界	1935年第23卷第5期	世界教育界
21	希特勒治下的德国高等教育		中华教育界	1936年第24卷第2期	世界教育界
22	德国海台尔堡大学之盛大纪念		中华教育界	1936年第24卷第3期	世界教育界
23	德国大学生的生活	方万邦	教育杂志	1936年第26卷第8号	世界著名教育杂志摘要
24	德国大学助教之经济状况		中华教育界	1937年第24卷第12期	世界教育界
25	希特勒统治下的德国大学		教育杂志	1939年第29卷第1号	教育文化史的新页
26	希特勒统治下的德国大学教育		教育杂志	1939年第29卷第3号	教育文化史的新页

附表4　　**英国高等教育文献中零星介绍**

序号	题名	作者	来源	刊期	栏目
1	英国女子高等教育最近大受打击	常导之	教育杂志	1922年第14卷第5号	欧美教育杂讯

续表

序号	题名	作者	来源	刊期	栏目
2	力支大学之新设科目（英）		教育杂志	1923年第15卷第10号	欧美教育杂讯
3	格来斯高大学新选出之院主	常导之选译	教育杂志	1923年第15卷第2号	欧美教育杂讯
4	牛津大学最近学生数		教育杂志	1923年第15卷第2号	欧美教育杂讯
5	圣安住大学赠英太子名誉学位		教育杂志	1923年第15卷第2号	欧美教育杂讯
6	英国聋人高等教育		教育杂志	1928年第20卷第9号	世界著名教育杂志摘要
7	最新留英指南高等教育		寰球中国学生会周刊	1930年第374号	
8	英国之平民化大学		教育杂志	1931年第23卷第6号	世界教育杂讯
9	英国孟却斯特大学创设聋人教育系		中华教育界	1935年第22卷第10期	世界教育界
10	名言与轶事：大学教育无用	萧伯纳	现代青年（北平）	1936年第4卷第3号	
11	英国大学教育新改进，限制招生人数及所习科别		现代教育评论	1937年第1卷第1号	
12	牛津大学林肯学院汉学教授休兹上书总裁并送牛津大学各教授建议改进高等教育之意见书	休兹	教育通讯（汉口）	1941年第4卷第1号	教育消息
13	英国政府及工业界援助高等教育之发展	森译	四川教育通讯	1945年第2号	国外教育动态
14	英国的大学教育（特稿）	鄞廷和	青年前锋	1946年夏第5号	
15	英国的高等教育	葛丽亚	国际文化	1948年第1卷第5号	

参考文献

一 民国报刊文献

《本月刊倡设之用意》,《新教育》第1卷第1期。
《美国高等教育之问题》,《教育杂志》1920年第12卷第10号。
《美国教育的"黑暗面"》,《教育杂志》1929年第21卷第9期。
《美国教育之长处与短处》,《东方杂志》1923年第20卷第1号。
《美国之大学》,《教育杂志》1910年第2卷第1期。
边理庭:《十年来中国大学教育改造》,《时代精神》1941年第4卷第5期。
常导之:《欧美大学之比较及我国高等教育问题》,《教育杂志》1928年第20卷第6号。
陈宝锷:《罗素论大学教育》,《晨报副刊》1926年6月19日、21日。
陈科美:《英美教育家心目中的美英教育》,《新教育评论》1927年第4卷第6期。
陈启天:《本志的新希望》,《中华教育界》第14卷第1期。
陈孝禅:《佛烈思纳论美国大学教育》,《教育研究》(广州)1935年第64期。
陈孝禅译:《现代大学之理想》,《教育研究》(广州)1937年第76期。
崔载阳:《中国大学的问题》,《教育研究》(广州)1934年第56期。
董任坚:《法美大学比较观》,《教育杂志》1928年第20卷第6号。
孟真:《改革高等教育中几个问题》,《独立评论》1932年第14号。
高觉敷:《囫囵吞枣式的美国教育》,《教育杂志》1925年第17卷第12期。
古仲宣:《中国高等教育之考察及今后改进高等教育之方策》,《民钟季刊》1935年第1卷第3期。

何炳松：《本杂志的使命》，《教育杂志》第24卷第1号。

环家珍：《民族复兴与师范教育》，《教育与中国》1934年第5期。

黄觉民译：《美国的教育适用于美国吗》，《教育杂志》1935年第25卷第9期。

记者：《本薛文义大学》，《中华教育界》1913年第11期。

蒋梦麟：《英美德法四国人民之特性与大学之特点》，《新教育》1922年第5卷第3期。

来雁：《罗维尔与美国大学教育》（纽约通信），《华年》1933年第2卷第21期。

李洪康：《日本高等教育政策及其影响》，《教育杂志》1929年第21卷第9号。

林语堂：《哥伦比亚大学及其他》，《论语》1932年第5期。

凌冰：《欧游杂感：二、大学的教育》，《新教育评论》1926年第1卷第11期。

刘觉民：《美国教育改造之第一呼声　孔慈博士指责教育界之十大错误观》，《政治评论》1933年第32期。

罗家伦：《中国大学教育之危机》，《中央周报》1934年第294期。

罗廷光：《中国大学教育中几个重要问题》，《教育杂志》1937年第27卷第1号。

孟宪承：《今后留学的目标》，《清华周刊》1926年第25卷第16期。

谭允恩：《美国的大学教育》，《教育研究》（广州）1934年第56期。

陶孟和：《新刊介绍与批评：Universities, American, English, German》，《国立武汉大学社会科学季刊》1931年第2卷第3期。

天民：《各国大学之特色》，《教育杂志》1917年第9卷第10—12号。

汪家正：《美国教育家的论战》，《民主与科学》1945年第1卷第4期。

汪家正、孙邦正合译：《杜威论美国的社会与美国的教育》，《中华教育界》1935年第23卷第4期。

王承绪：《西班牙学者奥德加论大学的使命》，《东方副刊》1947年第20期。

王宠惠：《英美德法大学教育之比较》，《学生会会报》1915年第1期。

谢树英：《近年来中国大学教育之趋向》，《光华大学半月刊》1935 年第 3 卷第 9—10 期。

馨一：《民族复兴与大学教育》，《教育与中国》1934 年第 5 期。

徐甘棠译：《美国大学内弊发微》，《新教育》1919 年第 2 卷第 4 期。

徐国启：《我国大学教育的检讨》，《师大月刊》1937 年第 32 期。

徐震洲：《大学教育与民主宪政》，《青年风》1948 年第 1 卷第 3 期。

许崇清：《欧美大学之今昔与中国大学之将来》，《学艺》1920 年第 2 卷第 3 号。

《一月短评：苏联大学教育的改革》，《苏俄评论》1936 年第 10 卷第 7 期。

愚公译：《美国教育的失败》，《智慧》1946 年第 10 期。

张国馨：《英国的大学教育》，《教育研究》（广州）1934 年第 56 期。

张津飞：《镀金式的现代中国高等教育》，《社会周报》（北平）1933 年第 7 期。

郑若谷：《西方中世纪之大学教育》，《国立劳动大学月刊》1930 年第 1 卷第 4 期。

郑若谷译：《霍尔论大学教育》，《国立大学联合会月刊》1929 年第 2 卷第 7 期。

郑晓沧：《大学教育的两种理想》，《国立浙江大学日刊》1936 年第 26、27 期。

钟鲁斋：《亨德卢著比较教育》，《教育杂志》1934 年第 24 卷第 2 号。

周尚：《同济大学之展望》，《同济旬刊》1937 年第 136 期。

朱君毅：《美国教育之总批评》，《晨报副刊》1927 年 1 月 26 日。

竺可桢：《常识之重要》，《国风》（南京）1936 年第 8 卷第 1 期。

竺可桢：《大学教育之主要方针》，《国风》（南京）1936 年第 8 卷第 5 期。

《竺可桢讲演词》，《国立浙江大学日刊》1936 年第 250 期。

竺可桢：《美国哈佛大学三百周年纪念感言》，《国立浙江大学日刊》1936 年第 17 期。

竺可桢：《中华民族之必能复兴》，《国立浙江大学校刊》1936 年第 250 期。

庄泽宣：《不景气与美国教育》，《中华教育界》1935年第23卷第4期。
庄泽宣：《三十年来中国之新教育》，《教育研究》（广州）1928年第2期。
［德］巴留岑：《德意志大学之特色》，蔡元培译，《教育杂志》1910年第2卷第11期。
［美］Alexander Meiklejohn：《大学教育的一个试验计画》（未完），郑若谷译，《国立劳动大学周刊》1929年第2卷第11期。
［美］Alexander Meiklejohn：《大学教育的一个试验计画》（续），郑若谷译，《国立劳动大学周刊》1929年第2卷第13期。
［美］Guy Stanton Ford：《美国教育的优劣性》，雷通群译，《福建教育厅周刊》1932年第100期。
［美］Hamilton，Holt：《现代美国教育之批判》，孙师毅译，《现代学生（上海）》1931年第1卷第9期。
［英］J. H. Newman：《大学教育底目的》，陈化奇译，《安徽大学周刊》，1933年第二届毕业纪念刊。
［英］巴克：《英国大学教育》，王承绪节译，《东方副刊》1946年第19期。
［英］拉斯基：《拉斯基论英美大学教育》，万小石译，《国闻周报》1931年第8卷第31期。
［英］卢维尔：《论大学教育》，徐甘棠译，《新教育》1919年第2卷第2期。

二 民国书籍

《八年欧美考察教育团报告》（美洲之部），商务印书馆1920年版。
常导之（道直）：《德法英美四国教育概观》，商务印书馆1930年版。
常导之（道直）：《法国教育制度》，文化学社1933年版。
常导之（道直）：《各国教育制度》（下），中华书局1937年版。
陈其昌等：《各国教育谈》，商务印书馆1924年版。
何炳松：《美国教育制度》，商务印书馆1920年版。
姜琦、邱椿：《欧战后之西洋教育》，商务印书馆，出版时间不详。
教育部编：《第一次中国教育年鉴》丁编教育统计，开明书店1934

年版。

孟宪承:《大学教育》(重印),华东师范大学出版社 2010 年版。

舒新城:《近代中国留学史》(重印),上海书店出版社 2011 年版。

汪懋祖:《美国教育彻览》,中华书局 1922 年版。

萧冠英:《欧洲教育考察记初编》,国立中山大学出版部 1937 年版。

余家菊:《英国教育要览》,中华书局 1925 年版。

郑若谷编:《明日之大学教育》,南华图书局 1929 年版。

钟鲁斋:《德国教育》,商务印书馆 1937 年版。

周太玄:《法国教育概览》,中华书局 1926 年版。

庄泽宣:《各国教育比较论》,商务印书馆 1929 年版。

三 当代期刊

蔡振生:《近代译介西方教育的历史考察》,《北京师范大学学报》1989 年第 2 期。

陈洪捷:《蔡元培对德国大学理念的接受——基于译文〈德意志大学之特色〉的讨论》,《北京大学教育评论》2008 年第 3 期。

陈胜、田正平:《"救国千万事,造人为最要"——胡适〈留学日记〉阅读札记》,《教育研究》2011 年第 8 期。

[英]大卫·菲利普斯:《比较教育中的教育政策借鉴理论》,钟周译,《清华大学教育研究》2006 年第 2 期。

丰向日:《传入与吸收:西方教育平等观念在中国》,《教育学报》2008 年第 1 期。

傅琼等:《论美国介入近代中国高等教育的历程》,《江西社会科学》2003 年第 12 期。

甘阳:《大学人文教育的理念、目标与模式》,《北京大学教育评论》2006 年第 3 期。

谷贤林:《百年回眸:外来影响与中国高等教育发展》,《北京科技大学学报》(社会科学版)2001 年第 1 期。

洪明:《赫钦斯教育思想述评》,《福建师范大学学报》(哲学社会科学版)1989 年第 8 期。

侯怀银、杨琳:《20 世纪下半叶教育学在中国引进的回顾与反思》,

《山西师大学报》(社科版) 2010 年第 2 期。

黄坤锦:《大学通识教育的基本理念和课程规划》,《北京大学教育评论》2006 年第 3 期。

康叶钦:《国际教育迁移理论的新发展:跨国吸力背景图》,《比较教育研究》2012 年第 3 期。

康叶钦:《教育政策借鉴的四步模型研究:以南非"结果本位"教育改革为例》,《外国教育研究》2013 年第 1 期。

李安民:《关于文化涵化的若干问题》,《中山大学学报》1988 年第 4 期。

李喜所:《20 世纪中国留学生的宏观考察》,《广东社会科学》2004 年第 1 期。

刘立德:《商务印书馆与中国近代教育(1897—1937)》,博士学位论文,北京师范大学,2008 年。

刘蔚之:《复制移植或交融创生?德国教育学在中国与台湾传播的历史回顾(1928—1983)》,《教育研究集刊》(台湾) 2008 年第 54 卷第 4 期。

刘蔚之:《跨国知识转移研究:以中国对德国教育学的接受与转化(1928—1943)为例》,《师大学报:教育类》(台湾) 2007 年第 52 期第 3 期。

马洪林:《康有为对西方教育制度的引进论》,《上海师范大学学报》(哲学社会科学版) 1998 年第 1 期。

商丽浩:《王国维与近代西方教育学说的传播》,《杭州大学学报》(哲学社会科学版) 1993 年第 1 期。

孙邦华:《〈万国公报〉对西方近代教育制度的植入》,《北京师范大学学报》(人文社会科学版) 2002 年第 3 期。

孙邦华:《中国教育现代化运动中的中国化与美国化、欧洲化之争》,《教育研究》2013 年第 7 期。

田正平:《模式的转换与传统的调适》,《高等教育研究》2001 年第 3 期。

汪明帅:《设计教学法在中国的命运——以〈教育杂志〉为分析对象》,《中国教师》2009 年 11 月。

王晨：《赫钦斯自由教育思想研究》，《比较教育研究》2005 年第 4 期。

王晨：《热闹之后的冷观察——纽曼大学思想核心概念之意义重置》，《教育学报》2007 年第 2 期。

王剑：《商务印书馆与近代西方教育学理的东渐》，《纪念〈教育史研究〉创刊二十周年论文集》，2009 年。

王英杰：《大学校长与大学的改革和发展——哈佛大学的经验》，《比较教育研究》1993 年第 5 期。

肖朗：《从传教士看西方高等教育的导入》，《高等教育研究》2000 年第 5 期。

肖朗等：《五四新文化运动前后〈教育杂志〉作者群体的转变》，《大学教育科学》2010 年第 3 期。

肖朗：《近代西方德育教育理论的传播与民国教育观念的变革》，《社会科学战线》2011 年第 7 期。

肖朗：《近代西方教育导入中国之探源——艾儒略与明末西方教育的导入》，《河北师范大学学报》（教育科学版）1999 年第 1 期。

肖朗：《异源同流 殊途同归——严复与王国维导入西方教育思想的比较研究》，《华东师范大学学报》（教科版）2001 年第 4 期。

杨启光：《全球化进程中的国际教育政策转移》，《比较教育研究》2009 年第 12 期。

杨兴韵：《西方教育哲学在中国的传播》，《学术研究》2004 年第 1 期。

喻永庆：《〈中华教育界〉和民国时期的教育改革》，博士学位论文，华中师范大学，2011 年。

张爱琴：《会通中西 融贯古今——孟宪承教育思想研究》，博士学位论文，华东师范大学，2009 年。

张斌贤：《中外近代高等教育发展动力的比较》，《高等教育研究》1997 年第 6 期。

张太原：《"没有了中国"：20 世纪 30 年代中国思想界的反思》，《近代史研究》2011 年第 3 期。

张晓玮：《〈教育杂志〉与近代中国高等教育的探索历程（1909—1948）》，博士学位论文，中国人民大学，2010 年。

张雪蓉：《以美国模式为趋向：中国大学变革研究（1915—1927）——以国立东南大学为个案》，博士学位论文，华东师范大学，2004年。
周谷平：《近代西方教育实验理论和方法在中国的传播》，《浙江大学学报》（人文社会科学版）2000年第3期。
周谷平、朱绍英：《郭秉文与近代美国大学模式的导入》，《河北师范大学学报》（教科版）2005年第5期。
周谷平、朱有刚：《〈教育杂志〉与近代西方教育的传播》，《教育评论》2002年第3期。
周晔：《教育期刊与中国近代教育——以〈新教育〉为中心的个案考察》，博士学位论文，浙江大学，2005年。
朱国仁：《西方高等教育的传播与中国近代高等教育的形成》，《高等教育研究》1997年第4期。

四 当代书籍

白吉庵、刘燕云编：《胡适教育论著选》，人民教育出版社1994年版。
陈洪捷：《德国古典大学观及其对中国大学的影响》，北京大学出版社2002年版。
胡适：《胡适思想录10：胡适先生到底怎样》，中国城市出版社2012年版。
胡适：《胡适思想录5：回顾与反思》，中国城市出版社2012年版。
胡适：《胡适思想录1：人生策略》，中国城市出版社2012年版。
黄淑娉、龚佩华：《文化人类学理论方法研究》，广东高等教育出版社1996年版。
金以林：《近代中国大学研究（1895—1949）》，中央文献出版社2000年版。
李弘祺：《中国教育史英文著作评介》，台湾大学出版中心2005年版。
李佳：《中国近代大学通识教育课程研究》，浙江大学出版社2010年版。
刘宝存：《大学理念的传统与变革》，教育科学出版社2004年版。
刘少雪：《中国大学教育史》，山西教育出版社2007年版。
刘志鹏等：《20世纪的中国高等教育·教学卷》（上），高等教育出版社 2006 年版。

《南大百年实录》（上卷），南京大学出版社 2002 年版。

潘懋元：《中国高等教育百年》，广东高等教育出版社 2003 年版。

沈文钦：《西方博雅教育思想的起源、发展和现代转型：概念史的视角》，广东高等教育出版社 2011 年版。

沈文雄：《看风石舒卷》，百花文艺出版社 1998 年版。

孙邦华：《西学东渐与中国近代教育变迁》，中国社会科学出版社 2012 年版。

田正平：《中国教育史研究》（近代分卷），华东师范大学出版社 2009 年版。

王攸欣：《选择·接受与疏离》，生活·读书·新知三联书店 1999 年版。

吴美瑶等：《〈教育杂志〉（1909—1948）索引》，台北心理出版社 2006 年版。

杨建华：《20 世纪中国教育期刊史论》，浙江工商大学出版社 2012 年版。

叶隽：《异文化博弈：中国现代留欧学人与西学东渐》，北京大学出版社 2009 年版。

喻岳青、谢维和：《20 世纪中国的高等教育 高等教育研究卷》，高等教育出版社 2009 年版。

张雁：《西方大学理念在近代中国的传入与影响》，浙江大学出版社 2009 年版。

中国第二历史档案馆编：《中华民国史档案资料汇编》第五辑第一编 教育（一），江苏古籍出版社 1994 年版。

周谷平：《近代西方教育理论在中国的传播》，广东教育出版社 1996 年版。

周谷平：《中国近代大学的现代转型：移植、调适与发展》，浙江大学出版社 2012 年版。

朱斐：《东南大学史》（第一卷），东南大学出版社 2012 年版。

竺可桢：《竺可桢全集》（第 2 卷），上海科技教育出版社 2004 年版。

竺可桢：《王阳明先生与大学生的典范》，《浙江大学教育文选》，浙江大学出版社 1987 年版。

五 国外文献（含译著）

［加］许美德：《中国大学 1895—1995：一个文化冲突的世纪》，许洁英译，教育科学出版社 2000 年版。

［美］赫钦斯：《美国高等教育》，汪利兵译，浙江教育出版社 2001 年版。

［美］劳伦斯·维赛（Laurence R. Veysey）：《美国现代大学的崛起》，栾鸾译，北京大学出版社 2011 年版。

［美］谢尔顿·罗斯布莱特（Sheldon Rothblatt）：《现代大学及其图新——纽曼遗产在英国和美国的命运》，别敦荣译，北京大学出版社 2013 年版。

［美］亚伯拉罕·弗莱克斯纳：《现代大学论——美英德大学研究》，徐辉、陈晓菲译，浙江教育出版社 2001 年版。

［美］约翰·S. 布鲁贝克：《高等教育哲学》，王承绪等译，浙江教育出版社 1987 年版。

［日］实藤惠秀：《中国人留学日本史》（修订译本），谭汝谦、林启彦译，北京大学出版社 2012 年版。

［英］纽曼：《大学的理念》，高师宁等译，贵州教育出版社 2003 年版。

Abraham Flexner, *The American College*: *A criticism*, New York: The Century Co., 1908.

Abraham Flexner, *Universities*, *American*, *English*, German. Oxford press, 1930.

Alexander Meiklejohn, *The Experimental College*, The University of Wisconsin Press, 2001.

David Phillips & Kimberly Ochs, *Processes of Policy Borrowing in Education*: *some explanatory and analytical devices*, Comparative Education. Volume 39, No. 4, 2003.

Hutchins R. M., *Some Observations on America Education*, Cambridge University press, 2008.

Hutchins Robert Maynard, *The Higher Education in America*, Greenwood

Press, 1936.

Hutchins Roger, *British University Observations*, 1772 – 1939, Ashgate Pub. Co, 2008.

John Henry Cardinal Newman, *The Idea of a University: Defined and Illustrated*, Loyola University Press, 1987.

John Henry Cardinal Newman, *The Idea of a University*, Yale University Press, 1996.

P. J. Bailey, *Reform The People: Changing Attitudes towards Popular Education in Early Twentieth-Century China*, Edinburgh: Edinburgh University Press, 1990.

Roger Geiger, *History of American Higher Education*, Princeton University Press, 2011.

SSRC Seminar, "Acculturation: An Exploratory Formulation", *American Anthropologist*, Vol. 56, No. 6, 1954.

后　　记

　　本书是在博士学位论文的基础上修改而成，值此书稿付梓之际，首先要感谢我的博士导师孙邦华教授。感谢孙老师将我招入门下，他在自身繁忙的教学科研工作之余，坚持通过每周一次读书会的形式带领我们研读历史学、教育史等学科的经典书目，学习品评专业类权威期刊刊发的论文，这有效地夯实了我们的学术基础，教会了我们必要的学术规范，传授了切实的科研方法。就是在读书会这种自由而亲切的阅读、思考、研讨的氛围中，我的博士论文的选题自然地孵化而出，最终锁定为民国时期高等教育学说的引入。论文在写作中，从理论基础、研究框架到具体文字，孙师都给出了很多建设性的意见，论文最终以优良的成绩通过答辩，其中凝聚了老师的心血和智慧。在书稿出版之际，孙师又从百忙之中抽出时间慨然赐序，予以勉励，殷殷教诲，拳拳在膺。拙稿如略有愚者一得之处的话，则端赖老师指导之方；至于其中纰漏、错谬之处，则皆因在下愚钝，未能敬领师教之故。

　　我的硕士导师施克灿教授将我引入中外教育交流史的大门，为我博士阶段的求学打下了坚实的基础，后又鼎力推荐我攻读博士学位，并建议我继续在中外教育交流史领域深造。博士论文的开题、答辩，施老师皆全程指导，论文写作遇到难题，也时常请教施老师，受益良深。不仅如此，施老师对我的工作生活也给予亲切关怀和有力帮助。故借此拙稿出版之际，我想对施老师表达内心深深的谢意。

　　感谢在论文写作和答辩中提出宝贵意见的北京师范大学教育学部徐勇教授、中国教育科学研究院储朝晖研究员、华中师范大学余子侠教授和其他盲审专家。由于博士论文的选题属于跨国大学思想的转移问题，我曾以不同的方式多次请教西方大学史研究的知名专家张斌贤教授、王晨教授。两位老师学识渊博，其循循善诱、切中肯綮的指点，使我阻滞不通的思路为之一畅。2014年中国教育史年会召开时，有幸就书稿选题当面请教于华东师范大学杜成宪教授，初次相识的杜老师对书稿选题的肯定，给予我莫大的鼓励，增加了写好书稿的信心。在此再次感谢他们不吝赐教。

本书作为自己在教育史领域学习多年的一份期中作业，还要感谢带领我进入教育学专业的启蒙教师们。我本科在山西大学教育科学学院学习，侯怀银、郭三娟、郭芬云、徐冰鸥诸师开设的教育概论、中外教育史、教育科研方法系列课程，激发了我对教育学的兴趣，我硕士选择中国教育史作为研究方向，即是受山西大学诸位老师教育熏陶之结果。

本书的相关研究曾有幸获得"顾明远教育研究发展基金"的资助，部分内容发表在《比较教育研究》、《华东师范大学学报》（教科版）、《现代大学教育》、《高教探索》、《江西社会科学》等专业期刊，获得了江西省社会科学优秀成果奖、江西省教育科学优秀成果奖、南昌市社会科学优秀成果奖，感谢这些刊物、编辑、匿名专家对书稿研究成果的提携和鼓励。

书稿最终能够顺利出版，离不开北京体育大学教育学院王华倬院长等院领导的支持，学院专门划拨经费支持青年教师出版学术专著，解决了我的燃眉之急。

本书从酝酿到出版，历时近十年，小女妞妞也从嗷嗷待哺的婴儿健康成长为一名几乎与我同高的小姑娘。她成长的这几年，我正攻读博士、博士后，重新找工作，压力较大又忙忙碌碌，没能好好地陪伴她的童年，至今仍觉得对她有所歉疚。我的爱人许博士在自身繁重的教学科研工作之余，日夜陪伴照顾妞妞长大，"超级奶爸"当之无愧，其中辛苦也可想而知。我们两人的专业都属于文科，因此在写作过程中，我时常就一些学术问题与之交流，有些不好的情绪也可向之发泄，"第二导师"的称号，想来也可当得。总之，感谢我先生对我学业、工作的支持和帮助。感谢我的父母和公婆，帮助我们照顾小女和犬子，让我们能够抽出时间投入到自己的学术工作中。

  本书的责任编辑孙萍女士为本书的出版付出了很多辛劳，在此一并表示衷心的感谢！

记于 2021 年 1 月 3 日